한국연구재단 학술명저번역총서 동양편 343

열미초당필기 ❹

여시아문如是我聞 3-4

한국연구재단 학술명저번역총서
동양편 343

열미초당필기 ❹

여시아문如是我聞 3-4

초판 1쇄 인쇄 2025년 12월 15일
초판 1쇄 발행 2025년 12월 22일

저　　자　기윤
역 주 자　이민숙
펴 낸 이　이대현

편　　집　이태곤 권분옥 임애정 강윤경
디 자 인　안혜진 최선주 김다윤
기획/마케팅　박태훈

펴 낸 곳　도서출판 역락
주　　소　서울시 서초구 동광로46길 6-6 문창빌딩 2층(우06589)
전　　화　02-3409-2055(대표), 2058(영업), 2060(편집) FAX 02-3409-2059
이 메 일　youkrack@hanmail.net
홈페이지　www.youkrackbooks.com
등　　록　1999년 4월 19일 제303-2002-000014호

ISBN 979-11-7396-164-9 94820
ISBN 979-11-6742-443-3 94080(세트)

*정가는 뒤표지에 있습니다.
*잘못된 책은 바꿔 드립니다.

이 저서는 2021년 대한민국 교육부와 한국연구재단의 지원을 받아 수행된 연구임 (NRF-2021S1A5A7080010)

한국연구재단 학술명저번역총서 동양편 343

열미초당필기 4

여시아문如是我聞 3-4

기윤(紀昀) 저
이민숙 역주

역락

옮긴이의 말

1.

『열미초당필기』는 오늘날 기윤(紀昀)을 문인, 혹은 유머대사로 기억하게 만든 대표작품이다. 관리의 세계를 두루 경험한 그는 관직에서 물러난 뒤, 소동파(蘇東坡)의 황주귀설(黃州鬼說)에서 자신과 부합하는 정신 유형을 발견했다. 그리하여 '필기'라는 형식에 소설적 재미를 더하고자, 인류의 역사와 함께해 온 여우와 귀신의 이야기를 빌려 세상의 이치를 비판했다. 『열미초당필기』는 매 권이 탈고될 때마다 수많은 문인과 서점 상인들에 의해 필사되었으며, 모방 작품이 생겨날 정도로 큰 인기를 끌었다. 그 결과 이 책은 『홍루몽』, 『요재지이』와 함께 청대의 대표적인 베스트셀러로 평가되었고, 노신(魯迅)은 "그의 자리를 꿰찰 후인은 없을 것이다."라고 극찬했다.

이 책은 조선에도 비교적 이른 시기에 전래되었다. 현재 규장각, 국립중앙도서관, 성균관대, 고려대 등에 소장된 판본을 살펴보면, 『열미초당필기』는 1800년대 초·중반에 국내에 유입되어 일부 사대부층과 고서점 중심으로 읽힌 것으로 보인다. 기윤이 조선 문인에 대해 깊은 관심을 보였다는 사실은 이미 널리 알려져 있다. 그는 예부상서로 재직할 때 조선의 사신들과 활발히 교류했으며, 유득공, 박제가, 홍량호 등과 시문을 주고받기도 했다. 이러한 인연 덕분에 그의 이름은 조선의 사대부들에게 낯설지 않았고,

그의 시와 『열미초당필기』 또한 자연스럽게 조선 지식인 사회에 소개되어 일찍부터 독자층을 형성했다.

2.

기윤(1724~1805)은 청대의 대표적인 학자이자 유머대사이다. 호는 효람(曉嵐), 자는 춘범(春帆), 만년에는 석운(石雲), 관혁도인(觀奕道人), 고석노인(孤石老人), 다성(茶星), 기하간(紀河間)이라 불렸으며, 시호는 문달(文達)이다.

그는 옹정 2년(1724) 6월 15일 오후 직례성(直隸省) 하간부(河間府) 헌현(獻縣) 최이장(崔爾莊) 대운루(對雲樓)에서 태어났으며, 가경 10년(1805) 2월 14일 향년 82세의 나이로 세상을 떠났다.

기윤이 태어난 날 밤, 조부 기천신(紀天申)은 한 줄기 빛이 대운루 안으로 들어오는 꿈을 꾸었다고 전해지며, 민간에서는 배·대추·밤·과일을 수시로 들고 다니며 먹는 그의 식습관을 두고, "원숭이 요정(猴精)이 사람으로 태어났다"는 전설까지 돌았다. 실제로 그는 아홉 살에 동자시(童子試)에 응시하여 남다른 재능을 드러냈고, 건륭 21년(1756)에는 진사에 급제하여 한림원 편수관(編修官)으로 관직에 진출했다.

이후 귀주 도균부 지부(知府)를 거쳐 한림원 시독학사(侍讀學士)에 이르렀으며, 『사고전서』를 비롯해 『역대직관지(歷代職官志)』, 『하원기략(河源記略)』 등 국가 주도 편찬사업에 참여하여 당대 학술계의 거두로 자리매김했다.

기윤은 동시대의 다른 문인들에 비해 비교적 평탄한 삶을 살았다. 그러나 우루무치로의 단 한 차례 유배는 출세가도를 달리던 그의 삶에 적지 않은 불안감을 안겨주었다. 우루무치는 신강(新疆)의 성도로, 18세기 중반인 1755년 건륭제가 군사적으로 이 지역을 정복한 뒤 '서역'이라는 이름 대신 '새로운 강역'이라는 뜻의 '신강'이라는 명칭을 부여함으로써 점차 중국 영토에 편입되었다. 형식상으로는 중국의 땅이었지만, 청나라 초기까지만 해도 신강은 한인 관료나 지식인들에게는 낯설고 황량한 유배지였으며, 문명과는 거리가 먼 미개한 이들이 사는 곳으로 여겨졌다. 그들에게 신강으로의 유배는 곧 문명 세계를 떠나 관문 밖, 이른바 '야만의 땅'으로 내쳐지는 것을 의미했다.

건륭 33년(1768), 기윤의 사돈 노견증(盧見曾)이 국고를 유용한 사실이 발각되면서 가문 전체가 멸문지화의 위기에 처했다. 기윤은 자신의 딸과 집안을 보호하기 위해 노견증에게 이 사실을 사전에 알렸고, 결국 기밀 누설죄로 몰려 45세의 나이에 우루무치로 유배되었다.

건륭제는 기윤을 신뢰하고 아꼈으며, 지방 근무를 꺼려 도성에 잡아둘 만큼 그를 특별히 아꼈던 황제였다. 황제의 절대 권력을 생각하면, 신하들의 반대를 무시하고서라도 기윤을 도성에 남겨둘 수 있었을 것이다. 그럼에도 불구하고 굳이 그를 신강으로 유배 보낸 데에는 다른 이유가 있었던 것이다. 기윤은 이 점을 진지하게 고민하지 않을 수 없었다.

건륭제의 입장에서 볼 때, 아무리 고위 관리라도 죄를 지으면 1만 리 밖의 변방으로 유배될 수 있다는 점을 모든 관리들에게 각인시킬 필요가 있었다. 동시에 10년 넘게 추진해온 신강 정책의 성과를 점검하고, 현지의 사회, 경제적 상황을 한인 관료의 시각에서 정밀하게 파악할 필요도 있었던 것이다. 건륭제를 누구보다 잘 이해하고 있었던 기윤은, 자신이 단순한 처벌의 대상이 아니라 정치적 메시지와 정책 평가의 도구로 선택되었음을 직감했다.

이에 기윤은 당대의 유종원(柳宗元)에게서 자신이 처한 상황에서 취해야 할 자세와 역할을 찾고자 했다. 유종원은 영정혁신(永貞革新)의 실패로 영주(永州)에 좌천된 동안, 당나라 정부가 회서절도사(淮西節度使) 오원제(吳

元濟)의 반란을 평정한 사건을 접하게 된다. 직접 전투에 참여할 수 없었던 유종원은, 문사로서 나라의 은혜에 보답하는 유일한 길은 시문을 통해 이를 찬양하는 것이라 여겼고, 이에 「회이 평정의 시를 올리는 글(獻平淮夷雅表)」을 지어 올렸다. 기윤 역시 유종원의 이 태도를 본받고자 했다. 신강의 변방 도시였던 우루무치가 10여 년 만에 인구가 증가하고 산물이 풍부해진 지역으로 탈바꿈한 것은 전적으로 황제의 은혜라는 판단 아래, 그에 보답하는 길은 시문으로 표현하는 일이라 여긴 것이다.

이에 기윤은 유배자의 신분을 넘어 신강의 생존 기술과 자연 환경에 대한 깊은 이해를 갖춘 인물로 자신을 새롭게 정의할 필요성을 느꼈다. 그는 건륭 36년(1771), 도성으로 돌아오는 길에 『우루무치잡시(烏魯木齊雜詩)』 163수를 지어 세상에 내놓았다.

그러나 북경으로 돌아온 기윤은 절망을 금할 수 없었다. 자신이 집을 비운 사이, 장남 기여길(紀汝佶, 1744~1769)이 잘못된 학문의 길에 빠져 요절하고 만 것이다. 『난양속록』에 따르면, 기여길은 건륭 30년(1765) 향시에 합격하여 거인(擧人)이 된 뒤 비로소 시와 고문을 익히기 시작했으나, 아직 확고한 학문적 방향을 잡지 못한 상태였다. 그 무렵 그는 포송령(蒲松齡)의 『요재지이(聊齋志異)』 초고를 접하고 깊이 빠져들었으며, 결국 그 세계에서 빠져나오지 못한 채 젊은 생을 마감했다.

이 비극 앞에서 기윤은 자신의 삶을 되돌아보며 중요한 선택을 내려야 했다. 산수 전원의 조용한 삶으로 돌아가는 대신, 그는 다시 조정에 남아 관료로서의 길을 걷기로 결심했다. 조정으로 복귀했을 당시 그는 개가하는 아녀자의 심정이었으며, 또한 자신의 신세가 책 사이에 낀 좀 벌레 같다고 느꼈다. 그러나 좌절에만 머물러 있을 수는 없었다.

그의 폭넓은 지식은 가만히 있어도 세상으로 나아가게 했고, 요절한 아들과 같은 젊은 세대를 위해 무언가 해야 한다는 사명감도 그를 일으켜 세웠다.

기윤은 황제의 명에 따라 『사고전서』 편찬에 참여하였고, 그간의 학문과 경험을 바탕으로 『열미초당필기』를 집필했다. 그는 이 책을 통해 사회의 비리를 고발하는 동시에, 나이든 문인학자로서 한순간의 열정이나 감정보다, 인생을 살아가는 데 필요한 근본적인 도리와 통찰을 설파하고자 했다.

3.

『열미초당필기』는 기윤이 만년에 저술한, 편폭이 일정하지 않은 필기체 소설이다. 그의 문인 성시언(盛時彦)이 쓴 『열미초당필기』 원서(原序)에 따르면, 건륭 54년(1789) 여름, 기윤은 난양(灤陽, 열하)으로 비서(秘書)의 교감과 정리를 위해 파견되었다. 그러나 작업은 이미 오래전에 완료된 상태였고, 그는 선장본에 제목을 써 붙이는 일을 감독하는 것 외에는 특별한 일이 없었다.

긴 여름날 시간이 남아돌자, 그는 예전에 보고 들었던 이야기를 떠올려 여섯 권 분량의 패설(稗說)을 짓고, 이를 『난양소하록(灤陽消夏錄)』이라 이름 붙였다. 이후 2년 뒤에는 『여시아문(如是我聞)』 4권을, 이듬해에는 『괴서잡지(槐西雜志)』 4권을, 또 다음 해에는 『고망청지(姑妄聽之)』 4권을 완성하였다. 그리고 마지막으로 가경 3년(1798) 여름, 다시 열하를 찾아가 『난양속록(灤陽續錄)』을 집필하였다. 이렇게 쓰인 다섯 편의 필기체 소설은, 2년 뒤인 가경 5년(1800)에 제자 성시언이 합간하고, 기윤이 북경에 있을 때 머물렀던 서재의 이름을 따서 『열미초당필기오종(閱微草堂筆記五種)』이라 이름 붙였다.

중국의 역대 문인들은 '소설'을 대개 '자기 한 몸을 건사하는 데 필요한 정신적 양분' 정도로 여겼다. 그래서 소설 창작은 삶의 여유가 생기는 만년에나 즐길 수 있는 소일거리로 간주되었고, 기윤 역시 이러한 인식에서 크게 벗어나지 않았다.

『사고전서』 편찬 이후, 기윤은 『열미초당필기』를 집필하면서 자신의 심정을 담아낼 새로운 문체를 찾게 되었고, 그것을 이전 문인들도 자주 활용했던 '귀신 이야기'에서 발견하였다. 그러나 장남 기여길이 재야 문인 포송령의 『요재지이』에 깊이 빠진 끝에 요절했다는 사실을 알게 된 기윤은, 자신의 글이 그런 '별 볼일 없는 문인들'의 작품과 비교되길 원치 않았다. 이에 그는 새로운 형식, 즉 잡설(雜說)에서 발전한 필기(筆記)를 택하였다. 필기는 수필 형식으로 문체가 단아하고, 다양한 내용을 품을 수 있는 고상한 장르였다. 또한 기윤은 독자의 흥미를 끌기 위해 '사실'에 어긋나는 '허구'가 불가피하다는 점도 인식하였다. 그래서 그는 인정(人情)에 어긋나지 않고 권계(勸戒)의 뜻이 담긴 제한된 허구를 주장해 작품을 출판하기에 이르렀다.

『열미초당필기』에는 약 1,250편의 이야기가 수록되어 있다. 명말부터 청초에 이르는 강희, 옹정, 건륭, 가경 4대에 걸친 정치·경제·문화·군사·민속 등 다방면의 내용을 담고 있다. 그중에서도 여우와 귀신이 등장하는 이야기가 전체의 절반 이상을 차지하고 있다.

기윤은 이러한 여우와 귀신의 형상을 통해 자신의 세계관과 현실 인식을 드러냈다. 그는 이들의 몸을 빌려 당시 관료 사회의 부정부패와 뇌물 수수, 재물 앞에서 비굴해지는 인간의 탐욕, 봉건 예교 아래 희생되어 가는 노비와 여성들의 고통을 고발했다. 또한, 극심한 가난 속에서 가족을 팔아야만 했던 백성들의 비참한 삶, 겉으로는 도덕과 학문을 말하면서 뒤로는 과부의 재산을 노리는 위선적인 유학자들, 죽음이 오가는 현장에서조차 탁상공론에 빠진 지식인들의 모순된 모습을 낱낱이 폭로한다.

특히 『열미초당필기』에는 창길(昌吉)에서의 반란, 중가르 칸국의 멸망 등 역사적으로 굵직한 사건들도 함께 실려 있어, 청나라가 주변 국가를 어떻게 정복하고 영토로 편입했는지를 생생히 보여준다. 더불어 과거급제자의 선발 방식과 지역 균형 선발 등의 제도를 상세히 서술하며, 오늘날의 대학입시 제도를 떠올리게 하는 흥미로운 유사성도 제시하고 있다.

그 외에도 관리들의 주요 금기와 건강을 위한 보양식, 예언과 놀이문화로서의 부계점(扶乩), 유배지 우루무치의 정치·경제 변화와 풍속 등 다양한 주제를 폭넓게 다루고 있어, 『열미초당필기』는 단순한 귀신 이야기집을 넘어 당대 사회의 백과사전적 기록이라 할 수 있다.

『열미초당필기』에 이처럼 다양한 사회 현상이 담길 수 있었던 것은, 기윤이 폭넓은 인물 군으로부터 이야기의 소재를 수집했기 때문이다. 그는 자신의 직접적인 경험뿐 아니라, 부형(父兄), 조카, 친구, 스승, 동료, 부하, 하인, 하녀는 물론이고, 날품팔이꾼에 이르기까지 다양한 계층의 인물들에게서 이야기를 들었다. 특히 하층민들의 사상과 감정, 욕망과 이상을 여과없이 있는 그대로 담아내고자 노력하였다.

그러나 『열미초당필기』는 광범위한 제재와 다양한 인물 군상을 담고 있는 만큼, 이야기의 길이가 일정하지 않고 전체적으로 다소 산만한 인상을 줄 수 있었다. 이에 기윤은 서술 방식에 변화를 주어, 이야기의 기록자인 자신과 이야기를 전달하는 강술자, 그리고 이야기 주인공의 시각을 유기적으로 뒤섞어 새로운 심미 세계를 창조해냈다. 또한 그는 심리 묘사보다는 외부 행동과 언행의 묘사에 집중함으로써, 송·명대 이학(理學)에 심취한 강학가(講學家)들의 위선적 언행과 숨은 속셈을 교묘하게 드러냈다. 이를 통해 기윤은 단순한 이야기꾼을 넘어, 자신의 문학적 가치와 비판 의식을 한층 더 높일 수 있었다.

4.

『열미초당필기』 역주 작업은 한국연구재단 명저 번역 사업의 일환으로 진행되었다. 본 번역은 2년에 걸쳐 초역을 완료한 뒤, 지속적인 윤독과 꼼꼼한 교정을 거쳐 출판에 이르렀다. 본 번역은 초각본인 가경(嘉慶) 5년(1800)본을 저본으로, 소산(蕭山) 사람 사선(謝瑢)·육종위(陸鍾渭)의 상주(詳註)와 소흥(紹興) 사람 탕수명(湯壽銘) 교정의 『상주열미초당필기(詳註閱微草堂筆記)』(1918)와 『열미초당필기』 관련 여러 판본을 참고하고 교감하여 진행하였다.

『열미초당필기』는 대학자 기윤의 폭넓은 지식을 바탕으로 명말에서 청초에 이르는 정치, 경제, 문화, 민속, 종교, 의학, 서역 등 다양한 내용을 상세히 기록하여 당시 사회상을 엿볼 수 있다. 특히 청나라 신강(新疆)에 대한 시각은 오늘날 중국의 소수민족 및 소수민족 정책에 대한 이해에도 중요한 단초를 제공한다. 이에 본 번역은 전문 연구자는 물론, 중국의 흥미로운 옛이야기에 관심 있는 독자에게도 유익하고 흥미로운 책이 될 것이다.

『열미초당필기』 역주 작업은 결코 만만치 않았다. 채원배 선생이 지적했듯, 이 책은 손가는 대로 쓴 수필 형태로 당시 노인들도 쉽게 이해할 수 있었으나, 각 글자마다 깊은 내력이 있어 전고(典故)나 사자성어를 꼼꼼히 살피지 않으면 본뜻을 제대로 파악하기 어려운 경우가 많았다. 이에 많은 시간과 노력을 기울였음에도 불구하고, 오타나 해석상의 오류가 있을 수 있음을 너그러이 양해해 주시고, 독자 여러분의 따뜻한 질책을 부탁드린다.

차례

옮긴이의 말 5

일러두기 20

『열미초당필기(閱微草堂筆記)』 원서(原序) 22

『열미초당필기(閱微草堂筆記)』 서(序) 26

『상주열미초당필기(詳註閱微草堂筆記)』 서(序) 28

여시아문如是我聞 — 3

1. 개의 의리 33
2. 종규의 초상 35
3. 인부 신오 37
4. 고상한 요괴 39
5. 환생 42
6. 배우 방준관 45
7. 도깨비와 소년 49
8. 여우귀신 51
9. 당나귀의 원한 54
10. 소의 원한 56

11. 성실함의 죄 57

12. 천호와 유과실 60

13. 시참 62

14. 다시 만난 인연 64

15. 고독한 귀신 69

16. 아버지의 가르침 71

17. 여우의 가르침 74

18. 도적의 도리 76

19. 흉가 79

20. 과부의 통곡 82

21. 귀신의 복수 84

22. 저승길 노잣돈 86

23. 육도 윤회 88

24. 여우와 소년 89

25. 임자전(任子田) 91

26. 여우의 복수 94

27. 두 얼굴의 한림 96

28. 귀신의 정체 98

29. 「난정(蘭亭)」 일화 100

30. 서실의 요귀 102

31. 서괴(胥魁)의 말로 104

32. 호녀의 아이 106

33. 복부장군(腹負將軍) 108

34. 호신(虎神)과 효자 111

35. 도깨비불 115
36. 열냥 벼루 118
37. 하인 기창 122
38. 어리석은 믿음 124
39. 참회 126
40. 소해(燒海) 128
41. 단 한 번의 선행 130
42. 신선 이야기의 대개 132
43. 계선 구장춘 135
44. 열여섯 살의 업보 139
45. 굶어 죽은 귀신 141
46. 산귀신 143
47. 귀신의 시 145
48. 교활한 여우 147
49. 현명한 여우 149
50. 박쥐와 이청시 151
51. 자만의 말로 153
52. 명확한 신의 섭리 155
53. 신의 이름을 판 자 157
54. 스승의 무게 160
55. 도사 방두추 163
56. 여우의 해학 166
57. 죽다 살아난 여자 169
58. 전생의 원수 172

59. 소송의 뒤끝 174
60. 원광술과 방두추 176
61. 은빛 장난감 배의 비밀 179
62. 두 생에 걸친 인연 182
63. 복수 185
64. 귀신의 보은 188
65. 하간헌왕의 묘 190
66. 복중귀(腹中鬼) 193
67. 환혼한 하인 장천석 196
68. 혈분경 199
69. 욕심 낸 스님 202
70. 이(理)에 사로잡힌 의원 205
71. 저승의 부귀 207

여시아문如是我聞 — 4

1. 여우가 여우인 까닭 211

2. 귀신의 당부 213

3. 죽은 자의 빛깔 216

4. 죽은 가마꾼 왕이 220

5. 구업(口業)의 경고 222

6. 사람 같은 짐승, 짐승 같은 사람 225

7. 까마귀 소리와 한운 227

8. 귀신의 바람 229

9. 복을 부르는 방법 232

10. 소의 복수 234

11. 여우에게 혼난 훈장 236

12. 귀신의 충고 238

13. 통역관 이실 240

14. 소 도축의 대가 242

15. 세상 사는 이치 245

16. 오이라트 여인의 선택 248

17. 의적 250

18. 음사의 말로 252

19. 요괴와 마음가짐 254

20. 판결의 어려움 256

21. 공자의 말로 답변하다 267
22. 꾸짖음의 대가 268
23. 세 번의 통쾌함 272
24. 노제어의 목소리 275
25. 떠나지 못한 마음 276
26. 화재를 알린 형의 혼 279
27. 현령 양흠 281
28. 여우, 혹은 사람 284
29. 선한 사람과 여우 286
30. 참된 공덕 288
31. 300냥의 제사 292
32. 비단신 네 켤레 295
33. 노부인의 지혜 297
34. 미약과 쥐 301
35. 죽을 자리 303
36. 여우의 세계 306
37. 여우나 귀신의 눈에 비친 세상 316
38. 귀신도 피한 이름 321
39. 저승의 심판 323
40. 조물주의 계책 325
41. 법관의 무게 327
42. 귀신병 332
43. 교제의 어려움 334
44. 이십여 년의 한(恨) 336

45. 거만함의 끝 338
46. 방염구 340
47. 가짜와 진짜 342
48. 사자 345
49. 계선시 349
50. 신비한 거울 352
51. 옛 것을 좋아할 뿐 354
52. 이치로 사람을 이긴 여우 357
53. 강시 361
54. 합장 365
55. 가짜 성현 367
56. 복수의 끝 369
57. 고개 돌린 여우 372
58. 포졸 번장 374
59. 우영모를 쓴 전생(錢生) 376
60. 주씨 형수 379
61. 주무상이 전한 참회의 가르침 382

일러두기

1. 본 번역은 초각본인 가경(嘉慶) 5년(1800)본을 저본으로, 소산(蕭山) 사람 사선(謝璿)·육종위(陸鍾渭)의 상주(詳註)와 소흥(紹興) 사람 탕수명(湯壽銘) 교정의 『상주열미초당필기(詳註閱微草堂筆記)』(1918)와 『열미초당필기』 관련 여러 판본을 참고, 교감하여 진행했다.

2. 『열미초당필기』는 다음 원칙에 준해 번역한다.

① 본 번역은 가능한 한 직역을 위주로 하고 직역으로 문맥이 통하지 않을 경우에는 본뜻이 벗어나지 않는 범위 내에서 의역하며, 문맥의 이해를 돕기 위해 필요시 [ ] 부분을 삽입해 번역한다.

예 또 삼 년에 한 번 벼슬아치들의 고과를 평가하는 것은 무엇 때문이겠는가? [관직에 몸담고 있으면서도] 공이 없다면 그것이 바로 죄를 짓는 것이 아니고 무엇이겠는가!

② 고유명사는 처음에만 ( ) 안에 한자를 넣어주고, 그 뒤로는 생략한다.

③ 중국을 제외한 외국의 국명, 지명, 인명, 서명의 경우, 외래어 표기법에 의거하여 해당 국가의 현대식 표기법을 따르고, 조목마다 처음에만 ( ) 안에 해당 지역 언어를 병기한다. 그리고 나머지 필요한 상황은 주석으로 처리한다.

예 페르디난트 페르비스트(Ferdinand Verbiest)[1]

1 페르디난트 페르비스트(Ferdinand Verbiest): 원문은 '남회인(南懷仁)'으로, 벨기에 출신의 예수회 선교사이다. 1659년 중국에 온 페르비스트(1623~1688)는 서양의 천문학과 수학에 통달해 처음에는 예수회 수사 아담 샬(Adam Schall)을 도와 흠천감(국립천문대)에서 근무했다. 강희 원년(1662)에 양광선(楊光先)을 중심으로 하는 보수파의 반대 운동에 부딪혀 아담 샬과 함께 북경 감옥에 갇혔다. 이어 보수파가 실각하자 다시 흠천감의 일을 맡게 되었으며, 궁정의 분수 등을 만들어 강희제의 신임을 받아 공부시랑(工部侍郞)의 직위를 하사받았다. 또한 서양풍의 천문기기를 주조하고 그것을 해설한 『영태의상지(靈台儀像志)』(1674) 16권을 출판했으며, 같은 해에 『곤여도설(坤輿圖說)』이라는 세계 지도를 펴냈다.

④ 각주에서는 표제어를 제시한다. 각주의 내용이 길 경우 "…"를 이용해 어디부터 어디까지에 관련된 주석인지를 밝힌다.

예 입으로만…않았다: 『예기(禮記)』에 보면, "입으로만 은혜를 베풀고 실제로 이루어지지 않으면 원망으로 인한 재앙이 몸에 미친다(口惠而實不至, 怨菑及其身)."라는 문장이 있다.

⑤ 원주는 번역문과 원문에 그대로 노출시킨다. 다만 본문과의 차이를 구분하기 위해 글자 포인트(9)를 줄이고 색깔을 입혀 처리한다.

예 원주: 남회인(南懷仁)은 서양인으로 흠천감(欽天監) 감정(監正)을 지냈다.

원주: 다음과 같이 적혀 있다. 증서를 발급합니다. 아무 곳의 누구누구는 나이가 몇 살인데, 모년 모월 모일에 이곳에서 병사했습니다. 오늘 친척들이 관을 본적으로 가져가려 함에 특별히 통행증을 발급합니다. 중요 길목을 지키고 있는 귀신은 이 패를 보면 바로 혼을 확인하고 통과시켜 주시오. 구실을 대며 지체하거나 일을 어렵게 해서는 안 됩니다.

⑥ 주석 번호는 권별로 시작한다.

『열미초당필기(閱微草堂筆記)』 원서(原序)

성시언(盛時彦)

유학자라면 누구나 문이재도(文以載道)에 대해 한마디씩은 한다. 도(道)는 어찌하여 불가의 심인(心印)이나 도가의 구결(口訣)처럼 심오하여 그 깊이를 헤아릴 수 없고 비밀스럽게 전해지지 않는가! 만사의 당연한 이치가 담겨 있는 것이 바로 도이다. 그러므로 도는 천지간에서 수은처럼 땅에 흘러 알알이 둥글고, 달이 물에 비치듯 도처에서 볼 수 있다. 크게는 나라를 다스리고 천하를 평안하게 할 수 있으며, 작게는 일 한 가지, 물건 하나, 행동 하나, 말 한마디에도 도가 존재한다. 그 가운데 문(文)은 도가 표현된 한 단면이다. 문 가운데 큰 것은 『육경(六經)』이 되었는데, 그 속에 도가 들어가 있다. 도는 전해 내려오면서부터 각 왕조의 역사가 되고, 여러 제자서가 되었으며, 세상 사람들의 문집(文集) 속에 들어가 있게 되었으니, 이것이 바로 도가 문 가운데에 표현된 한 측면으로, 자연 그 속에 담긴 말은 충분히 도를 밝힐 수 있다. 다시 시대를 거치면서 패관소설(稗官小說)이 되었는데, 패관소설은 언뜻 도와는 무관해 보인다. 그러나 『한서(漢書)』「예문지(藝文志)」의 한 일가로 나열되면서부터 역대의 서목(書目)에도 기록되었다. 황당하고 도리에 어긋나는 것은 수를 셀 수 없을 만큼 많지만, 그 가운데 정도(正道)에 가까운 것은 사람의 마음이나 세상을 다스리는 데 있어 보탬이 되지 않은 바가 없었다.

하간(河間) 선생은 학문과 문장으로 천하의 명망을 얻고 있지만, 천성이

고지식해 탁상공론이나 서로의 문호를 치켜세우는 것을 좋아하지 않았다. 또한 재주 있는 사람이 방탕하게 놀고 시사(詩社)니 주사(酒社)니 하면서 명사풍류(名士風流)로 자처하는 것도 좋아하지 않았다. 그리하여 식사를 하고 난 나머지 시간에는 전적만을 끼고 살았고, 나이가 들어서는 자료검토나 고증이 내키지 않아서 이문(異聞)을 수집하고 때로는 붓 가는 대로 글을 써서 본인이 하고 싶은 말을 기탁했다. 이렇게 해서 『난양소하록(灤陽消夏錄)』 등 다섯 권의 책에 기이하고 이상한 내용의 글이 실리게 되었고, 방자한 내용의 글이 적히게 되었다. 그러나 큰 뜻은 대개 순박하고 정도로 귀결되어 있어 사람들에게 권선징악을 알게 하는 데 있었다. 그런 까닭에 재자가인(才子佳人)을 내세운 음란서적의 경우 한순간에 지가는 올릴 수 있었지만, 결국에는 묻히고 말았다. 그러나 선생님의 책은 서판에 새겨서 오래도록 읽어도 싫증이 나지 않으니, 이것이 바로 수식이 많은 글들과 다르다는 명확한 증거이다. 돌이켜 보건대, 판각하는 사람들이 많아지면서 곡해하는 부분도 많아졌고, 또 명(明)나라 사람이 쓴 『냉재야화(冷齋夜話)』처럼 작품의 표제를 함부로 고치는 경우도 생겨났으니, 이 또한 독자들의 허물이다.

나 성시언(盛時彦)은 일찍부터 선생님을 좇아 선생님의 『고망청지(姑妄聽之)』를 새기고 책 말미에 발문(跋文)을 썼는데, [이를 보신] 선생님께서는 내가 책의 내용을 잘 이해한다고 생각하셨다. 근자에 와서 여러 판목의 글자가 더욱 희미해져 글씨를 알아볼 수 없게 되었기에 선생님께 청해서 다섯 권의 책을 합쳐서 하나로 엮고, 각각의 원본은 그대로 보존하기로 했다. 그래서 대바구니 안에 불을 켜놓고[1] 손수 교정보면서 감히 힘든 것을 꺼리

1 대바구니 안에 불을 켜놓고: 원문은 '구등(篝燈)'이다. 『송사(宋史)』「진팽년전(陳彭年傳)」에

지 않았고, 또한 선생님께 청하여 검사를 한번 받은 후에 인쇄했다. 선생님의 책이 굳이 이 판각본으로 전해져야 할 필요는 없지만, '어(魚)'가 '노(魯)'가 되는 표기상의 오류를 조금이라도 줄여 세상을 가르치려는 선생님의 뜻에 작은 보탬이 되고자 할 따름이다.

가경(嘉慶) 5년(1800) 경신년 8월 문인 성시언이
북평(北平)에서 삼가 이 글을 쓰다.

文以載道, 儒者無不能言之. 夫道豈深隱莫測, 秘密不傳, 如佛家之心印, 道家之口訣哉! 萬事當然之理, 是卽道矣. 故道在天地, 如汞瀉地, 顆顆皆圓, 如月映水, 處處皆見. 大至於治國平天下, 小至於一事一物一動一言, 無乎不在焉. 文, 其中之一端也. 文之大者爲『六經』, 固道所寄矣. 降而爲列朝之史, 降而爲諸子之書, 降而爲百氏之集, 是又文中之一端, 其言皆足以明道. 再降而稗官小說, 似無與於道矣. 然『漢書』「藝文志」列爲一家, 歷代書目亦皆著錄. 豈非以荒誕悖妄者雖不足數, 其近於正者, 於人心世道亦未嘗無所裨歟.

河間先生以學問文章負天下重望, 而天性孤直, 不喜以心性空談, 標榜門戶. 亦不喜才人放誕, 詩社酒社, 誇名士風流. 是以退食之餘, 惟耽懷典籍, 老而嬾於考索, 乃採掇異聞, 時作筆記, 以寄所欲言. 『灤陽消夏錄』等五書, 俶詭奇譎, 無所不載, 洸洋恣肆, 無所不言. 而大旨要歸於醇正, 欲使人知所勸懲. 故誨淫導欲之書, 以佳人才子相矜者, 雖紙貴一時, 終漸歸湮沒. 而先生之書, 則梨棗屢鐫,

---

보면, 진팽년은 어려서 공부를 좋아했다고 한다. 그의 모친이 그를 아껴 밤늦도록 글 읽는 것을 금하자, 진팽년은 등을 몰래 대바구니 안에 넣고 밀실에서 책을 보면서 모친이 모르게 했다고 한다.

久而不厭, 是則華實不同之明驗矣. 顧翻刻者衆, 訛誤實繁, 且有妄爲標目, 如明人之刻『冷齋夜話』者, 讀者病焉.

時彦夙從先生游, 嘗刻先生『姑妄聽之』, 附跋書尾, 先生頗以爲知言. 邇來諸板益漫漶, 乃請於先生, 合五書爲一編, 而仍各存其原第. 篝燈手校, 不敢憚勞, 又請先生檢視一過, 然後摹印. 雖先生之著作不必藉此刻以傳, 然魚魯之舛差稀, 於先生教世之本志, 或亦不無小補云爾.

嘉慶庚申八月, 門人北平盛時彦謹序

『열미초당필기(閱微草堂筆記)』 서(序)

정개희(鄭開禧)

하간(河間) 기문달(紀文達) 공은 오랫동안 한림원에 계시면서 대문장과 거작을 남기셨으니, 한 시대의 대문호라 할 수 있다. 어떤 사람은 선생님께서 익살스러운 이야기를 좋아하셔서 풍자와 꾸짖음으로 문장을 쓰셨다고 말하는데, 오늘 내가 그 필기를 살펴보니 뜻이 진실되고 온화하며 체제가 매우 엄격했다. 또한 종지는 대체로 권선징악으로 귀결되고 있어서 옳고 그름이 성인의 뜻에서 어긋나지 않았고, 소설이기는 하지만 정사(正史)와 다름없었다. 기문달공은 직접 이렇게 말씀하셨다.

"『열미초당필기』는 『벽운하(碧雲騢)』처럼 시비를 전도하지 않았고, 『주진행기(周秦行紀)』처럼 은혜와 원한을 가슴에 품게 하지 않았으며, 『회진기(會眞記)』처럼 재자와 가인을 묘사하지 않았고, 『비신(祕辛)』처럼 잡스럽게 묘사하지 않았으니, 군자들에게 내쳐지지 않기만을 바랄 뿐이다."

아마도 이 말은 기문달공의 겸손에서 나온 것 같다. 공의 손자 기수복(紀樹馥)이 영남(嶺南)의 관리로 왔을 때, 그를 따라다니면서 이 책을 달라고 하는 이가 많아 다시 판각하게 되었다. 기수복은 사람됨이 순박하면서도 학식도 갖추고 있어 능히 관직을 수행할 수 있었고, 집안의 가풍을 떨어뜨리지도 않았다고 한다.

도광(道光) 15년(1835) 을미년 봄날 용계(龍溪) 사람 정개희 쓰다.

河間紀文達公, 久在館閣, 鴻文鉅製, 稱一代手筆. 或言公喜詼諧, 嬉笑怒罵, 皆成文章, 今觀公所著筆記, 詞意忠厚, 體例謹嚴. 而大旨悉歸勸懲, 殆所謂是非不謬於聖人者歟, 雖小說, 猶正史也. 公自云: “不顚倒是非如『碧雲騢』, 不懷挾恩怨如『周秦行紀』, 不描摹才子佳人如『會眞記』, 不繪畫橫陳如『祕辛』, 冀不見擯於君子.” 蓋猶公之謙詞耳. 公之孫樹馥, 來宦嶺南, 從索是書者衆, 因重鋟板. 樹馥醇謹有學識, 能其官, 不墮其家風云.

道光十五年乙未春日, 龍溪鄭開禧識

『상주열미초당필기(詳註閱微草堂筆記)』 서(序)

채원배(蔡元培)

청대(淸代) 소설 가운데 가장 유행한 세 작품이 있는데, 『석두기』·『요재지이』·『열미초당필기』가 그것이다. 『석두기』는 전체가 백화(白話)로 쓰인 장회체(章回體) 평본(評本)으로 주석이 필요 없다. 『요재지이』는 당대(唐代) 단편소설을 정교하게 모방해서 쓴 작품으로, 독자들이 인용문의 내용을 잘 이해하지 못했기에 일찍부터 상주본(詳註本)이 나왔다. 반면 『열미초당필기』는 손가는 대로 쓴 수필형태의 글이라 노인들도 모두 이해할 수 있었다. 그래서 옛날부터 주(註)를 다는 사람이 없었다. 그러나 기효람(紀曉嵐)은 박학다식하여 아무 뜻 없이 글을 썼지만 글자마다 모두 내력이 있어, 글자의 의미를 찾아 밝히지 않으면 자칫 독자들이 진의를 파악하기 힘들다. 이와 같은 점에 착안하여 회문당주인(會文堂主人)은 특별히 상주(詳註)를 달고 찍어냄으로써 『석두기평본』·『요재지이주본』과 더불어 장차 기씨(紀氏: 紀昀)의 책이 더욱 더 사람들에게 환영받길 바랐다.

중화민국(中華民國) 7년(1918) 11월 18일 채원배 쓰다.

淸代小說最流行者有三, 『石頭記』·『聊齋志異』及『閱微草堂筆記』是也. 『石頭記』爲全用白話之章回體評本至多而無待於註. 『聊齋誌異』倣唐代短篇小說刻意求工, 其所徵引間爲普通人所不解, 故早有詳本. 『閱微草堂筆記』則用隨筆體信手拈來, 頗有老嫗都解之槪. 故自昔無作註者. 然紀曉嵐氏博極群書, 雖無意爲文而字字皆有來歷, 不爲證明, 讀者或不免失其眞意. 會文堂主人有鑒於此, 特詳註而重印之, 以與『石頭記評本』·『聊齋誌異註本』相將從此紀氏之書將益受普通人歡迎矣.

中華民國七年十一月十八日 蔡元培識

여시아문

如 是 我 聞

3

관혁도인(觀奕道人) 찬(撰)

1.

개의 의리

은사[1] 왕재양(王載揚)이 해준 이야기이다.

예전에 그가 친구 집 채소밭에서 지낼 때, 창문 밖에서 사람들의 말소리가 들렸다고 한다.

"바람도 차고 눈도 내려 추우니, 잠시 빈집에 들어가 피하는 것이 좋겠소."

그러자 다른 이가 말했다.

"뒤 담장이 반쯤 허물어져 있어 도둑이 들어오면 어떡하오? 남의 집에서 밥을 얻어먹으면서 어떻게 그 집일을 안 할 수 있겠소!"

그는 속으로 야경을 도는 하인들이겠거니 생각했다. 날이 밝은 뒤 창문을 열어보니, 인적이라곤 없고 무너진 담장 틈에 개 두 마리가 배까지 눈에 파묻힌 채 웅크리고 있었다.

가상(嘉祥) 사람 증영화(曾映華)가 말했다.

"이 이야기는 신의를 저버린 하인을 창피 주기 위해 왕재양이 지어낸

1 은사: 원문은 '징군(徵君)'이다. 학문과 덕행이 높아 임금의 부름을 받았지만, 벼슬에 나아가지 않은 사람, 바로 은사(隱士)를 말한다.

우언(寓言)[2]입니다."

내 생각에 개라는 동물은 주인의 부림을 귀찮아하지 않고, 본분을 다해 야경을 선다. 또한 추위와 굶주림을 견디며 주인 곁을 지킬지언정, 다른 곳으로 가지 않는다. 세상의 그 어떤 하인이라도 실로 이 개들의 모습에는 미치지 못한다. 이 개들의 행동은 사람들에게 부끄러움을 느끼게 하기에 충분하며, 개가 말을 할 수 있는지 여부는 중요하지 않다.

王徵君載揚言. 嘗宿友人蔬圃中, 聞窗外人語曰: "風雪寒甚, 可暫避入空屋." 又聞一人語曰: "後垣半圮, 偷兒闖入, 將奈何? 食人之食, 不可不事人之事!" 意謂僮僕之守夜者. 天曉啓戶, 地無人迹, 惟二犬偃卧墻缺下, 雪没腹矣. 嘉祥曾映華曰: "此載揚寓言, 以愧僮僕之負心者也." 余謂犬之爲物, 不煩驅策, 而警夜不失職. 甯忍寒餓, 而戀主不他往. 天下爲僮僕者, 實萬萬不能及. 其足使人愧, 正不在能語不能語耳.

---

2 우언(寓言): 『사기(史記)』「장주전(莊周傳)」에 보면, "저서 십여 만 마디의 말이 있는데, 대개가 말을 기탁한 것이다(著書十餘萬言, 大抵率寓言也)."라는 구절이 있다. "우(寓)는 기탁한다는 뜻으로, 가상의 인물을 만들어 내어 이를 통해 자신의 뜻을 전달하는 것이다. 따라서 『장자(莊子)』에 「우언」편이 있게 된 것이다."라고 주 달려 있다.

2.

종규의 초상

종손 기한청(紀翰淸)이 해준 이야기이다.

남피(南皮)의 조씨(趙氏) 집 아들이 여우에게 홀렸다고 한다. 그 여우는 늘 그의 몸에 붙어 다니며 옷깃과 소매 너머로 사람들과 말을 주고받았다. 어느 날 우연히 담벼락에 종규(鍾馗)[3]의 초상화를 걸었더니, 밤중에 방 안에서 펄쩍 뛰는 소리가 들려 여우가 쫓겨났다고 생각했다. 그러나 다음날에

3 종규(鍾馗): 심괄(沈括)의 『몽계필담(夢溪筆談)』「보필담(補筆談)」에 따르면, 예로부터 궁중에 오도자(吳道子)가 그린 종규상(鍾馗像)이 있고, 앞부분에 당나라 사람이 쓴 제기(題記)가 있다고 한다. 한번은 명황이 개원연간에 학질을 앓았다. 어느 날 밤 꿈에 큰 귀신과 작은 귀신 두 명이 나타났는데, 그중 작은 귀신이 양귀비의 자향낭(紫香囊)과 현종의 옥피리를 훔쳐서 전각을 돌아 달아났다. 큰 귀신은 모자를 쓰고 남색 옷을 입고 한쪽 어깨를 드러낸 채 가죽 신발을 신고 있었는데, 그는 작은 귀신을 잡아 그 몸을 가르더니 먹어버렸다. 현종이 누구냐고 묻자 이렇게 아뢰었다. "저는 종규인데, 그리 뛰어난 무사라고는 할 수 없습니다. 그러나 폐하를 위해 천하의 모든 악귀를 없앨 것을 맹세합니다." 현종은 꿈에서 깨어나 오도자를 불러 그 모습을 그리게 했다. 그리하여 세상에 종규가 귀신을 잡은 일이 전해지게 되었다. 이 이야기는 매우 황당하다. 명나라 양신(楊愼)과 고정림(顧亭林)은 모두 종규를 종규(終葵)라 잘못 적고 있다. 종규(終葵)는 망치이다. 옛날 사람들은 구나(驅儺) 의식을 행하듯 망치로 귀신을 쫓아냈다. 훗날 사악한 귀신을 쫓아내는 방법으로 사용되었는데, 시간이 흐르면서 망치가 사악한 요물을 쫓아내는 물건으로 사용되었다는 사실을 잊어버렸다. 귀신을 쫓아내는 사람이 괴이한 것을 좋아해 의식적으로 그 일에다 갖다 붙인 것 같다. 또한 화가가 「종규원석출유도(鍾馗元夕出遊圖)」와 「종규가매도(鍾馗嫁妹圖)」를 그렸다고 하는데, 이는 더욱 잘못 전해진 것이다.

도 여우는 여전히 말을 하고 있었다. 누군가 "종규를 보았습니까?"라고 묻자, 여우가 말했다.

"종규는 매우 두렵습니다. 다행히 1자 남짓의 몸집에 칼도 몇 치에 불과했습니다. 종규가 침상 위로 올라오면 나는 아래로 내려가고, 종규가 아래로 내려오면 나는 위로 올라가서, 결국 나를 공격할 수 없었습니다."

그렇다면 종규의 초상화는 정말 영험한 것인가? 신령한 종규 초상화는 정말로 몸집이 그림 크기만 한가? 만약 예리한 칼을 든 지름 한 치의 종규 초상을 그린다면 종규 초상은 벌레처럼 꿈틀대며[4] 요사한 무리를 벨 수 있을까? 정말이지 불가사의한 일이다.

從孫翰淸言. 南皮趙氏子, 爲狐所媚. 附於其身, 恒在襟袂間與人語. 偶懸鍾馗小像於壁, 夜聞室中跳躑聲, 謂驅之去矣. 次日語如故. 詰以曾覩鍾馗否, 曰: "鍾馗甚可怖. 幸其軀幹僅尺餘, 其劍僅數寸. 彼上牀則我下牀, 彼下牀則我上牀, 終不能擊及我耳." 然則畫像果有靈歟? 畫像之靈, 果軀幹皆如所畫歟? 設畫爲徑寸之像, 亦執針鋒之劍, 蠕蠕然而斬邪歟? 是眞不可解矣.

4 꿈틀대며: 원문은 '연연(蠕蠕)'이다.

3.

인부 신오

건륭 3년(1738) 무오년 여름, 헌현(獻縣)[5]에서 성을 쌓았는데 인부가 수백 명이나 되었다. 그들은 옛 성가퀴를 부수고 벽돌을 깨뜨려 성 아래로 던졌다. 성 아래에 있던 인부들도 수백 명은 되었는데, 그들은 광주리[6]에 벽돌을 담아 날랐다. 밥이 다 되면 딱따기를 쳐서 모두 모여 식사를 했다. 어느 날 사람들이 모여 한창 식사하는 중에, 인부 신오(辛五)가 이들에게 말했다.

"아까 벽돌을 옮길 때 귓가에서 누군가 큰소리로 '남을 죽인 사람은 목숨으로 갚고, 돈을 빌린 자는 돈으로 갚는데, 자네는 이를 알고 있는가?'라고 했는데, 돌아보니 아무도 없어 정말 이상했습니다."

잠시 뒤 사람들이 함께 돌을 나르던 중, 벽돌이 우박처럼 떨어졌다. 벽돌 한 장이 마침 신오의 머리를 정통으로 내리쳐, 신오는 그 자리에서 머리가 깨져 죽고 말았다. 모두들 놀라 소리를 지르고 소란을 피웠으나, 끝내 벽돌을 던진 사람이 누구인지 알아내지 못했다. 관청의 관리도 진상을 조

5 헌현(獻縣): 지금의 하북성 창주시(滄州市) 관할 현이다.

6 광주리: 원문은 '형광(荊筐)'으로, 가시나무로 만든 광주리를 말한다.

사하여 판결내릴 수 없자, 십장에게 명하여 돈 1만 냥을 내게 해서 시신을 수습하게 했다.

그제야 사람들은 신오가 전생에 [자신에게] 벽돌을 던진 자의 목숨을 빚졌으며, 십장은 전생에 신오에게 빚을 졌다는 사실을 알게 되었다. 인과응보란 서로 얽히고설켜 끝내 서로 메워지는 것이다. 만약 귀신이 앞서 이 사실을 알리지 않았다면 거의 우연이라 여기지 않았겠는가!

乾隆戊午夏, 獻縣修城, 役夫數百. 拆故堞, 破磚擲城下. 城下役夫數百, 運以荆筐. 炊熟, 則鳴柝聚食. 方聚食間, 役夫辛五告人曰: “頃運磚時, 忽聞耳畔大聲, 曰: ‘殺人償命, 欠債還錢, 汝知之乎?’ 回顧無所覩, 殊可怪也.” 俄而衆手合作, 磚落如雹. 一磚適中辛五, 腦裂死. 驚呼擾攘, 竟不得擊者主名. 官司莫能詰斷, 令役夫之長出錢十千, 棺斂而已. 乃知辛五夙生負擊者命, 役夫長夙生負辛五錢. 因果牽纏, 終相塡補. 微鬼神先告, 幾何不以爲偶然耶!

4.

고상한 요괴

제동서(諸桐嶼)[7]가 해준 이야기이다.

그의 고향에 사는 한 세도가의 집에 서재가 있었는데, 그곳은 항상 자물쇠로 잠가두었다고 한다. 문을 열고 들여다볼 때마다 쌓인 먼지 위로 여자의 발자국이 나 있었다. 2치 남짓한 가늘고 앙상한 발자국으로 보아, 그것은 귀매(鬼魅)의 것임을 알 수 있었다. 그러나 수십 년 동안 소리도 내지 않고, 그 모습도 드러내지 않은 채 조용히 살아 어떤 요괴인지 알 수 없었다.

마을 사람 유생(劉生)은 성정이 경박해 왕헌(王軒)[8]과 같은 기이한 만남을 기대하며, 집주인에게 말해 혼자 그곳에 묵기를 청했다. 그는 다과와 술, 안주를 차려놓고 향불을 피운 뒤, 간절하게 축원했다. 불을 밝혀 놓고

---

7 제동서(諸桐嶼): 제동서(1727~?)는 자가 신지(申之)이고, 호는 동서로, 절강성 여요(餘姚) 사람이다. 건륭 25년(1760) 전시 1갑(甲) 제2등 진사로 과거에 합격했다. 한림원 편수에서 출발해 신주지부(辰州知府)를 지냈다. 저서로는 『이여정시집(二如亭詩集)』 등이 있다.

8 왕헌(王軒): 『운계우의(雲谿友議)』에 따르면, 당나라 때의 왕헌이 배를 저라(苧蘿)에 정박하고 서시석(西施石)에 시를 써 넣자, 잠시 뒤에 한 여자가 고개를 돌리며 감사의 인사를 했다고 한다. 그 시는 「제서시석시(題西施石詩)」로 다음과 같다. "고갯마루의 수많은 봉우리 빼어나고, 강가의 풀꽃에는 봄이 왔네. 지금 서시가 빨래 빨던 돌은 보았으나, 비단 빨던 그 여인은 보이지 않네(嶺上千峰秀, 江邊細草春. 今逢浣紗石, 不見浣紗人)." 여기서는 왕헌과 같은 행운을 만나기를 바라는 것이다.

자면서 숨죽여 요괴를 기다렸으나, 아무것도 듣지도 보지도 못했다. 다만 음산한 기운이 피부와 뼈 사이로 점점 스며드는 것 같았다. 눈으로 볼 수 있고, 귀로는 들을 수 있었지만, 입으로 말을 할 수도, 사지를 움직일 수도 없었다. 한참 뒤, 한기가 폐부까지 스며들어 빙설 위에 누워 있는 것 같아 견딜 수가 없었다. 날이 밝고 나서야 겨우 말할 수 있게 되었지만, 몸은 얼어붙어 여전히 뻣뻣했다. 이 일 이후로 감히 다시는 이곳에 묵으려는 자가 없었다.

이 요괴의 행동은 가히 "고상하면서도 빼어나다"[9]고 할 수 있다. 유생을 처리하면서도[10] 감정을 드러내지 않았으니, 역시 고상한 이의 깊은 풍취[11]를 지니고 있다.

諸桐嶼言. 其鄉舊家有書樓, 恒鐍鑰. 每啓視, 必見凝塵之上有女子足跡. 纖削僅二寸有餘, 知爲鬼魅. 然數十年寂無形聲, 不知何怪也. 里人劉生, 性輕脫, 妄冀有王軒之遇, 祈於主人, 獨宿樓上. 具茗果酒肴, 焚香切祝. 明燭就寢, 屛息

---

9 고상하면서도 빼어나다: 원문은 '은수(隱秀)'이다. 안연지(顔延之)의 「안부군가전명(顔府君家傳銘)」에 보면, "청주 고상하고 수려해, 처음부터 즐겨 안거했네(靑州隱秀, 爰始奠居)."라는 구절이 있다.

10 처리하면서도: 원문은 '요리(料理)'이다. 『진서(晉書)』「왕휘지전(王徽之傳)」에 보면, 환충(桓沖)이 왕휘지에게 "경은 부(府)에 있은 지 오래되었으니, 요즘은 사무를 잘 처리하겠지요(卿在府久, 比當相料理)."라고 했다고 한다.

11 깊은 풍취: 원문은 '심치(深致)'이다. 『진서』「왕응지처사씨전(王凝之妻謝氏傳)」에 보면, 사씨(謝氏) 도온(道韞)은 총명하고 말재주가 좋았다고 한다. 숙부 사안(謝安)이 일찍이 『모시(毛詩)』 가운데 어느 구절이 가장 아름답냐고 묻자, 도온이 "길보가 노래를 지으니 조화됨이 맑은 바람 같네. 중산보는 언제나 이 노래 생각하며 그 마음 위로받기를(吉甫作頌, 穆如淸風. 仲山甫永懷, 以慰其心)."이라고 했다. 이에 사안이 그녀에게 "고상한 사람의 깊은 풍취를 가지고 있구나!"라고 했다. 사도온이 말한 구절은 『시경』「대아(大雅)·증민(烝民)」에 보인다.

以伺, 亦無所見聞. 惟漸覺陰森之氣, 砭入肌骨. 目能視, 耳能聽, 口不能言, 四肢不能動. 久而寒沁肺腑, 如卧層冰積雪, 苦不可忍. 至天曉乃能出語, 猶若凍僵. 至是無敢復下榻者. 此怪形蹤, 可云隱秀. 卽其料理劉生, 不動聲色, 亦有雅人深致也矣.

5.

환생

고비웅(顧非熊)의 재생(再生) 이야기는 단성식(段成式)[12]의 『유양잡조(酉陽雜俎)』에 보이고,[13] 손광헌(孫光憲)[14]의 『북몽쇄언(北夢瑣言)』에도 보인다. 그의 부친 고황(顧況)[15]의 문집에도 관련 시가 실려 있는 것으로 보아, 이 이야

---

12 단성식(段成式): 단성식(803~863)은 자가 가고(柯古)이고, 당나라 임치(臨淄) 사람이다. 저서로는 『유양잡조』 20권, 속집 10권이 있다.

13 고비웅(顧非熊)…보이고: 『유양잡조』에 보면, 고황의 한 아들이 몇 살 되지 않아 죽었다고 한다. 고황은 슬픔을 이기지 못해 「곡자시(哭子詩)」를 지었다. "내 나이 칠십이니, 작별의 시간이 길지는 않을 터(老人年七十, 不作多時別)." 고황의 자식은 죽었지만, 영혼은 항상 그 집에 있어서, 매번 부친의 곡소리를 들을 때마다 슬픔을 느껴 스스로 "사람으로 태어나면 반드시 고씨 집 자식으로 태어나겠습니다."라고 맹세했다. 하루는 누군가에게 끌려 어느 곳에 갔는데, 현의 관리 같은 사람이 고씨 집에 태어나도록 판결을 내렸으나, 그 이후로는 아무것도 알 수 없었다. 갑자기 꿈에서 깨어난 듯해서 눈을 뜨고 보니 모든 것이 눈에 익은 것이었다. 형제들이 그 곁에 있었으나, 그들과 말을 할 수 없을 뿐이었다. 그는 고씨 집에 다시 태어났고, 막 태어났을 때 이후로는 아무것도 기억할 수 없었다. 일곱 살이 되었을 때 형이 장난삼아 그를 때리자, "내가 네 형이거늘, 무슨 까닭에 나를 때리느냐?"라고 했다. 집안사람들이 모두 기이하게 생각했다. 그제야 전후사정을 이야기했는데, 하나도 틀리지 않았다. 또 동생과 누이의 아명까지 하나하나 차례대로 불렀다. 이 아이가 바로 고비웅이다.

14 손광헌(孫光憲): 손광헌(901~968)은 자는 맹문(孟文)이고, 송나라 귀평(貴平) 사람이다. 저서로는 『북몽쇄언』 20권이 있는데, 당말 오대 사대부의 일사(逸事)를 기록하고 있다.

15 고황(顧況): 고황(727?~815?)은 자는 보옹(逋翁)이고, 당나라 해염(海鹽) 사람이다. 문장을 잘 지었고, 시로서 더욱 유명하다. 저작랑을 지냈고, 만년에 물러나 모산(茅山)에서 살았다.

기가 꾸며낸 것은 아니다. 근래에 이부시랑(吏部侍郎)[16] 심운초(沈雲椒)가 모친 육태부인(陸太夫人)의 묘지명을 썼는데, 그 내용은 다음과 같다.

"어머니께서 시집오셔서 1년쯤 지나셨을 때, 아버지께서 돌아가셨다. 유복자를 낳았으나, 그 아이는 만 3세에 죽었다. 어머니께서는 애통해하며 말씀하셨다. '내가 미망인이 되어 오직 너 하나뿐이었는데, 이제는 끝났구나. 우리 집의 종사는 이로부터 끝나니 차마 견딜 수가 없구나.' 염할 때 죽은 아이의 팔에 붉은 글씨를 쓰고 축수하며 말했다. '하늘이 우리 집안의 대를 끊어 놓지 않을 요량으로 네가 다시 환생한다면, 이것을 징표로 하겠다.'"

이때가 옹정(雍正) 7년(1729) 기유년 12월이었다. 그달, 이웃에 사는 친척이 아이를 낳았는데, 그 아이의 팔에 붉은 흔적이 있었다. 어머니께서는 마침내 이 아이를 돌보며 후사로 삼았는데, 이 사람이 바로 이부시랑 심운초이다. 내가 예부상서로 있을 때, 그와 함께 일했다. 심운초는 나를 위해 더욱 자세히 이야기해주었다.

대개 불교 서적에는 원래 허황된 이야기들이 적혀 있고, 그 무리들은 죄와 복을 늘어놓으며 사람을 현혹해 보시하게 했는데, 그 가운데 사기나 거짓말이 특히 많았다. 그러나 오직 윤회설만은 확실한 근거가 있다. 사람의 목숨을 관장하는 이들은 매번 한 사람, 한 가지 일을 가지고 때때로 단서[17]를 드러내고, 인륜(人道)의 가르침을 분명히 보여준다. 심운초의 이 일

스스로 화양진일(華陽眞逸)이라 불렀다. 『화양집(華陽集)』 3권이 있으며, 그 속에 아들 고비웅의 시집 1권도 덧붙여져 있다.

16 이부시랑(吏部侍郎): 원문은 '소재(少宰)'이다.

17 단서: 원문은 '단예(端倪)'이다. 『장자』「내편(內篇)·대종사(大宗師)」에 보면, "삶과 죽음을 반

은 바로 윤회전생의 영험함을 빌려 수절한 여인의 절개와 그 고됨을 드러낸 것이다. 유생들은 귀신이 없다고 극력 주장하니, 또 어찌 이를 알겠는가!

顧非熊再生事, 見段成式『酉陽雜俎』, 又見孫光憲『北夢瑣言』. 其父顧况集中, 亦載是詩, 當非誣造.

近沈雲椒少宰撰其母陸太夫人誌. "稱太夫人於歸, 甫匝歲, 贈公卽卒. 遺腹生子, 恒周三歲亦殤. 太夫人哭之慟, 曰: '吾之爲未亡人也, 以有汝在, 今已矣. 吾不忍吾家之宗祀自此而絶也.' 於其斂, 以朱誌其臂, 祝曰: '天不絶吾家, 若再生以此爲驗.'" 時雍正己酉十二月也. 是月族人有比鄰而居者, 生一子, 臂朱灼然. 太夫人遂撫之, 以爲後, 卽少宰也. 余官禮部尚書時, 與少宰同事. 少宰爲余口述尤詳.

蓋釋氏書中, 誕妄者原有, 其徒張皇罪福, 誘人施舍, 詐僞者尤多. 惟輪回之說, 則鑿然有證. 司命者每因一人一事, 偶示端倪, 彰人道之教. 少宰此事, 卽借轉生之驗, 以昭苦節之感者也. 儒者甚言無鬼, 又烏乎知之!

복할 뿐, 그 시작과 끝을 모른다(反覆終始, 不知端倪)."라는 문장이 있다.

6.

배우 방준관

배우 방준관(方俊官)은 젊은 시절 용모와 연기로 이름을 날려 사대부들의 눈에 들었다. 늙어서는 골동품을 팔며 가끔 도성을 왕래했다. 일찍이 거울을 보고 스스로 탄식했다.

"나 방준관이 이 모양이 되다니! 내가 예전에 춤추고 노래 부르며 일시에 세상을 떠들썩하게 했다고 누가 믿겠는가?"

예여강(倪餘疆)[18]이 지은 「감구시(感舊詩)」가 있는데, 다음과 같다.

> 강호에 떨어져 귀밑머리 다 희어지고,
> 홍아(紅牙)[19] 잡고 노래 부르며 당시를 떠올리네.
> 장자의 호접은 어디로 갔는지,
> 서러워라 시든 꽃 한 송이 덩그러니 남아있네.

---

18 예여강(倪餘疆): 예승관(倪承寬)이다. 예승관(1712~1783)은 자가 여강이고, 호는 경당(敬堂)이며, 절강성 인화(仁和: 지금의 항주시) 사람이다. 건륭 19년(1754) 진사과 3등으로 급제하여 한림원 편수가 되었으며, 태상시경(太常寺卿)까지 지냈다.

19 홍아(紅牙): 『연북잡지(研北雜志)』에 보면, 조자고(趙子固)는 매번 술에 취해 악부(樂府)를 노래할 때 홍아를 잡고 박자를 맞추었다고 한다. 여기서 홍아는 바로 박자판이다.

이 시는 방준관을 위해 지은 것이다.

방준관은 자칭 원래 유생 집안의 아들이었다고 했다. 나이 13~14세 때, 시골 서당에서 글을 읽다가 느닷없이 꿈에서 생황을 켜고 노래를 부르며 화촉이 밝혀져 있는 규방으로 끌려갔다. 자신을 돌아보니, 수놓은 비단 치마와 금색 배자[20]에, 머리에는 비취색 구슬로 수놓은 머리꾸미개를 쓰고 있었다. 아래를 보니 두발도 가늘고 뾰족한 전족 모양을 한 것이 영락없는 신부였다. 깜짝 놀라 의아해하며 어떻게 해야 할지 몰랐다. 그러나 많은 사람이 자신을 잡고 있어서 어떻게 하지 못해 결국 휘장 안으로 끌려 들어가 남자와 어깨를 나란히 하고 앉게 되었다. 놀랍기도 하고 부끄럽기도 해 식은땀을 흘리며 잠에서 깨어났다. 후에 한 경박한 사내[21]의 꼬임에 빠져 결국 신세를 망치고 노래 부르고 춤을 추게 되자, 그제야 모든 일이 이미 정해져 있음을 깨닫게 되었다.

예여강이 말했다.

"위세마(衛洗馬)[22]가 악광(樂廣)[23]에게 꿈에 관해서 묻자, 악광이 '그것은 생각이지. 아마도 네가 그런 생각을 많이 해서 꿈으로 나타난 거야. 그런 생각을 하고 그런 꿈을 꾸다보면 그런 상황에 빠진다.'[24] 라고 했네. 결과는

---

20 배자: 원문은 '피(帔)'이다. 주로 여성이 저고리 위에 걸쳤던 긴 겉옷을 말한다.

21 경박한 사내: 원문은 '광차(狂且)'이다. 『시경』「정풍(鄭風)」에 보면, "만나기 전에는 미남이라더니 만나보니 미친놈이네(不見子都, 乃見狂且)"라는 구절이 있다. 여기서 차(且)는 뜻 없이 쓰인 조사이다.

22 위세마(衛洗馬): 위개(衛玠)이다. 세마(洗馬)를 지냈으며, 항상 인품이 부족한 자는 용서하고 고의로 기만하는 것이 아니면 이치로 타일렀기 때문에 평생 동안 기쁨과 분노를 얼굴에 드러내지 않았다.

23 악광(樂廣): 원문은 '악령(樂令)'으로, 상서령(尚書令)을 지냈다.

24 위세마(衛洗馬)가…빠진다: 『세설신어(世說新語)』「문학(文學)」에 따르면 위개가 어렸을 때

본디 원인으로 인해 생겨나고, 원인은 마음에서 생겨나니, 어찌 그것을 숙명의 탓으로만 돌릴 수 있겠는가?"

나는 이들이 천한 직업을 가지게 된 것은 틀림없이 전생의 업보가 현생에 드러난 것으로, 전적으로 팔자에 없다고 말해서는 안 되며, 예여강의 말은 그저 근본을 바로잡는 논리일 따름이라고 했다. 후에 소행촌(蘇杏村)이 이를 듣고 말했다.

"기효람은 전생·현생·후생[25]으로 인과응보를 논해 미래를 경계하고 있고, 예여강은 찰나[26]로 인과응보를 논해 현재를 경계하고 있다. 각자 서로 다른 도리로 의미를 설명하고 있지만, 나는 예여강의 논지가 사람을 방심하지 않게 할 수 있다고 생각한다."

伶人方俊官, 幼以色藝擅長, 爲士大夫所賞. 老而販鬻古器, 時來往京師. 嘗覽鏡自嘆曰: "方俊官乃作此狀! 誰信曾舞衫歌扇, 傾倒一時耶?" 倪餘疆「感舊詩」曰: "落拓江湖鬢有絲, 紅牙按曲記當時. 莊生蝴蝶歸何處, 惆悵殘花剩一枝." 卽爲俊官作也.

악령(즉 악광)에게 꿈에 대해서 물었다고 한다. 악령이 "그것은 생각이지."라고 하자, 위개가 이렇게 말했다. "육체와 정신이 결합되어 있지 않을 때 꿈을 꾸는데 어찌하여 그것이 '생각'이란 말입니까?" 그러자 악광이 말했다. "원인이 있기 때문이지. 수레를 타고 쥐구멍으로 들어간다든가 쇠절구공이를 씹어 먹는다든지 하는 꿈은 여태껏 꾼 적이 없는데, 생각해본 적도 없고 원인도 없기 때문이지." 위개는 며칠 동안 그 원인에 대해 생각했지만 알 수가 없어 마침내 병이 났다. 악광은 그 소식을 듣고 일부러 수레를 타고 가서 상세히 설명해주었다. 위개는 금세 차도를 보였다.

25 전생·현생·후생: 원문은 '삼생(三生)'이다.

26 찰나: 원문은 '일념(一念)'이다. 산스크리트어 에카 치타(eka-citta)의 음역으로, 찰나, 한순간을 의미하기도 하고, 극히 짧은 순간에 이루어지는 생각(念)의 단위를 말하기도 한다.

俊官自言本儒家子. 年十三四時, 在鄉塾讀書, 忽夢爲笙歌花燭, 擁入閨闥. 自顧則繡裙錦帔, 珠翠滿頭. 俯視雙足, 亦纖纖作弓彎様, 儼然一新婦矣. 驚疑錯愕, 莫知所爲. 然爲衆手挾持, 不能自主, 竟被扶入幃中, 與男子并肩坐. 且駭且愧, 悸汗而寤. 後爲狂且所誘, 竟失身歌舞之場, 乃悟事皆前定也. 餘疆曰: "衛洗馬問樂令夢, 樂云是想. 汝殆積有是想, 乃有是夢. 既有是想, 是夢乃有是墮落. 果自因生, 因由心造, 安可委諸夙命耶?" 余謂此輩沉淪賤穢, 當亦前身業報, 受在今生, 未可謂全無冥數, 餘疆所言, 特正本清源之論耳. 後蘇杏村聞之曰: "曉嵐以三生論因果, 惕以未來, 餘疆以一念論因果, 戒以現在. 雖各明一義, 吾終以餘疆之論, 可使人不放其心."

7.

도깨비와 소년

집안 할아버지 황도(黃圖) 공이 해주신 이야기이다.

황도공은 예전에 친구를 만나러 북봉(北峰)에 갔었다고 한다. 어느 여름날 밤, 마을 밖으로 산책을 나갔다가 자기도 모르게 제법 멀리까지 가게 되었다. 그런데 수수[27]밭에서 신음소리가 들려 그 소리를 찾아가 보았더니, 한 소년이 나체로 드러누워 있었다. 황도공이 어찌하여 이 고생을 하고 있냐고 묻자, 소년이 말했다.

"해질 무렵 이곳을 지나가다가 머리를 길게 늘어뜨린 한 여자를 만났는데, 저를 부르며 말을 걸어왔습니다. 그녀의 아름다운 미모에 반해 이야기를 나누며 장난을 주고받았습니다. 그러자 여자가 또 부모님이 모두 외출중이니, 잠시 집에 들러 쉬었다 가라면서 저를 수수잎이 무성한 곳으로 데려갔습니다. 그곳에 세 칸짜리 집이 있었으며, 인적도 드물고 아주 고요했습니다. 여자가 문을 잠그고 과일을 내와 함께 먹으며 이야기를 나누는데, 마음이 아주 잘 맞았습니다. 그러다 서로 옷을 벗고 침상에 올라 막 껴안으려는 순간, 여자가 갑자기 무섭게 생긴 사내로 변해 저를 마음대로 가

27 수수: 원문은 '출(秫)'이다.

지고 놀았습니다. 저는 겁에 질려 감히 저항도 할 수 없었고, 결국 그대로 능욕을 당했습니다. 사내가 저를 마구 짓밟은 끝에, 저는 그만 기절하고 말았습니다. 한참 후 정신을 차리고 보니, 저는 이렇게 황량한 들판에 누워 있었고 그 집은 온데간데없이 사라지고 없었습니다."

도깨비가 소년의 미색에 반하여 여자로 변신해 유혹한 것 같다. 욕심을 좇아 달려가다가 도리어 먹잇감이 되었으니, 그 화가 본인에게 미치는 것도 당연하다.

族祖黃圖公言. 嘗訪友至北峰. 夏夜散步村外, 不覺稍遠. 聞秫田中有呻吟聲, 尋聲往視, 乃一童子裸體卧. 詢其所苦, 言: "薄暮過此, 遇垂髫婦女, 招與語. 悅其韶秀, 就與調謔. 女言父母皆外出, 邀到家小坐, 引至秫葉深處. 有屋三楹, 闃無一人. 女闔其戶, 出瓜果共食, 笑言既洽. 弛衣登榻, 比擁之就枕, 則女忽變形爲男子, 狀貌猙獰, 橫施暴虐. 怖不敢拒, 竟受其汚. 蹂躪毒楚, 至於暈絶. 久而漸蘇, 則身卧荒煙蔓草間, 并室廬失所在矣." 蓋魅悅此童之色, 幻女形以誘之也. 見利而趨, 反爲利餌, 其自及也宜矣.

8.

여우귀신

돌아가신 스승 조횡산(趙橫山) 선생은 젊은 시절 서호(西湖)에서 글을 읽었다. 그곳의 절이 그윽하고 조용하여, 침상을 들여놓고 아예 그곳에 지냈다. 어느 날 밤, 방안에서 부스럭[28]거리는 소리가 들리더니, 마치 누군가가 지나가 듯했다. 이에 선생께서 "귀신이냐? 여우냐? 무슨 까닭에 나를 괴롭히느냐?"라고 버럭하며 묻자, 소리는 말을 하려다 말고 머뭇거리더니,[29] 이내 천천히 대답했다.

"귀신이라 할 수도 있고, 여우라 할 수도 있습니다."

"귀신이면 귀신이고 여우면 여우지, 어째서 둘 다란 말이냐?"

한참 있다가 다시 대답했다.

"저는 본래 수백 년 된 여우로, 이미 내단(內丹)[30]을 이루었습니다. 그러나 불행히도 다른 여우들이 저를 목졸라 죽이고, 저의 내단을 훔쳐 달아났

28 부스럭: 원문은 '실솔(窸窣)'이다.

29 말을 하려다 말고 머뭇거리더니: 원문은 '섭유(囁嚅)'이다.

30 내단(內丹): 도가에서 금석(金石)을 달구는 것을 외단(外丹)이라 하고, "용호비결과 단전호흡, 낡은 기운을 내보내고 신선한 새 기운을 들이마시는(龍虎胎息, 吐故納新)" 것을 내단이라 한다.

습니다. 그래서 떠돌던 혼이 이곳에 머물며, 지금은 여우귀신이 되었습니다."

"어째서 저승에 고소하지 않느냐?"

그러자 여우귀신이 말했다.

"대개 내단이란 토납도인(吐納導引)[31]을 통해 완성하는 것으로, 이는 피와 기가 몸과 하나 되어 융합되는 것과 같습니다. 그래서 밖에서 가져올 수도 없고, 남이 훔쳐갈 수도 없습니다. 하지만 채보술(採補術)로 얻은 내단은 남의 재물을 강제로 빼앗은 것과 같아, 본래 자기 것이 아닌 까닭에 남이 죽여서 가져갈 수도 있습니다. 저는 사람들을 유혹해 그들의 정기를 빨아들이며 많은 사람을 해쳤습니다. 타인의 생명을 앗아간 죄는 죽어 마땅합니다. 그러니 신에게 고소한들 거들떠보실 리 없습니다. 그래서 이곳에서 우울하게 지낼 따름입니다."

"이 건물에 머물며 대체 무슨 일을 하고 있었느냐?"

"본래는 모습을 숨기고 목소리도 죽인 채 태음연형법(太陰鍊形法)[32]을 닦고 있었습니다. 그런데 그대의 양기에 쏘여 음백(陰魄)이 불안해진 까닭에,

---

31 토납도인(吐納導引): 『장자』「각의(刻意)」에 보면, "심호흡을 하면서 낡은 공기는 토해 내고 신선한 공기를 들이마시며, 곰이 나무에 매달리고 새가 날면서 발을 뻗히는 것 같은 체조를 하는 것은 오래 살려는 것이다(吹呴呼吸, 吐故納新, 熊經鳥申, 爲壽而已矣)."라는 구절이 있는데, 이것은 도인(道引)한 선비나 양형술(養形術)을 터득한 사람이나, 팽조(彭祖)처럼 장수한 사람들이 좋아하는 것이다. 또 『한서』「장량전(張良傳)」에 보면, "장량이 관중에 들어갔는데 체질적으로 병이 많아, 도인술을 행하면서 오곡을 먹지 않았다(良從入關, 性多疾, 卽道引不食穀)."라는 구절이 있는데, "'도(道)'는 '도(導)'로 읽히며 오곡을 물리치고 약을 먹지 않고 조용히 거하면서 기를 돌게 하는 것이다."라는 주가 달려 있다.

32 태음연형법(太陰鍊形法): 『신선전(神仙傳)』에 보면, 선가(仙家)에 태음연형법이란 것이 있는데, 태음연형법을 익히면 대낮에 모습을 보이지 않게 할 수 있다고 한다.

이렇게 나와 애걸하게 된 것입니다. 이승과 저승에서 이제 각자의 길로 가기를 바랍니다."

말을 다 한 뒤, 땅에 이마를 찧으며 인사하는 소리가 들리더니 물어도 더는 대답이 없었다. 선생께서는 다음날 바로 이사를 나왔다. 선생께서 예전에 이 일을 예로 들어 문인들에게 말씀하시곤 하셨다.

"자기 것이 아닌 것을 탐하면, 끝내 가질 수 없을 뿐만 아니라 스스로 화를 입게 되니, 진실로 두려운 일이다."

先師趙橫山先生, 少年讀書於西湖. 以寺樓幽靜, 設榻其上. 夜聞室中窸窣聲, 似有人行. 叱問: "是鬼是狐, 何故擾我?" 徐聞囁嚅而對曰: "我亦鬼亦狐." 又問: "鬼則鬼, 狐則狐耳, 何亦鬼亦狐也?" 良久復對曰: "我本數百歲狐, 內丹已成. 不幸爲同類所扼殺, 盜我丹去. 幽魂沉滯, 今爲狐之鬼." 問: "何不訴諸地下?" 曰: "凡丹由吐納導引而成者, 如血氣附形, 融合爲一. 不自外來, 人勿能盜也. 其由採補而成者, 如劫奪之財, 本非己物, 故人可殺而吸取之. 吾媚人取精, 所傷害多矣. 殺人者死, 死當其罪. 雖訴神, 神不理也. 故甯鬱鬱居此耳." 問: "汝居此樓作何究竟?" 曰: "本匿影韜聲, 修太陰鍊形之法. 以公陽光薰鑠, 陰魄不寧, 故出而乞哀. 求幽明各適." 言訖, 惟聞搏顙聲, 問之不復再答. 先生次日卽移出. 嘗擧以告門人曰: "取非所有者, 終不能有, 且適以自殺也, 可畏哉."

9.

당나귀의 원한

종형(從兄) 기만주(紀萬周)가 해준 이야기이다.

교하현(交河縣)에 사는 한 농부의 아내는 친정에 갈 때마다 늘 당나귀를 타고 갔다고 한다. 그 당나귀는 아주 튼튼하고 잘 길들여져 사람이 고삐를 잡아채기도 전에 알아서 길을 달렸다. 어쩌다가 남편이 바빠 함께 가지 못해 아내 혼자 당나귀를 타고 갈 때도 있었으나, 한 번도 길을 잃은 적이 없었다. 하루는 집으로 돌아오는 길이 조금 늦어졌는데, 날이 저물고 달마저 뜨지 않아 방향을 분간할 수 없었다. 그때 당나귀가 갑자기 날뛰며 아내를 태운 채 수수밭으로 들어갔는데, 잎이 빽빽하게 우거진 탓에 그만 길을 잃고 돌아오지 못했다. 한밤중에 무너진 절에 이르렀는데, 처마 아래에 거지 두 명이 있었다. 그의 아내는 이러지도 저러지도 못한 채 부득이하게 그들과 함께 그곳에서 밤을 지새웠다. 이튿날 거지들이 그녀를 집으로 돌려보냈다. 남편은 이 일을 부끄럽게 여겨 당나귀를 도살장에 팔아넘기려고 했다. 그날 밤, 꿈에 어떤 사람이 나타나 말했다.

“그 당나귀는 전생에 당신의 돈을 훔친 자로, 당신이 급히 체포하려 하자 그대로 달아나 자취를 감추었소. 그런데 당신이 포졸에게 부탁해 그의 아내를 붙잡아 하룻밤 묶어 두었소. 지금 그가 당나귀가 된 것은 훔친 돈에 대한 보응이고, 당신의 아내를 태우고 무너진 절로 데려간 것은, 당신이 자기 아내를 가두었던 일에 대한 복수요. 당신은 굳이 내세의 원한을 또다시 만들려 하시오?"

그는 그 말을 듣고 화들짝 놀라 깨어나 스스로 참회했다. 당나귀는 그날 밤 갑자기 죽었다.

從兄萬周言. 交河有農家婦, 每歸甯, 輒騎一騾往. 騾甚健而馴, 不待人控引, 卽知路. 或其夫無暇, 卽自騎以行, 未嘗有失. 一日歸稍晚, 天陰月黑, 不辨東西. 騾忽橫逸, 載婦徑入秫田中, 密葉深叢, 迷不得返. 半夜, 乃抵一破寺, 惟二丐者栖廡下. 進退無計, 不得已留與共宿. 次日丐者送之還. 其夫愧焉, 將鬻騾於屠肆. 夜夢人語曰: "此騾前世盜汝錢, 汝捕之急, 逃而免. 汝囑捕役縶其婦, 羈留一夜. 今爲騾者, 盜錢報, 載汝婦入破寺者, 縶婦報也. 汝何必反結來世冤耶?" 惕然而寤, 痛自懺悔. 騾是夕忽自斃.

10.

소의 원한

하인 임옥(任玉)의 임종[33]을 지키던 사람이 밤에 창밖에서 소 울음소리를 들었는데, 그때 임옥이 깜짝 놀라 죽었다. 이튿날 사람들이 함께 모여 기이한 일도 다 있다고 말하자, 임옥의 처가 눈물을 흘리며 말했다.

"그이가 젊은 시절, 소 몇 마리를 훔쳐 죽인 일이 있는데, 그 사실을 아무도 몰랐습니다."

奴子任玉病革時, 守視者夜聞窗外牛吼聲, 玉駭然而歿. 次日共話其異, 其婦泣曰: "是少年嘗盜殺數牛, 人不知也."

---

33 임종: 원문은 '병혁(病革)'이다. 『예기(禮記)』「단궁(檀弓)」(상)에 보면, "선생님의 병세가 위급하다(夫子之病革矣)"라는 문장이 있는데, 혁은 위독하다의 뜻이다.

11.

성실함의 죄

여(余) 아무개는 평생을 아문(衙門)에서 일하며 형법을 맡은 지 40여 년이나 되었다. 후에 병으로 몸져누워 있다가 위중해졌을 때, 달 밝은 밤 등불 아래 어디선가 홀연히 여귀가 나타난 듯했다. 여 아무개는 탄식하며 말했다.

"나는 성실하고 순박하여 함부로 사람을 죽이지 않겠다고 맹세했거늘, 이 귀신이 어찌하여 나를 찾아왔단 말인가?"

그날 밤 꿈에, 몇 사람이 온 몸에 피를 묻히고[34] 나타나 울면서 말했다.

"그대는 가혹함이 쌓이면 원한이 되는 것만 알고 성실함도 원한이 될 수 있다는 것은 모르는군요. 무릇 의지할 데 없는 외롭고 나약한 사람이 처참하게 살해당하면 죽어서도 그 고통을 감당할 수 없소. 고독한 혼은 눈물을 삼키고 구천에서 한을 품을 채 악한이 죽기만을 바라고 있소. 그래야만

---

34 온 몸에 피를 묻히고: 원문은 '욕혈(浴血)'이다. 『유양잡조(酉陽雜俎)』「어자(語資)」에 보면, 서경업(徐敬業)이 열 살 남짓 되었을 때 영공(英公)이 탄식하며 말했다고 한다. "이 아이는 관상이 좋지 않다. 장차 우리 집안을 망칠 놈이다." 어느 날 영공은 사냥을 하면서 서경업에게 혼자 깊은 산골짜기까지 사냥감을 쫓아가게 하고는 불을 놓아 그를 죽이려고 했다. 서경업은 불길이 자신을 향해 다가오자 곧장 타고 있던 말을 죽이고 배를 갈라 그 안으로 들어가 불길을 피했다. 불길이 지나간 뒤에 서경업은 피를 뒤집어쓴 채 나왔다고 한다.

쌓인 원한을 일시에 풀 수 있소. 그런데 당신은 산 사람의 가여움만 보고 죽은 자의 슬픔은 보지 못했소. 공소장을 쓰며[35] 법조항을 자의적으로 해석하고 조작해,[36] 죄인을 법망에서 빠져나가게 하였으니, 그 원한이 백골에 사무쳐 있소. 입장을 바꾸어 생각해서 그대가 무고한데도 다른 사람에게 살해당했다고 합시다. 지각이 있는 혼백이 옆에서 이 사건을 평의하는 것을 보면서 중범죄를 경범죄로 바꾸고, 중상을 경상으로 고치고, 이치에 맞지 않는 것을 이치에 맞다고 고치고, 고의를 그렇지 않다고 바꾸어 이가 갈리는 그대의 원수를 조용히 풀어줘서 여전히 인간 세상에 돌아다니게 된다면 그대는 감격하겠소? 아니면 원망스럽겠소? 이런 생각은 하지 않고 악한을 풀어주는 것을 음덕으로 자랑한다면 억울하게 죽은 사람들이 그대를 원수로 여기지 않고 누구를 원수로 여기겠습니까?"

여 아무개는 두려움에 떨며 깨어나 꿈속 일을 자식들에게 말했다. 또한 스스로를 때리면서 말했다.

"내가 잘못 보았구나! 내가 잘못 생각했어!"

그는 편안하게 눕지도 못한 채 죽었다.

余某者老於幕府, 司刑名四十餘年. 後卧病瀕危, 燈前月下恍惚似有鬼爲厲

---

35 공소장을 쓰며: 원문은 '도필(刀筆)'이다. 『사기』「소하세가(蕭何世家)」에 보면, "소하는 진(秦)나라 때의 도필리(刀筆吏)였다."라는 구절이 있다. 고대에는 죽간에 글을 썼는데, 글자를 잘못 쓰면 칼로 깎아내고 고쳤기 때문에 도필이라고 했다. 오늘날은 공소장을 쓰는 사람을 도필이라고 하는데, 붓이 칼과 같은 역할을 하기 때문이다.

36 법조항을 자의적으로 해석하고 조작해: 원문은 '무문(舞文)'이다. 『한서(漢書)』「장탕전(張湯傳)」에 보면, "법조문을 마음대로 해석해 교묘하게 비방거리를 드러낸다(舞文巧詆)."라는 구절이 있다.

者. 余某慨然曰: "存心忠厚, 誓不敢妄殺一人, 此鬼胡爲乎來耶?" 夜夢數人浴血泣曰: "君知刻酷之積怨, 不知忠厚亦能積怨也. 夫煢煢孱弱, 慘被人戕, 就死之時, 楚毒萬狀. 孤魂飮泣, 銜恨九泉, 惟望强暴就誅. 一申積憤. 而君但見生者之可憫, 不見死者之可悲. 刀筆舞文, 曲相開脫, 遂使凶殘漏網, 白骨沉冤. 君試設身處地, 如君無罪無辜, 受人屠割. 魂魄有知, 旁觀讞是獄者, 改重傷爲輕, 改多傷爲少, 改理曲爲理直, 改有心爲無心, 使君切齒之讐, 從容脫械, 仍縱横於人世, 君感乎? 怨乎? 不是之思, 而詡詡以縱惡爲陰功, 被枉死者, 不讐君而讐誰乎?" 余某惶怖而寤, 以所夢備告其子. 回手自撾曰: "吾所見左矣! 吾所見左矣!" 就枕未安而歿.

12.

천호와 유과실

창주(滄州) 사람 태사(太史) 유과실(劉果實)은 너그럽고 도량이 크며, 고결한 진(晉) 나라 선비의 풍모를 지니고 있었다. 그는 이산노인(飴山老人),[37] 연양산인(蓮洋山人)[38]과도 두루 친하게 지냈지만, 생각은 서로 달랐다. 만년에, 집에 머물며 아이들을 가르치고 자급자족하며 살았다. 그러나 가난한 선비가 있으면 반드시 학생으로 거두어들였다. 학생들이 내는 수업료[39]는 얼마 되지 않았고, 대나무 그릇과 표주박은 거의 비어 있어도 마음만은 도리어 편안했다.[40] 한번은 쌀 한 말을 사서 항아리[41] 안에 넣어 두고 한 달여

---

37 이산노인(飴山老人): 조집신(趙執信)이다. 조집신(1662~1744)은 자가 신부(伸符)이고, 호는 추곡(秋谷)이며, 청대 산동 익도(益都) 사람이다.

38 연양산인(蓮洋山人): 오문(吳雯)이다. 오문(1644~1704)은 자가 천장(天章)이고, 자호는 연양산인이며, 청대 산서 포주(蒲州) 사람이다.

39 수업료: 원문은 '수포(脩脯)'이다. 고대 스승을 처음 만나 가르침을 청할 때 작은 선물을 해 예절을 갖춘 데서 나온 것이다. 『논어(論語)』「술이(述而)」에 보면, "속수 이상의 예를 행한 자에게 내 일찍이 가르쳐주지 않은 바가 없었다(自行束脩之以上, 吾未嘗無誨焉)."라는 구절이 있는데, '속수'는 열 조각의 포이다. 이로부터 포는 훗날 제자가 스승에게 내는 소정의 수업료를 의미하게 되었다.

40 대나무 그릇과…편안했다: 도잠(陶潛)의 「오류선생전(五柳先生傳)」에 보면, "구멍 난 짧은 베옷을 꿰매 입고, 대나무 그릇과 표주박은 자주 비어 있지만, 늘 마음은 편안하다(短褐穿結, 簞瓢屢空, 晏如也)."라는 구절이 있다.

41 항아리: 원문은 '앵(罌)'으로, 배가 크고 주둥이가 작은 오지병을 말한다.

를 먹었는데도 없어지지 않아 이상하게 생각했다. 갑자기 처마 아래서 다음 말소리가 들렸다.

"나는 천호(天狐)인데, 공의 곧은 절개를 흠모하여 매일 몰래 쌀을 채워 두었을 따름입니다. 그러니 놀라지 마십시오."

유과실이 꾸짖으며 말했다.

"그 뜻은 정말 고맙습니다만, 당신은 밭을 갈 수 없을 터인데, 이 곡식은 어디서 가져온 것입니까? 나는 도천(盜泉)의 물은 마실 수 없으니,[42] 이후로는 다시는 이러지 마십시오."

이 말에 여우는 탄식하며 떠나갔다.

滄洲劉太史果實, 襟懷夷曠, 有晉人風. 與飴山老人·蓮洋山人皆善友, 而意趨各殊. 晩歲家居, 以授徒自給. 然必孤貧之士, 乃容執贄. 脩脯皆無幾, 簞瓢屢空, 晏如也. 嘗買米斗餘, 貯罌中, 月餘不盡, 意甚怪之. 忽聞檐間語曰: "僕是天狐, 慕公雅操, 日日私益之耳. 勿訝也." 劉詰曰: "君意誠善, 然君必不能耕, 此粟何來? 吾不能飮盜泉也, 後勿復爾." 狐嘆息而去.

42 나는…없으니: 『시자(尸子)』에 보면, 공자는 승모(勝母)라는 마을에 갔을 때 이미 날이 저물었지만, 그곳에서 묵지 않았다고 한다. 또 도천(盜泉)을 지날 때 목이 말랐으나 그 물을 마시지 않았다고 하는데, 모두 그 이름을 꺼려해서였다고 한다.

13.

시참

죽은 조카 기여비(紀汝備)는 자가 이함(理含)이다. 예전에 꿈에서 어떤 사람이 그를 보고 시를 읊었다. 깨어나서 그 가운데 한 연을 기억해내고 말했다.

> 앵화(鶯花) 가득 핀 봄은 한바탕 꿈과 같고,
> 비바람 몰아치는 어둑어둑한 밤은 일 년 같구나.

그가 이 꿈 이야기를 내게 들려주었는데, 조짐[43]이 좋지 않아 깜짝 놀랐다. 과연 건륭 13년(1748) 무진년 윤칠월에 그는 요절하고 말았다. 후에 그의 아내인 무강현(武强縣)[44] 사람 장씨(張氏)는 동생의 자식을 양자로 들여 보살폈다. 장씨는 30여 년 동안 외롭게 수절하고 살아가는 동안, 평생 단 한 번도 옷을 벗고 잠든 적이 없었다. 그 이야기는 지금까지도 계집종과 노파들 사이에서 이야기되고 있다. 이로부터 이 두 시구가 과부가 되어 홀로

---

43 조짐: 원문은 '참(讖)'이다.

44 무강현(武强縣): 지금의 하북성 형수시(衡水市) 관할 현으로, 청나라 옹정 때는 직례성(直隷省) 심주(深州) 관할이었다.

외로이 살아가게 될 조짐임을 알게 되었다.

亡侄汝備, 字理含. 嘗夢人對之誦詩. 醒而記其一聯曰: “草草鶯花春似夢, 沈沈風雨夜如年.” 以告余, 余訝其非佳讖. 果以戊辰閏七月夭逝. 後其妻武强張氏, 撫弟之子爲嗣. 苦節終身, 凡三十餘年, 未嘗一夕解衣睡. 至今婢媼能言之. 乃悟二語爲孀閨獨宿之兆也.

14.

다시 만난 인연

옹정(雍正) 4년(1726) 병오년과 옹정 5년(1727) 정미년 사이, 한 유민이 걸식하며 최장(崔莊)[45]을 지나가던 중, 부부가 함께 역병에 걸리고 말았다. 죽음을 앞두고 그들은 시장에 나가 문서를 들고 애원하며, 어린 딸을 하녀로 팔아, 그 돈으로 관 두 개를 마련하려 했다. 돌아가신 조모 장태부인(張太夫人)께서 그 부부의 장례를 치러 주고, 그 딸을 거두어 키우며 '연귀(連貴)'라 이름 지어 주었다. 문서에는 부친은 장립(張立), 모친은 황씨(黃氏)라 적혀 있었으나, 본적은 빠져 있었다. 그 이유를 물었으나, 당시 그들은 이미 말할 수 없는 상태였다. 그러자 연귀가 스스로 말했다.

"저의 집은 산동(山東)으로, 문이 역로(驛路)에 맞닿아 있어, 늘 고관들의 수레와 말이 오갔습니다. 이곳에서 한 달 정도 걸리는 거리지만, 현 이름은 모르겠습니다."

또 이렇게 말했다.

"작년에 맞은편에 사는 호씨(胡氏) 집안에 시집가기로 되어 있었지만, 그 집도 외지로 걸식하러 떠났으며, 어디로 갔는지는 모릅니다."

---

45 최장(崔莊): 청대 하북성 헌현(獻縣) 경성(景城) 동쪽 3리에 위치한 진(鎭)이다.

10여 년 뒤, 연귀를 찾아오는 친척도 없었기에 그녀를 마부 유등(劉登)과 맺어주었다. 유등이 말했다.

"저는 본래 산동 신태(新泰) 사람으로, 원래 성은 호씨(胡氏)입니다. 부모님께서 돌아가신 뒤에, 유씨(劉氏) 집에서 저를 거두어 길러주셔서 그 성을 따르게 되었습니다. 어릴 적 부모님께서 한 여자아이와 정혼을 시켰다고 들었으나, 그 성씨는 모릅니다."

유등이 본래 호씨이며, 신태 또한 역로가 지나가는 곳이고, 유민이 되어 걸식하러 떠났다는 점, 그리고 한 달이면 닿는 거리라는 점이 모두 연귀의 말과 맞아 떨어졌다. 그래서 사람들은 이 두 사람이 악창공주처럼 이별 끝에 다시 만난 인연이[46]이 아닐까 생각했지만, 명확한 증거가 없을 따름이었다.

돌아가신 숙부 율보공(栗甫公)께서 말씀하셨다.

"이 이야기는 조금만 윤색하면 전기(傳奇)[47]에 넣을 수 있겠다. 하녀가

---

46 악창공주처럼…인연이: 『고금시화(古今詩話)』에 보면, 진(陳)나라 서덕언(徐德言)은 진나라의 정치가 쇠한 것을 보고 일찍이 악창공주에게 "나라가 망하면 공주는 반드시 권력가의 손에 떨어질 것이오. 만약 우리의 연분이 다하지 않았다면 다른 날 만날 수 있을 것이오."라고 말했다고 한다. 그리고는 거울을 깨어 각각 반쪽씩 나눠 가진 뒤 약속을 하고 두 사람은 헤어졌다. 상원절(上元節)에 악창공주는 거울 반쪽을 시장에 팔았다. 진나라가 망하자 악창공주는 양월공(楊越公)의 차지가 되었다. 서덕언은 서울에 갔다가 상원절에 깨진 거울을 파는 노인을 보고는 자신의 거울을 꺼내 맞추어 보았더니 딱 맞았다. 이에 시를 적어 악창공주에게 받쳤더니 공주가 그 시를 받고는 눈물을 흘렸다. 그러자 양월공은 서덕언을 불러 악창공주를 돌려주었다고 한다.

47 전기(傳奇): 『철경록(輟耕錄)』에 보면, 당대에 전기가 있고, 송대에는 희곡(戲曲)과 원사소설(諢詞小說)이 있으며, 금대에는 원본(院本), 잡극(雜劇)이 있었다고 한다. 당대 배형(裵鉶)의 『전기』 3권은 『당지(唐志)』의 소설류(小說類)에 들어가 있다. 이야기의 내용이 가히 전할 수 있어 전기라 불렀다. 후세에는 곡본(曲本)을 전기라 했다. 예컨대 「서상기전기(西廂記傳奇)」, 「모단화전기(牡丹花傳奇)」가 그것이다.

사슴과 돼지처럼 어리석어, 배불리 먹고 잠자는 것밖에 모르니, 윤색하지 못함이 안타까울 따름이다."

은사 변수원(邊隨園)[48]이 말했다.

"'전진(前秦)의 사람이 죽지 않았다면 부생(符生)[49]이 무고를 당했음을 믿었을 것이고,[50] 촉의 유로들이 남아있다면 제갈량(諸葛亮)이 얼마나 억울한 일을 많이 겪었는지를 알았을 것이오.' 원주: 이 네 구절은 유지기(劉知幾)의 『사통(史通)』에서 나온 것이다. 부생의 일은 『낙양가람기(洛陽伽藍記)』에 보이고, 제갈량의 일은 『위서(魏書)』『모수지전(毛修之傳)』에 전한다. 포이전(浦二田)은 『사통』의 내용이 자세하지 않다고 주를 달았으나, 고증이 잘못된 것으로 보인다. 사전(史傳)도 수식을 면하기 어려운데, 하물며 전기에 있어서야 오죽하겠소? 『서루기(西樓記)』[51]에서는

---

48 변수원(邊隨園): 변수원(1700~1773)은 이름이 연보(連寶)이고, 자는 조진(趙珍)이며 청대 직례 임구(任邱) 사람이다. 건륭 원년에 박학굉사과(博學宏詞科)에 추천되어 시험을 치렀다. 변여원(邊汝元)의 아들로, 기윤·과도(戈濤) 등과 함께 하간칠자(河間七子)라 불렸으며, 항주의 수원노인(隨園老人) 원매와 함께 남북양수원(南北兩隨園)이라 병칭되었다. 저서로는 『수원시초(隨園詩草)』 등이 있다.

49 부생(符生): 전진의 2대 황제로, 훗날 제3대 황제인 부견에게 죽임을 당했다.

50 전진(前秦)의 사람이…믿었을 것이고: 『낙양가람기』에 따르면, 당시에 은사 조일(趙逸)은 자신이 진(晉)나라 무제 때의 사람이라며 진나라 조정의 옛일을 많이 기록했다고 한다. 호사가들이 물었다. "진나라 때의 서울은 지금과 어떻게 다릅니까?" 그러자 "진나라 때는 백성들이 지금보다 적었지만 왕후의 저택들은 지금과 비슷했습니다."라고 했다. 조일이 다시 "영가(永嘉: 307~313) 이래로 200여 년동안 나라를 세워 왕에 오른 자가 16명이나 되었습니다. 나는 그 도읍을 모두 돌아다니며 직접 보았습니다. 그런데 그 나라들이 멸망한 뒤의 역사 기록을 보면 대부분 사실과 달랐습니다. 나쁜 일은 다른 사람이 저지른 것으로 되어 있고, 좋은 일은 자신이 한 것으로 되어 있는 경우가 많았습니다. 부생은 비록 용맹함을 좋아하고 술을 즐겨했으나 인정을 베풀며 무고한 사람을 함부로 죽이지 않았고, 그가 다스린 법전을 살펴봐도 전혀 흉포하지 않았습니다. 그러나 역사책을 살펴보면 천하의 나쁜 짓은 모두 그에게로 돌리고 있습니다."라고 했다.

51 『서루기(西樓記)』: 곤곡(崑曲) 극목으로, 청나라 원우령(袁于令: 1592~1672)이 지은 것이다.

목소휘(穆素暉)를 신선처럼 아름답게 묘사하였으나, 오림당(吳林塘)은 그 조부께서 어렸을 적에 목소휘를 보았는데, 키가 작고 피부에 윤기가 흐르는, 흔히 볼 수 있는 보통 여자아이였다고 했소. 그런 즉 전기 속의 가인(佳人)이란 절반은 허구에서 나온 말이라 할 수 있소. 이 하녀가 어리석기는 하지만, 호사가들이라면 곡보(曲譜)를 따라 가사를 붙여 무대에 올려 노래했을 것이오. 다른 날 무대[52]에 올렸더라면 어찌 일찍이 '꾀꼬리처럼 어여쁘고 꽃처럼 아름다운 여인'이라 하지 않았겠소? 선생의 말씀은 책에 적힌 것만 믿는다는 질책을 면하기 어려울 것이오."

雍正丙午丁未間, 有流民乞食過崔莊, 夫婦并病疫. 將死時, 持券哀呼於市, 願一幼女賣爲婢, 而以賣價買二棺. 先祖母張太夫人爲葬其夫婦, 而收養其女, 名之連貴. 其券署父張立, 母黃氏, 而不著籍貫. 問之已不能語矣. 連貴自云: "家在山東, 門臨驛路, 時有大官車馬往來. 距此約行一月餘, 而不能擧其縣名." 又云: "去年曾受對門胡家聘, 胡家乞食在外, 不知所往." 越十餘年, 杳無親戚來尋訪, 乃以配圉人劉登. 登自云: "山東新泰人, 本姓胡. 父母俱歿, 有劉氏收養之, 因從其姓. 小時聞父母爲聘一女, 但不知其姓氏." 登既胡姓, 新泰又驛路所經, 流民乞食, 計程亦可以月餘, 與連貴言皆符. 頗疑其樂昌之鏡, 離而復合, 但無顯證耳.

先叔粟甫公曰: "此事稍爲點綴, 竟可以入傳奇. 惜此女蠢若鹿豕, 惟知飽食酣眠, 不稱點綴, 可恨也." 邊隨園徵君曰: "秦人不死, 信符生之受誣, 蜀老猶存,

52 무대: 원문은 '구유(氍毹)'로, 융단의 일종이다. 당시에는 털로 짠 융단을 구유라 했다. 나중에 무대의 뜻으로 확장되었다.

知諸葛之多枉. 原註: 此乃劉知幾『史通』之文. 符生事見『洛陽伽藍記』, 諸葛事則見『魏書』「毛修之傳」. 浦二田註『史通』以爲未詳, 蓋偶失考. 史傳不免於緣飾, 况傳奇乎? 『西樓記』稱穆素暉艶若神仙, 吳林塘言其祖幼時及見之, 短小而豊肌, 一尋常女子耳. 然則傳奇中所謂佳人, 半出虛說. 此婢雖粗, 倘好事者按譜塡詞, 登場度曲. 他日紅氍毹上, 何嘗不鶯嬌花媚耶? 先生所論, 猶未免於盡信書也."

15.

고독한 귀신

섭송암(聶松巖)이 해준 이야기이다.

교주(膠州)의 한 절 경루(經樓) 뒤편에는 채소밭이 있었다고 한다. 어느 날 저녁 스님이 창을 열고 바람을 쐬고 있었는데, 달빛이 대낮처럼 밝았다. 그때 고목 아래에서 배회하는[53] 한 사람을 보고, 채소를 훔치러 온 사람이라 의심해 "뉘시오?"라고 물었다. 그러자 그 사람이 허리 굽혀 인사하며[54] 대답했다.

"스님께서는 놀라지 마십시오. 저는 귀신입니다."

스님이 다시 물었다.

"귀신이라면 어찌 네 무덤으로 돌아가지 않느냐?"

귀신이 대답했다.

"귀신에게도 무리가 있어 서로 비슷한 부류끼리 몰려다닙니다. 저는

---

53 배회하는: 원문은 '도의(徒倚)'이다. 사마상여(司馬相如)의 「장문부(長門賦)」에 보면, "한가로이 동편결채에서 배회하는구나(閒徒倚於東廂兮)."라는 문장이 있다.

54 허리 굽혀 인사하며: 원문은 '경절(磬折)'로, 몸을 경쇠처럼 굽혀 예를 다해 서 있는 것을 말한다. 『예기』「곡례(曲禮)」(하)에 보면 "서 있을 때는 경쇠처럼 몸을 굽히어 패옥(佩玉)을 드리운다(立則磬折, 垂佩)."라는 문장이 있다.

본래 서생이었으나, 불행히도 초목이 무성한 이 땅에 묻혔습니다. 마의(馬醫)나 농부들과 함께 다닐 수 없고,[55] 그들도 제가 자기 부류가 아니어서 싫어합니다.[56] 서로 어울릴 수 없어, 시끄러움을 피해 이곳으로 왔습니다."

이렇게 말한 뒤, 그는 천천히 사라져 갔다. 그 뒤에도 가끔 멀리서 그의 모습을 볼 수 있었으나, 불러도 대답하지 않았다.

聶松巖言. 膠州一寺, 經樓之後有蔬圃. 僧一夕開牖納涼, 月明如畫. 見一人徙倚老樹下, 疑竊蔬者, 呼問爲誰. 磬折而對曰: "師勿訝. 我鬼也." 問: "鬼何不歸爾墓?" 曰: "鬼有徒黨, 各從其類. 我本書生, 不幸葬叢冢間. 不能與馬醫夏畦伍, 此輩亦厭我非其族. 落落難合, 故甯避囂於此耳." 言訖, 冉冉沒. 後往往遙見之, 然呼之不應矣.

---

55 마의(馬醫)나…다닐 수 없고: 유종원(柳宗元)의 『경조윤 허맹용에게 보내는 편지(寄許京兆孟容書)』에 보면, "마의와 농부 같은 천한 귀신도 자손들로부터 제사를 받지 않는 경우가 없으니(馬醫夏畦之鬼, 無不受子孫追養者)"라는 문장이 있고, 또 『맹자』「등문공(滕文公)」(하)에 "어깨를 올리고 아첨하며 웃는 것은 여름 밭두둑에서 지내는 것보다 힘들다(脅肩諂笑, 病於夏畦)."라는 문장이 있다.

56 자기…싫어합니다: 『좌전』「성공(成公)」 3년에 보면, "우리 족속이 아니면 필시 다른 마음을 품고 있을 것입니다(非我族類, 其心必異)."라는 구절이 있다.

16.

아버지의 가르침

복주(福州) 학사(學使)의 관서는 본래 명나라 때 세금을 거두던 환관[57]의 관공서였다. 당시 환관들이 폭행을 일삼고 무고하게 사람들을 죽이는 일이 많아, 지금까지도 종종 변괴가 일어난다. 내가 복건독학(福建督學)으로 있을 때 하인들이 밤마다 놀라는 일이 잦았다. 건륭 29년(1764) 갑신년 여름, 돌아가신 아버지 요안공께서 이곳에 오셨다가 어느 방에 귀신이 있다는 이야기를 들으시고는 번번이 그 방에 걸상을 놓고 기다리셨지만, 밤새 평안했다.

내가 일찍이 틈을 내어 귀하신 몸으로 귀신과 다투지 말라고 아뢰었었다. 그러자 나에게 이렇게 일깨워 주셨다.

"유생들은 귀신이 없다고들 하지만, 이는 현실에도 맞지 않는 억지 주장이다. 하지만 음기가 양기를 이길 수 없기 때문에 귀신은 사람을 무서워하기 마련이다. 개중에 어떤 귀신은 사람을 건드리기도 하는데, 그것은 사람이 음기를 이길만한 양기가 부족해서이다. 무릇 양기가 왕성하다는 것

57 세금을 거두던 환관: 원문은 '세당(稅璫)'이다. 명대에는 각 성에 세금을 거두는 관리를 두었는데, 모두 환관을 두어 그 일을 맡긴 데서 나온 명칭이다.

이 어찌 혈기가 왕성하고 성정이 난폭한 것을 두고 이르는 것이겠느냐? 사람의 마음속에서, 자상함은 양기가 되고, 잔혹함은 음기가 되며, 담백함은 양기가 되고 악랄함은 음기가 된다. 정직함은 양기가 되고, 부정함은 음기가 된다. 그래서 역상(易象)에서는 양(陽)을 군자로, 음(陰)을 소인으로 본다. 만일 마음이 바르고 정대하면 기도 양강(陽剛)하게 되어, 설령 마음속에 귀신이 깃들어 있더라도 그것은 마치 어두운 방의 큰 화로[58]에 불을 지펴 불꽃이 작열하면 얼음이 저절로 녹아 없어지듯, 해가 되지 않는다. 너도 글을 많이 읽었으니, 사전(史傳)에 품행이 단정한 선비가 귀신에게 해를 입었다는 기록을 본 적이 있느냐?"

나는 재배하고 아버지의 가르침을 받았다. 지금도 그때의 가르침[59]을 떠올리면 마치 아버지께서 옆에 계신 듯 숙연해진다.

福州學使署, 本前明稅璫署也. 奄人暴横, 多潛殺不辜, 至今猶往往見變怪. 余督閩學時, 奴輩每夜驚. 甲申夏, 先姚安公至署, 聞某室有鬼, 輒移榻其中, 竟夕晏然. 昀嘗乘間微諫, 請勿以千金之軀與鬼角. 因誨昀曰: "儒者論無鬼, 迂論也, 亦强詞也. 然鬼必畏人, 陰不勝陽也. 其或侵人, 必陽不足以勝陰也. 夫陽之

58 큰 화로: 원문은 '홍로(洪鑪)'이다. 『후한서(後漢書)』「하진전(何進傳)」에 보면, "이것은 마치 큰 화로에다가 불을 지펴 모발을 태우는 것과 같다.(此猶鼓洪鑪, 燎毛髮耳)"라는 문장이 있는데, 여기서 홍로는 큰 화로이다.

59 가르침: 원문은 '정훈(庭訓)'이다. 『논어』「계씨(季氏)」에 보면, 공자의 제자 중 한명인 진항(陳亢)은 공자가 자신의 아들인 백어(伯魚)만은 남다르게 가르쳤을 것이라 의심하고, 백어에게 물었다고 한다. 공자가 뜰에 앉아 계실 때 백어가 그 앞을 지나가는데 불러 세우시고는(鯉趨而過庭) 시(詩)와 예(禮)의 중요성에 대해서 말씀하셨다고 했다. 이는 공자가 자식을 편애하지 않고, 제자들과 똑 같이 가르쳤다는 대표적인 예로, 이로부터 뜰을 지나며 가르쳤다고 해서 과정지훈(過庭之訓), 추정(趨庭), 정훈이라고 했다.

盛也, 豈持血氣之壯與性情之悍哉? 人之一心, 慈祥者爲陽, 慘毒者爲陰, 坦白者爲陽, 深險者爲陰. 公直者爲陽, 私曲者爲陰. 故易象以陽爲君子, 陰爲小人. 苟立心正大, 則其氣純乎陽剛, 雖有邪魅, 如幽室之中, 鼓洪鑪而熾烈焰, 冱凍自消. 汝讀書亦頗多, 曾見史傳中有端人碩士爲鬼所擊者耶?" 昀再拜受教. 至今每憶庭訓, 輒悚然如左右也.

17.

여우의 가르침

속주(涑州)의 소씨(邵氏) 집안 아들은 성정이 경박하고 방탕했다. 어느 날 회진(淮鎭)의 오래된 묘에 아름다운 호녀가 있다는 소문을 듣고는 자주 가서 살펴보곤 했다. 하루는 논두렁 위에 앉아 있는 호녀를 발견하고 다가가 농을 걸려고 하자,[60] 호녀가 정색하며 말했다.

"나는 기를 마시고 수련한 지 이미 200여 년이나 되었소. 또한 사람을 미혹하지 않겠다고 맹세했으니, 당신은 망령된 생각을 하지 마시오. 하물며 사람을 홀리는 여우가 어찌 당신 같은 사람을 좋아하겠소? 그저 사람의 정기를 빨아 먹을 따름이요. 사람은 정기를 다 잃으면 죽소. 그들을 만나면 살아남기도 어려운데, 그대는 어찌하여 스스로 찾아와서 제 무덤을 파시오?"

소매를 한번 휘두르자 스산한 바람이 '쏴아—' 하고 불며 먼지가 일어 눈에 들어왔다.[61] 그 사이 호녀는 흔적도 없이 사라졌다.

이 이야기를 들으신 돌아가신 요안공께서는 이렇게 말씀하셨다.

---

60 농을 걸려고 하자: 원문은 '애곡(欸曲)'으로, 위곡(委曲)과 같다. 『후한서』「광무기(光武紀)」에 보면, "사람과는 사랑하지 않습니다(與人不欸曲)."라는 구절이 있다.

61 눈에 들어왔다: 원문은 '미목(眯目)'으로, 이물질이 눈에 들어오는 것을 말한다.

"여우가 그런 말을 할 줄 아는 것을 보니, 내가 단언컨대 훗날 틀림없이 승천했을 것이다."

東州邵氏子, 性佻蕩. 聞淮鎭古墓有狐女甚麗, 時往伺之. 一日見其坐田塍上, 方欲就通欵曲, 狐女正色曰: "吾服氣鍊形, 已二百餘歲. 誓不媚一人, 汝勿生妄想. 且彼媚人之輩, 豈果相悅哉? 特攝其精耳. 精竭則人亡. 遇之未有能免者, 汝何必自投陷井也?" 擧袖一揮, 凄風颯然, 飛塵眯目. 已失所在矣. 先姚安公聞之曰: "此狐能作此語, 吾斷其必生天."

18.

도적의 도리

헌현의 이금량(李金梁)과 이금계(李金桂) 형제는 모두 극악무도한 도적이었다. 어느 날 밤 꿈에서 이금량은 부친을 만났는데, 이렇게 말씀하셨다.

"도적질을 하다보면 잡히는 경우도 있고 그렇지 않는 경우도 있는데, 이 사실을 알고 있느냐? 탐관오리[62]가 형벌을 빌미로 빼앗은 재물, 간악한[63] 자[64]가 기묘한 술책으로 가로챈 재물, 부자나 형제가 서로 속이며 빼앗은 재물, 친구나 친척이 억지로 속여 빼앗은 재물, 교활한 하인이 몰래 꿀꺽 삼킨[65] 재물, 거상이나 부자가 폭리를 취해 얻은 재물, 그 밖에 온갖 교묘한 수법으로 남을 해치고 자신만 이롭게 하여 얻은 재물은 훔쳐도 해가 되지 않는다. 죄질이 무거운 사람이라면 그를 죽인다 해도 해가 되지 않는데, 본

62 탐관오리: 원문은 '묵리(墨吏)'이다. 『좌전』「소공(昭公)」 14년에 "자신은 악하면서 미명을 훔치는 것을 혼이라 하고, 탐욕스러우면서도 직권을 남용하는 것을 묵이라 하며, 사람을 거리낌 없이 죽이는 것을 적이라 한다(己惡而掠美爲昏, 貪以敗官爲墨, 殺人不忌爲賊)."라는 구절이 있다.

63 간악한: 원문은 '신간(神姦)'으로, 사람에게 해를 끼치는 귀신이나 괴물을 지칭하나, 오늘날은 간악한 사람을 비유하는데 쓰인다.

64 간악한 자: 원문은 '거두(巨蠹)'이다. 백성에게 해를 끼치는 간사한 사람을 말한다.

65 꿀꺽 삼킨: 원문은 '건몰(乾沒)'로, 재물을 꿀꺽 삼키는 것을 말한다. 몰위기유(沒爲己有)는 바로 물이 다 마른 것과 같은 상태를 말한다. 『사기』「장탕전(張湯傳)」 주에 보인다.

래 하늘이 벌하려 했던 자이기 때문이다. 예컨대 선량한 사람은 그 재물도 정도에 맞게 들어오는데, 이는 하늘이 복을 내리려 했던 자이기 때문이다. 그런 사람을 건드리는 것은 곧 하늘의 뜻을 거스르는 것이며, 하늘을 거스르면 반드시 실패하고 만다. 너희 형제는 예전에 한 열녀를 겁탈하여 그들 모자의 원한을 샀고, 귀신을 진노케 하였다. 참회하지 않으면 머지않아 화가 닥칠 것이다."

그로부터 1년여 뒤에 형제는 과연 함께 붙잡혀 사형을 당했다.

이금량은 옥에 갇혔을 때, 자신이 그 죄에서 벗어나기 어렵다는 사실을 스스로 깨닫고 형방(刑房) 사진유(史眞儒)에게 이 사정을 털어놓았다. 사진유는 나의 고향 사람인데, 예전에 돌아가신 아버지 요안공에게 도둑에게도 지켜야 할 도리가 있다고 말했다. 그는 또한 극악무도한 도적 이지홍(李志鴻)의 말을 인용해 이렇게 말했다.

"내가 활을 쏘고[66] 말을 타며 약탈을 일삼은 지 30년이 넘었습니다. 그동안 빼앗은 물건도 많지만, 다른 이가 약탈하는 것을 본 일도 많습니다. 대체로 열 번 중 두세 번은 실패하고, 예닐곱 번은 성공했습니다. 그런데 부녀자를 욕보인 경우는 손꼽아 보아도 실패하지 않은 사람이 한 명도 없었습니다."

그래서 이지홍은 항상 이를 부하들에게 경계로 삼아 가르쳤다고 한다. 대개 하늘이 음란함을 징벌한다는 말은 이치에 꼭 들어맞는다.

---

66 활을 쏘고: 원문은 '명교(鳴骹)'이다. 명적(鳴鏑)으로, 활을 쏘면 공기에 부딪쳐 소리가 나게 만든 화살 곧 우는 화살을 말한다. 통속문에서는 전명(箭鳴)을 교(骹)라 했다.

獻縣李金梁·李金桂兄弟, 皆劇盜也. 一夕, 金梁夢其父語曰: "夫盜有敗, 有不敗, 汝知之耶? 貪官墨吏, 刑求威脇之財, 神姦巨蠹, 豪奪巧取之財, 父子兄弟, 隱匿偏得之財, 朋友親戚, 强求詐誘之財, 黠奴幹役, 侵漁乾沒之財, 巨商富室, 重息剝削之財, 以及一切刻薄計較, 損人利己之財, 是取之無害. 罪惡重者, 雖至殺人, 亦無害, 其人本天道之所惡也. 若夫人本善良, 財由義取, 是天道之所福也. 如干犯之, 事爲悖天, 悖天終必敗. 汝兄弟前劫一節婦, 使母子冤號, 鬼神怒視. 如不悛改, 禍不遠矣." 後歲餘, 果并伏法.

金梁就獄時, 自知不免, 爲刑房吏史眞儒述之. 眞儒余里人也, 嘗擧以告姚安公, 謂盜亦有道. 又述劇盜李志鴻之言曰: "吾鳴骹躍馬三十年. 所劫奪多矣, 見人劫奪亦多矣. 蓋敗者十之二三, 不敗者十之七八. 若一汚人婦女, 屈指計之, 從無一人不敗者." 故恒以自戒其徒. 蓋天道禍淫, 理固不爽云.

19.

흉가

건륭 36년(1771) 신묘년 여름, 나는 우루무치(Ürümqii)[67]의 수자리에서 돌아와 주소가로(珠巢街路)[68]의 동쪽에 있는 한 집을 세내어 살았는데, 마침 안찰사 용승조(龍承祖)[69]가 바로 이웃에 살고 있었다. 이 집의 두 번째 중실(重室)은 다섯 칸으로 되어 있었는데, 그중 가장 남쪽 칸은 마치 풍구가 바람을 일으키는 듯 주렴이 항상 1치 남짓 펄럭였다. 나머지 네 칸의 주렴은 그렇지 않아, 그 까닭을 알 수 없었다. 어린아이가 그 방에 들어가면 번번이 깜짝 놀라 울며, 침상에 살찐 스님이 앉아서 실실 웃고 있다고 했다. 스님[70]의 여귀가 어떻게 인가에 들어오게 되었는지는 더욱 알 수 없었다. 또한 삼경 이후가 되면, 종종 용씨(龍氏) 집 쪽에서 여자의 울음소리가 들려

---

67 우루무치(Ürümqii): 원문은 '오로목제(烏魯木齊)'로, 신강의 적화현(迪化縣)이다. 위구르어로 우룸치라고 부르는데, 좋은 사냥터, 또는 투쟁의 뜻으로 번역된다. 옛날 몽골족과 회족이 이곳에서 자주 전쟁을 일으켰다고 해서 부쳐진 이름이다.

68 주소가로(珠巢街로): 지금의 주조가(珠朝街)로, 선무구(宣武區) 동남쪽 경내에 위치해 있는 길이다. 청대에는 주소가로 불렀다가 1965년에 지금의 이름으로 바뀌었다.

69 용승조(龍承祖): 용승조(1727~1779)는 자가 무소(武昭)이고, 호는 기헌(企軒), 학시(鶴柴)이며, 안휘성 망강(望江) 사람이다. 건륭 21년(1756)에 향시에 합격했으며, 형부주사, 강소안찰사(江蘇按察使) 등을 역임했다.

70 스님: 원문은 '치도(緇徒)'이다. 스님이 검은 색 옷을 걸친 데서 나온 말이다.

왔다. 용씨 집에서도 그 소리를 들었지만, 내가 머무는 집에서 나는 소리라고 했다. 명확히 알 수는 없지만, 확실히 이곳이 길지가 아님은 알겠다. 결국 나는 자남(柘南) 선생의 쌍수재(雙樹齋)로 거처를 옮겼다. 그 뒤로 이 두 집에 살았던 사람은 모두 좋지 않았다. 사구(司寇) 백환구(白環九)는 병도 없이 갑작스레 세상을 떠났는데, 바로 그 용씨 집에서였다. 흉가 이야기는 진실로 거짓말이 아니다.

돌아가신 스승 진백애(陳白崖) 선생께서 말씀하셨다.

"명당에 산다고 해서 모두가 잘되는 것은 아니지만, 흉가에 사는 사람은 예외 없이 모두 나빴다. 이는 따뜻한 바람이 모든 병을 다 고칠 수는 없지만, 차고 매서운 바람은 한 번만 쐬어도 누구나 병이 드는 것과 같다. 좋은 약과 음식이라고 해서 모든 사람을 갑자기 건강하게 만들 수는 없지만, 독한 약은 한 번만 먹어도 모두 설사를 하게 마련이다."

이 말에도 분명 일리가 있으니, 생사가 이미 정해져 있다는 정명론을 고집하며 쟁론을 벌일 필요가 없다. 그래서 맹자는 "천명을 아는 사람은 위태로운 담장 아래에 서지 않는다."라고 말했던 것이다.

辛卯夏, 余自烏魯木齊從軍歸, 僦居珠巢街路東一宅, 與龍臬司承祖鄰. 第二重室五楹, 最南一室, 簾恒颺起尺餘, 有若風鼓之者. 餘四室之簾則否, 莫喻其故. 小兒女入室, 輒驚啼, 云牀上坐一肥僧, 向之嬉笑. 緇徒厲鬼, 何以據人家宅舍, 尤不可解也. 又三鼓已後, 往往聞龍氏宅中有女子哭聲. 龍氏宅中亦聞之, 乃云聲在此宅. 疑不能明, 然知其鑿然非善地. 遂遷居柘南先生雙樹齋. 後居是二宅者, 皆不吉. 白環九司寇無疾暴卒, 即在龍氏宅也. 凶宅之說, 信非虛語矣.

先師陳白崖先生曰: "居吉宅者未必吉, 居凶宅者未必不凶. 如和風溫煦, 未必能使人祛病, 而嚴寒沴厲, 一觸之則疾生. 良藥滋補, 未必能使人驟健, 而峻劑攻伐, 一飮之則洞泄." 此亦確有其理, 未可執定與之爭. 孟子有言, 是故知命者不立乎巖墻之下.

20.

과부의 통곡

낙양(洛陽) 사람 곽석주(郭石洲)가 해준 이야기이다.

이웃 현에 사는 한 노부부가 부잣집에서 돈 200냥을 받고 과부 며느리를 그 집의 첩으로 팔았다고 한다. 약속한 날이 되자, 며느리를 억지로 비단옷을 입혀 가마에 태우려 했다. 며느리가 가지 않으려 하자, 붉은 수건으로 두 손을 뒤로 묶고 마차에 태워서 매파에게 붙잡게 했다. 이를 지켜보던 사람들은 대부분 안타까워하며 한숨을 쉬었지만, 며느리의 친정 식구가 한 명도 없었기에 누구도 선뜻 나서지 못했다. 하인이 고삐를 당기는 순간, 며느리가 크게 통곡했다. 그때 갑자기 회오리바람이 일더니 말 세 마리가 깜짝 놀라 달리기 시작해 막을 수가 없었다. 말들은 부잣집으로 향하지 않고 곧장 현성(縣城)으로 달려갔다. 말은 대로[71]를 지나는 것처럼 진창을 날아 건너갔다. 좁은 길과 높은 다리를 달려도 마차는 전복되지 않았다. 현의 아문에 이르자 말들이 갑자기 멈춰 섰고, 그 일은 결국 실패로 끝났다. 이 일로 사람들은 과부 며느리의 통곡에 벼락이 내려쳤음을[72] 알게 되었다. 이

---

71 대로: 원문은 '강장(康莊)'이다. 『이아(爾雅)』「석궁(釋宮)」에 보면, "다섯 갈래의 길을 강이라고 하고, 여섯 갈래의 길을 장이라고 한다(五達謂之康, 六達謂之莊)."라는 구절이 있다.

72 과부 며느리의…내리쳤음을: 『회남자(淮南子)』「남명훈(覽冥訓)」에 보면, "천한 여자가 하늘

는 전적에 나오는 허구가 아니다.

洛陽郭石洲言. 其鄰縣有翁姑, 受富室二百金, 鬻寡媳爲妾者. 至期, 强被以綵衣, 掖之登車. 婦不肯行, 則以紅巾反接其手, 媒媼擁之坐車上. 觀者多太息不平, 然婦母族無一人, 不能先發也. 僕夫振轡之頃, 婦擧聲一號. 旋風暴作, 三馬皆驚逸不可止. 不趨其家, 而趨縣城. 飛渡泥淖, 如履康莊. 雖仄徑危橋, 亦不傾覆. 至縣衙, 乃屹然立, 其事遂敗. 因知庶女呼天雷下擊. 非典籍之虛詞.

을 향해 부르짖으니, 번개와 천둥이 쳐 경공이 누대에서 떨어졌다(庶女叫天, 雷霆下擊, 景公臺隕)."라는 구절이 있다. 또한 이에 대해 "천한 평민의 딸과 제(齊)의 과부들은 아들이 없어도 시집가지 않고 시어머니를 공경스럽게 받들었다. 시어머니는 아들은 없고 딸만 있었다. 딸이 어머니를 죽이고 재산을 가로챈 뒤 과부에게 죄를 뒤집어 씌었다. 과부가 한을 품고 목 놓아 울자 하늘이 벼락을 쳐서 경공의 누각을 무너뜨렸다."라는 주석이 달려 있다. 여기서 서녀는 과부 며느리를 가리킨다.

21.

귀신의 복수

외종숙 안개연(安介然)이 “여귀가 원수를 갚는 일은 전적에도 자주 나오며, 전해들은 것만 해도 한두 번이 아니다.”라고 말하며 들려준 이야기이다.

그에 따르면, 건륭 28년(1763) 계미년 5월, 염산현(鹽山縣)의 경가암(耿家庵)에서 최장(崔莊)으로 돌아오던 길에 자신이 직접 목격한 일이라고 한다.

쉰 살쯤 되어 보이는 한 남자가 초립을 쓰고 모시 적삼을 입은 채, 이불보따리[73]를 실은 당나귀를 물가 버드나무 아래에 매어두고 나무에 기대어 앉아 있었다. 나도 말을 나무에 매어두고 잠시 쉬고 있었다. 그런데 갑자기 그 남자가 벌떡 일어나더니, 손을 들어 뭔가를 저지하려는 듯 완강한 자세를 취하며 이렇게 외쳤다.

“네가 사람을 죽였으면, 목숨으로 갚으면 그뿐이다! 하필 이렇게까지 서로 때릴 필요가 있느냐?”

한참 동안 그렇게 버티고 있던 그는 점점 알아들을 수 없는 말을 중얼거리다가, 갑자기 몸을 솟구쳐 오르더니 이내 물속으로 사라졌다. 함께 이

73 이불보따리: 원문은 ‘복피(襆被)’로, 이불을 보자기나 천으로 싸 묶은 짐을 말한다.

광경을 지켜보던 10여 명의 사람들은 모두 두 손을 모아 합장하고 염불을 외었다. 비록 그가 갚으려는 원한이 무엇인지는 알 수 없지만, 사람을 죽였으면 목숨으로 갚아야한다고 그는 직접 말했다.

從舅安公介然曰: "厲鬼還冤, 見於典記者不一, 得於傳聞者亦不一." 癸未五月, 自鹽山耿家庵還崔莊, 乃親見之. 其人年約五十餘, 戴草笠, 著苧衫, 以一驢馱襆被, 繫河干柳樹下, 倚樹而坐. 余亦繫馬小憩. 忽其人蹶然而起, 以手作撑拒狀, 曰: "害汝命, 償汝命耳! 何必若是相毆也?" 支柱良久, 語漸模糊不可辨, 忽踊身一躍, 已汩沒於波浪中矣. 同見者十餘人, 咸合掌誦佛. 雖不知所報何冤, 然害命償命, 則其人所自道也.

22.

저승길 노잣돈

건륭 33년(1768) 무자년 여름, 하녀 옥아(玉兒)가 병을 앓다가[74] 죽었는데, 잠시 후 다시 살아나 이렇게 말했다.

"저승사자가 노잣돈을 요구하면서 저를 돌려보냈어요."

이에 지전을 사다가 태웠더니, 곧 다시 숨을 거두었다. 그러나 또다시 잠시 후 소생하여 말했다.

"이번엔 은전이 부족하다며 저승사자가 받지 않습니다."

다시 금은박지를 사서 접어 불태우자, 그녀는 다시 죽었고 이번에는 더 이상 되살아나지 않았다. 이 일을 겪으며, 옹정 10년(1732) 임자년에 죽은 동생 영곡(映谷)의 임종 때에도 비슷한 일이 있었던 것이 떠올랐다. 그렇다면 정말 저승에서도 노잣돈이 필요한 것인가? 저승사자가 이와 같이 노잣돈을 요구하고 있는데, 염라대왕은 또한 무엇을 하고 있는가?

戊子夏, 小婢玉兒病瘵死, 俄復蘇曰: "冥役遣我歸索錢." 市冥鏹焚之, 乃死. 俄又復蘇曰: "銀色不足, 冥役不受也." 更市金銀箔摺錠焚之, 則死不復蘇矣. 因

74 병을 앓다가: 원문은 '채(瘵)'이다.

憶雍正壬子, 亡弟映谷瀕危時, 亦復類是. 然冥鏹果有用耶? 冥役需索如是, 冥官又所司何事耶?

23.

육도 윤회

어사 호목정(胡牧亭)이 해준 이야기이다.

그의 고향에 살아 있는 상태로 저승 관리의 일을 하는 사람이 있었다고 한다. 그가 저승의 일을 자세하게 말해주었는데, 다 기억할 수는 없지만 대체로 전기(傳記)에 실린 내용과 같았다. 다만 육도(六道)[75] 윤회설을 중시하여 영혼을 환생시키는 일을 번거롭게 여기지 않는다고 한다. 모두 각자 평생의 선악에 따라 물이 습지로 흐르고 불이 마른 것을 태우듯이 기가 감응해 저절로 가야할 곳으로 간다고 했는데, 이 말은 매우 일리가 있다. 이는 종래에 귀신에 대해 이야기했던 사람들이 언급하지 않았던 내용이다.

胡牧亭侍御言. 其鄕有生爲冥官者. 述冥司事甚悉, 不能盡憶, 大略與傳記所載同. 惟言六道輪回, 不煩遣送. 皆各隨平生之善惡, 如水之流濕, 火之就燥, 氣類相感, 自得本途, 語殊有理. 從來論鬼者未道也.

---

75 육도(六道): 불교에 보면 인간 사후 사람은 육도의 길에서 윤회하는데, 천도(天道)·인도(人道)·아수라도(阿修羅道)·귀도(鬼道)·축생도(畜生道)·지옥도(地獄道)를 말한다.

24.

여우와 소년

여우가 사람을 홀리는 것은 양기를 빼앗아 음기를 보충하기 위함이지, 색을 탐해서가 아니다. 그러나 이따금씩 색을 탐하는 여우도 있다. 외사촌 형 안호북(安滹北)이 해준 이야기이다.

어떤 사람이 밤에 깊은 숲속에서 잠을 자고 있는데, 풀숲에서 사람들의 말소리가 들렸다고 한다.

"당신이 아무개 집 소년을 사랑한다 하였는데, 그게 과연 옳은 일이라 생각하오? 이 일은 항양(亢陽)이 녹아들어 진음(眞陰)을 부식시켜 당신의 도행을 망칠 수도 있는데, 어쩌다 그런 생각을 하게 되었소?"

그러자 다른 사람이 대답했다.

"충고 감사합니다. 사실 그의 미색에 마음이 끌려 도무지 억누를 수 없었습니다. 그 소년은 외모도 뛰어났지만, 사념이 없었습니다. 제가 그의 꿈속에서 온갖 추태를 부리며 유혹해 보았으나, 꿈에서도 꼼짝하지 않더군요. 결국 어찌할 수 없어 이미 단념했습니다."

그 사람은 이상한 생각이 들어 몰래 가서 살펴보았더니, 여우 두 마리

가 허둥지둥 달아나고 있었다.[76]

狐之媚人, 爲采補計耳, 非漁色也. 然漁色者亦偶有之. 表兄安滹北言. 有人夜宿深林中, 聞草間人語曰: "君愛某家小童, 事已諧否? 此事亢陽薰鑠, 消蝕眞陰, 極能敗道, 君何忽動此念耶?" 又聞一人答曰: "勞君規戒. 實緣愛其美秀, 遂不能忘情. 然此童貌雖艶冶, 心無邪念. 吾於夢中幻諸形態誘之, 漠然不動. 竟無如之何, 已絶是想矣." 其人覺有異, 潛往窺視, 有二狐跳踉去.

76 허둥지둥 달아나고 있었다: 원문은 '도량(跳踉)'이다.

25.

임자전(任子田)

태주(泰州) 사람 임자전(任子田)[77]은 이름이 대춘(大椿)이고, 박학다식하며 『삼례(三禮)』의 주소(註疏)[78]와 육서(六書)의 훈고(訓詁)[79]에 특히 뛰어났다. 건륭 34년(1769) 기축년, 이갑(二甲) 제1등 진사로 과시에 합격했으나, 낭중

77 임자전(任子田): 『선정사략(先正事略)』에 따르면, 임자전(1738~1789)은 강소성 흥화(興化) 사람으로, 건륭 38년 『사고전서』 찬수관(纂修官)에 충원되었으며, 『사고전서총목제요』는 대부분 그의 손에서 나왔다고 한다.

78 『삼례(三禮)』의 주소(註疏): 『주례(周禮)』, 『의례(儀禮)』, 『예기』를 가리킨다. 『십삼경주소』 가운데 『주례주소』 42권, 『의례주소』 50권은 한나라 정현(鄭玄)이 주(註)를 달고 당나라 가공언(賈公彦)이 소(疏)를 달았다. 『예기정의』 63권은 한나라 정현이 주를 달고, 당나라 공영달(孔穎達)이 소를 달았다.

79 육서(六書)의 훈고(訓詁): 『삼분(三墳)』에 따르면 복희씨(伏羲氏)가 처음으로 팔괘(八卦)를 긋고 비룡씨(飛龍氏: 炎帝)에게 명해 육서를 만들었다고 한다. 육서는 첫째 지사(指事)이다. 지사는 보아서 알 수 있고, 살펴서 그 뜻이 나타나는 것으로 일(一), 이(二)가 그 예이다. 둘째는 상형(象形)이다. 상형은 사물을 그림으로 그려서 완성하는 것으로, 형체를 따라 굽게 되며, 일(日)과 월(月)이 그 예이다. 셋째는 형성(形聲)이다. 형성은 사물로써 뜻(名)을 삼고, 소리(譬)를 취해 글자를 이루는 것으로, 강(江)과 하(河)가 그 예이다. 넷째는 회의(會意)이다. 회의는 같은 부류의 글자를 나란히 하고 뜻을 합쳐서 사물이 가리키는 바를 나타내는 것으로, 무(武)와 신(信)이 그 예이다. 다섯째는 전주(轉注)이다. 전주는 같은 부류의 글자를 한 수(首)에 세워, 같은 뜻을 서로 주고받는 것으로, 고(考)와 노(老)가 그 예이다. 여섯째는 가차(假借)이다. 가차는 본래 그 글자가 없어, 소리에 의거해 글자를 기탁하는 것으로, 영(令)과 장(長)이 그 예이다.

원외랑[80]에서 부침을 겪다가 만년에 비로소 어사에 임명되었으나 부임도 하기 전에 죽었다. 개국 이래로 이갑의 일등 진사로 합격해 한림원[81]에 들어가지 못한 사람은 세 명뿐인데, 임자전이 그중 한 명이다. 임자전이 말했다.

"열대여섯 살 때 우연히 숙부의 시희(侍姬)를 위해 궁사(宮詞)[82]를 부채에 적어주었다가, 숙부의 의심을 사게 되었습니다. 시희는 그 일로 스스로 목을 매고 죽었고, 그 혼령은 저승에 가서 이를 고소했습니다. 그 결과 저는 갑자기 몸져누워 숨이 간들간들해졌으며, 혼도 끌려가 추궁을 당했습니다. 네댓새 동안 저승 관리가 예닐곱 번 국문했으나, 결국 아무 사심이 없었던 것으로 드러났습니다. 그러나 저는 과실치사로 판결되어 관직과 봉록이 삭감되고 벼슬살이가 험하게 되었습니다."

사인(舍人) 가둔부(賈鈍夫)가 말했다.

"그해에 이 옥사를 담당했던 사람은 낭중(郎中) 고덕무(顧德懋)였습니다. 두 사람은 애당초 일면식도 없었으나, 어느 날 서로 만났을 때 피차 구면

---

80 낭중 원외랑: 원문은 '낭서(郎署)'로, 관서명이다. 낭(郎)은 낭중원외랑을 말한다.

81 한림원: 원문은 '사관(詞館)'이다. 청나라 제도에 따르면, 진사에 합격한 사람 가운데 문학이나 서예 방면에서 우수한 사람을 골라 한림원 서길사(庶吉士)에 임명했다. 만 삼년이 지나면 별도로 인재선발시험을 치르는데, 이를 산관이라 한다. 문리(文理)에 뛰어난 사람 가운데 이갑 진사는 편수(編修)에, 삼갑 진사는 검토(檢討)에 제수되며, 산관 제1등은 무영전 협수(武英殿協修)에 임명된다. 성적이 나쁜 서길사는 3년 동안 다시 공부해서 임용되기도 하고, 파직당하기도 했다. 서길사가 공부하는 곳을 서길관이라 하기 때문에, 이 과정을 수료하면 산관이라 했다. 편수나 검토에 임명되는 것을 유관(留館)이라고 한다. 유관에 임명되지 못한 사람은 성적에 따라 급사중(給事中), 어사(御史), 주사(主事) 및 각 주나 현의 관리에 임명된다.

82 궁사(宮詞): 당나라 왕건(王建)에게서 시작되었는데, 주로 궁중의 일을 읊었다. 대개는 연정(緣情)을 다룬 작품이 많다.

갈았습니다. 당시 그 자리에 있던 사람들은 두 사람이 저승에 갔던 일을 말하는 것을 직접 보았는데, 임자전은 이야기를 하면서도 여전히 벌벌 떨고 있었습니다."

泰州任子田, 名大椿, 記誦博洽, 尤長於『三禮』註疏, 六書訓詁. 乾隆己丑, 登二甲一名進士, 浮沉郎署, 晚年始得授御史, 未上而卒. 自開國以來, 二甲一名進士不入詞館者僅三人, 子田實居其一. 自言: "十五六時, 偶爲從父侍姬以宮詞書扇, 從父疑之. 致侍姬自縊死, 其魂訟於地下. 子田奄奄卧疾, 魂亦自追去考問. 閱四五日, 冥官庭鞫七八度, 辨明出於無心. 然卒坐以過失殺人, 減削官祿, 故仕途偃蹇如斯." 賈鈍夫舍人曰: "治是獄者, 即顧郎中德懋. 二人先不相知, 一日相見, 彼此如舊識. 時同在坐, 親見追話冥司事, 子田對之, 猶慄慄然也."

26.

여우의 복수

즉묵(卽墨)[83] 사람 양괴정(楊槐亭) 선배가 해준 이야기이다.

제녕주(濟甯州)[84]에 한 소년이 있었는데, 여우에게 홀려 밤마다 여우와 동침했다고 한다. 스무 살이 넘도록 하루도 거르는 날이 없었다. 어떤 사람이 소년에게 수염을 길러보라고 했다. 그러나 수염이 조금만 자라면 여우가 소년이 잠든 사이에 그것을 잘라내고 대신 분을 발라두었다. 여러 번 부록으로 여우를 쫓아내려 했지만, 모두 아무 소용이 없었다. 후에 정을(正乙) 진인(眞人)[85]이 배를 타고 제녕주를 지나가게 되어, 소년이 편지를 보내 이 일을 해결해 달라고 부탁했다. 진인이 성황당에 소장을 바치자, 뜻밖에도 여우가 제 발로 찾아와서 진인에게 말했다. 비록 모습은 보이지 않았지만,

83 즉묵(卽墨): 오늘날의 현 이름이다. 산동성 청도(青島)의 동북쪽에 위치한다. 수나라 때 즉묵현을 설치했으며, 명청대에는 내주부(萊州府) 관할이었다.

84 제녕주(濟甯州): 청대 산동성의 주(州) 이름이다.

85 진인(眞人): 도관(道官)의 이름으로, 속칭 천사(天師)라고도 한다. 도교는 한대의 장도릉(張道陵)에 의해 시작되었는데, 그의 4세손인 장성(張盛)에 이르러 세력이 커져 강서성(江西省) 귀계(貴溪)에 있는 용호산(龍虎山)으로 옮겨가 교주가 되었다. 원대에는 천사라는 칭호를 사용했고, 명나라 태조 때에 와서 천사라는 칭호 대신 청일사교진인(正一嗣教眞人)이라는 칭호를 내리고 은인(銀印)을 하사했으며, 2품의 녹봉을 내렸다. 청나라 때도 이를 그대로 답습했다.

옆에 있던 사람들도 그 목소리를 들을 수 있었는데, 여우는 이렇게 말했다.

"전생에 저는 여자였고, 이 소년은 스님이었습니다. 저는 밤에 절 앞을 지나가다 스님에게 겁탈당하고 토굴에 갇혀 17년 동안 능욕을 당하다가, 결국 분을 이기지 못하고 죽었습니다. 죽은 뒤 저승에서 고발하자, 저승에서는 스님에게 지옥에서 죗값을 치르고, 다음 생에서 저에게 진 빚을 갚으라고 판결했습니다. 그런데 제가 다른 죄 때문에 여우로 태어나 깊은 산속에서 100여 년을 숨어 지내느라 그를 만날 수 없었습니다. 이제 연형술을 닦아 도를 이루었고, 마침내 소년으로 다시 태어난 그를 만나 복수할 수 있게 되었습니다. 17년이 지나면 제가 스스로 떠나갈 테이니 번거롭게 쫓아내려 하지 마십시오."

진인은 어떻게 할 방법이 없었다. 훗날 그 여우가 정말로 기일을 채우고 떠났는지는 알 수 없다. 그러나 여우의 말에 따르면 사람이 진 빚은 몇 세대를 지나더라도 갚아야 한다는 사실을 알 수 있다.

即墨楊槐亭前輩言. 濟甯一童子, 爲狐所昵, 夜必同衾枕. 至年二十餘, 猶無虛夕. 或教之留鬚. 鬚稍長輒睡中爲狐薙去, 更爲傅脂粉. 屢以符籙驅遣, 皆不能制. 後正乙眞人舟過濟甯, 投詞乞劾治. 眞人牒於城隍, 狐乃詣眞人自訴. 不睹其形, 然旁人皆聞其語. 自言過去生中爲女子, 此童爲僧. 夜過寺門, 被劫閉窟室中, 隱忍受辱者十七載, 鬱鬱而終. 訴於地下, 主者判是僧地獄受罪畢, 仍來生償債. 會我以他罪墮狐身, 竄伏山林百餘年, 未能相遇. 今鍊形成道, 適逢僧後身爲此童, 因得相報. 十七年滿, 自當去, 不煩驅遣也. 眞人竟無如之何. 後不知期滿果去否. 然據其所言, 足知人有所負, 雖隔數世猶償也.

27.

두 얼굴의 한림

과거 급제 동기생 항정모(項庭模)가 해준 이야기이다.

예전에 그가 아무개 한림의 집에서 가정교사로 있을 때, 만나면 자주 학문에 대해 이야기를 나누곤 했다고 한다. 어느 날, 지방관으로 있는 동향 사람이 그에게 선물을 보내왔다. 그러나 아무 공은 평생을 검소하게 살아왔다며, 그런 것은 필요 없다고 했다. 동향 사람은 그의 오만하고[86] 엄한 태도에 잠시 머뭇거리더니, 선물을 들고 돌아갔다. 손님을 보낸 뒤 아무 공은 청사(廳事)[87] 앞을 배회하며, 마치 무엇인가를 잃어버린 사람처럼 멍하니 있었다. 그렇게 몇 시각이 지나고 하인이 점심을 들라며 안으로 들어오라고 했다가, 크게 꾸지람을 들었다. 그 순간 갑자기 몇 사람이 '쯧쯧' 하는 비웃는 소리가 들렸는데, 돌아보니 아무도 없었다. 소리를 따라가 보니 천장[88]에서 들려오는 소리였다. 아마도 호매(狐魅)였던 것 같다.

---

86 오만하고: 원문은 '애안(崖岸)'으로, 성격이 모가 나서 다른 사람과 어울리지 못하는 것을 말한다. 『구당서(舊唐書)』「정군전(鄭羣傳)」에 보면, "오만한 행동은 하지 않았다(不爲崖岸嶄絶之行)."라는 구절이 있다.

87 청사(廳事): 본래는 '청사(聽事)'로, 옛날에 사무를 처리하는 관서를 '청사'라고 불렀다.

88 천장: 원문은 '승진(承塵)'이다.

同年項君廷模言. 昔嘗館翰林某公家, 相見輒講學. 一日, 其同鄉爲外吏者, 有所饋贈. 某公自陳平生儉素, 雅不需此. 見其崖岸高峻, 遂逡巡攜歸. 某公送賓之後, 徘徊廳事前, 悵悵惘惘, 若有所失. 如是者數刻, 家人請進內午餐, 大遭詬怒. 忽聞有數人吃吃竊笑之, 視之無迹. 尋之, 聲在承塵上. 蓋狐魁云.

28.

귀신의 정체

소정위(少廷尉) 진경암(陳耕巖)은 한림원에 있을 때 요물에게 시달렸다. 그는 요물을 피해 거처를 옮겼지만, 그때마다 요물이 따라왔다. 주로 짧은 편지를 던졌는데, 그 안에는 그의 비밀이 담겨 있었으며, 모두 남들이 알 수 없는 내용이었다. 진경암은 요물을 더욱 두려워하며 항상 경건하게 제사를 지냈다. 어느 날 또 편지가 날아들었는데, [이번에는] 그가 조카에게 너무 인색하다고 꾸짖으며 많은 재물을 내어 돕지 않으면 장차 화가 미칠 것이라고 했다. 사람들은 이 일로 그의 조카를 의심하며 몰래 살펴보기로 약속했다. 그날 밤, 기물이 깨지고 부서지는 소리가 들려 사람들이 놀라 밖으로 뛰쳐나와 요물을 잡고 보니, 과연 진경암의 조카였다. 진경암은 천성이 너그럽고 후덕하며, 골육지간에는 더욱 돈독했기에 조카에게 그저 이렇게 말했다.

"돈이 필요하면 나에게 말했으면 될 텐데, 하필 이런 방법을 쓰느냐?"

진경암은 웃으며 조카를 돌려보내고 다시 잠자리에 들었다. 그 후로 집안은 조용해졌다.

후에 한림원 편수(編修) 오박원(吳樸園)의 집에 갑자기 불[89]이 났지만, 불이 어디서 시작되었는지는 알 수 없었다. 오박원은 다시 이사했지만, 또다시 불이 났다. 나는 이 일이 진경암의 경우와 닮았다고 생각했는데, 오박원 역시 "정말 그런 것 같습니다."라고 말했다. 그러나 그가 세 번째로 천주회관(泉州會館)[90]으로 이사한 뒤, 손님과 함께 청사에 앉아 있을 때, 갑자기 불길이 천장 아래에서 치솟았다. 그 천장은 사람이 올라갈 수 있는 곳도, 들어갈 수 있는 곳도 아니었다. 이 일은 진짜 요물의 짓인 듯하다.

陳少廷尉耕巖, 官翰林時爲魅所擾. 避而遷居, 魅輒隨往. 多擲小帖, 道其陰事, 皆外人不及知者. 益悚懼, 恒虔祀之. 一日, 擲帖, 責其待侄之薄, 且曰: "不厚資助, 禍且至." 衆緣是竊疑其侄, 密約伺察. 夜聞擊損器物聲, 突出掩執, 果其侄也. 耕巖天性長厚, 尤篤於骨肉, 但曰: "爾需錢可告我, 何必乃爾?" 笑遣之歸寢. 由是遂安.

後吳編修樸園突遭回祿, 莫知火之自來. 凡再徙居而再焚. 余意亦當如耕巖事, 樸園曰: "固亦疑之." 然第三次遷泉州會館, 適與客坐廳事中, 忽烈焰赫然, 自承塵下射. 是非人所能上, 亦非人所能入也. 殆眞魅所爲矣.

89 불: 원문은 '회록(回祿)'이다. 회록은 화신(火神)의 이름으로, 『좌전』「소공(昭公)」 18년에 보면, "정나라에서는 불의 신인 회록에게 빌어 불을 물리치고(鄭禳火於回祿)"라는 문장이 있다.

90 천주회관(泉州會館): 회관은 고향을 떠나 타지에서 활동하는 동향 혹은 동일 업종의 상인들이 설립한 상설기구이자 모임장소이다. 타지에서 경제활동을 하며 직면한 어려움에 대처하고 안정적인 교역활동을 하기 위해 생겨난 조직이다.

29.

「난정(蘭亭)」 일화

사인(舍人) 정야원(程也園)은 조죽허(曹竹虛)의 옛집에서 살고 있었다. 어느 날 저녁, 부주의로 불이 나는 바람에 책, 그림, 옛 기물까지 모두 불타 훼손되었다. 그 중에는 저수량(褚遂良)[91]이 필사한 「난정서(蘭亭序)」 한 권이 있었는데, 이는 오백 냥을 주고 빌려온 것이었다. 정야원은 책값을 배상할 때 시끄러울 것이라고 고민하던 중, 느닷없이 잿더미 속에서 그 책을 발견했다. 상자와 보자기는 불에 다 타버렸지만, 책만은 한 글자도 훼손되지 않고 온전했다. 외사촌 동생 장계암(張桂巖)이 정야원 집 가정교사로 있었는

91 저수량(褚遂良): 원문은 '저하남(褚河南)'이다. 저수량(596~658)은 자가 등선(登善)으로, 당나라 전당(錢塘) 사람이다. 문사(文史)에 두루 밝고 예서와 해서에 뛰어났으며 고종 때 하남군공(河南郡公)이 되었다. 난정첩(蘭亭帖)은 진대(晉代)의 우군(右軍) 왕희지(王羲之)가 쓴 시서이다. 왕희지는 일찍이 손통(孫統)·사안(謝安) 등 41인과 함께 난정에서 수계를 하고 직접 서를 썼는데, 잠견지(蠶絹紙: 명주)에 서수필(鼠鬚筆: 쥐의 수염으로 만든 붓)로 썼다. 신령의 가호가 있었는지 다른 날 수십 수백 번을 써 봤지만 이렇게 쓸 수 없어 왕희지도 이 글을 아주 아꼈다. 당태종은 그의 7대손인 지영(智永: 왕법극王法極으로 불교에 흥미를 느껴 귀의한 뒤 법호를 지영이라 함) 스님으로부터 그 진본을 얻었다. 후에 당태종이 죽고 나서 「난정집서」도 함께 순장되어 그 이후로는 더 이상 보이지 않았다. 당나라 이후로 「난정집서」는 두 개의 판본으로 나눠졌는데, 그 가운데 하나는 저수량이 가지고 있었으니, 바로 당임본(唐臨本)이다. 다른 하나는 저수량과 함께 초당 4대 서법가인 구양솔경(歐陽率更: 歐陽詢)이 가지고 있었는데, 바로 정무본(定武本)이다.

데, 이 일을 직접 목격했다. 이 일이 백거이(白居易)[92]가 말한 "곳곳에서 신령이 보호하고 있다."라고 하는 것인가? 아니면 책의 보존과 훼손에도 각각 정해진 수가 있어서, 이 책이 화겁(火劫)에서 벗어났단 말인가? 이 일은 매우 신기하고, 또한 장래의 감상자들에게는 아름다운 일화중 하나로 남을 것이다.

程也園舍人, 居曹竹虛舊宅中. 一夕弗戒於火, 書畫古器多遭焚毁. 中褚河南臨「蘭亭」一卷, 乃五百金所質. 方慮來贖轇轕時, 忽於灰燼中揀得. 匣及袱併爇, 而書卷無一毫之損. 表弟張桂巖, 館也園家, 親見之. 白香山所謂在在處處, 有神物護持者耶? 抑成毁各有定數, 此卷不在此火劫中耶? 然事則奇矣, 亦將來賞鑒家一佳話也.

92 백거이(白居易): 만년에 향산거사(香山居士)라 불렸다.

30.

서실의 요귀

과거 급제 동기생 가우봉(柯禹峯)은 어사(御史)로 있을 때 일찍이 내성(內城)에 있는 친구 집을 빌려 지낸 적이 있었다. 그곳에는 세 칸짜리 서실이 있었는데, 동쪽 서실은 비단 휘장을 쳐놓고 자물쇠로 잠가두어 문을 열 수 없었다. 가우봉은 외실 남쪽 창 아래에 침상을 두고 잠을 잤는데 한밤중에 동쪽 서실에서 오리 울음소리 같은 것이 들려 괴이한 생각에 자세히 살펴보았다. 때마침 밝은 달빛이 창문에 가득했다. 검은 연기 한 줄기가 동쪽 서실의 문틈에서 나와 땅 위를 걸어가는데, 한 길 남짓 길이에 마치 커다란 이무기처럼 꿈틀꿈틀 기어갔다. 머리가 여자였는데, 여염집 여자들의 머리 모양과 똑같았다. 머리를 들고 위를 바라보다가 땅 위를 선회한 뒤 계속해서 오리 울음소리를 냈다. 가우봉은 평소 담이 큰 사람이라 탁자를 치며 소리를 버럭 질렀다. 그러자 검은 연기는 천천히 뒤로 물러나 원래 나왔던 문틈 사이로 들어갔다. 날이 밝은 뒤 가우봉이 이 사실을 주인에게 말하자, 주인이 대답했다.

"이 요괴는 옛날부터 그 서실에서 살았네. 몇 년에 한 번 나타났는데, 사람들에게 해를 끼치지 않았고, 다른 길흉도 없었네."

또 누군가는 이 집을 사기 전에 살았던 이전 주인의 한 시희(侍姬)가 이곳에서 죽었다고 했는데, 이 말이 진실인지 아닌지는 알 수 없다.

同年柯禹峰, 官御史時, 嘗借宿内城友人家. 書室三楹, 東一室隔以紗厨, 扃不敢啓. 置榻外室南牖下, 睡至半夜, 聞東室有聲如鴨鳴, 怪而諦視. 時明月滿窗. 見黑煙一道, 從東室門隙出, 著地而行, 長可丈餘, 蜿蜒如巨蟒. 其首乃一女子, 鬢鬢儼然. 昂而仰視, 盤旋地上, 作鴨鳴不止. 禹峰素有膽, 拊榻叱之. 徐徐却行, 仍從門隙歛而入. 天曉以告主人, 主人曰: "舊有此怪. 或數年一出, 不爲害, 亦無他休咎." 或曰未買是宅前, 舊主有侍姬死此室, 未知其審也.

31.

서괴(胥魁)의 말로

서괴(胥魁) 무리 중에 노름을 유난히 잘하는 사람이 있었다. 그는 마치 주머니 속 물건을 꺼내듯 남의 재물을 빼앗아 갔는데, 칼을 들지 않은 강도나 다름없었다. 그의 패거리는 몰래 서로 짜고 도와주며, 낯빛으로 의사소통하고 온갖 계략을 동원했는데, 마치 팔과 손처럼 자유자재로 움직이며, 한 몸처럼 호흡하는 듯했다. 어리석은 돈 많은 자제들은 미끼를 문 물고기처럼, 야생 꿩이 유인꿩에게 홀리는 것처럼 그들의 속임수에 넘어갔다. 그는 이렇게 십여 년 동안 수억의 돈을 벌어들이자, 아들을 장려현(長蘆縣)[93]에 보내 장사를 시켜 10할 중 1할의 이익만 남기겠다는 속셈을 세웠다. 그의 아들도 아주 교활했지만, 방탕하고 여색에 지나치게 빠져 있었다. 서괴의 속임수에 말려들어 파산한 이가 있었는데, 그 한이 뼛속까지 깊이 사무쳤다. 이에 그는 서괴의 아들과 동행하길 자청했으며, 장려현에 도착한 뒤

93 장로현(長蘆縣): 직례성 창주시에 위치하며, 이 땅에서는 소금이 났다. 청나라 때 이곳에 장로염운사(長蘆鹽運使)를 두었다.

그를 몰래 기생집[94]으로 데려갔다. 그는 음주가무[95]에 빠져 놀며 집으로 돌아갈 생각조차 잊은 채, 가진 돈의 9할을 날려버렸다. 서괴가 은연중에 그 이야기를 전해 듣고 직접 가서 살펴보았으나,[96] 이미 수습할 수 없는 상태였다.

이 이야기를 들은 어떤 사람이 말했다.

"비록 일이 사람 손으로 꾸며진 것이라 해도, 그 안에는 하늘의 뜻이 들어 있었을 것이오. 그 사람의 원수가 그런 생각을 하게 된 것도 신이 그의 마음을 움직인 것이 아닐까요? 그렇지 않고서야 예전에 어리석던 자가 어떻게 후에 갑자기 총명해졌겠습니까?"

胥魁有善博者. 取人財猶探物於囊, 猶不持兵而劫奪也. 其徒黨密相羽翼, 意喻色授, 機械百出, 猶臂指之相使, 猶呼吸之相通也. 騃豎多財者, 則猶魚呑餌, 猶雉遇媒耳. 如是近十年, 橐金巨萬, 俾其子賈於長蘆, 規什一之利. 子亦狡黠, 然冶蕩好漁色. 有墮其術而破家者, 銜之次骨. 乃乞與偕往, 而陰導之爲北里遊. 舞衫歌扇, 耽玩忘歸, 耗其貲十之九. 胥魁微有所聞, 自往檢校, 已不可收拾矣. 論者謂事雖人謀, 亦有天道. 讐者之動此念, 殆神啓其心歟? 不然, 何前愚而後智也?

---

94 기생집: 원문은 '북리(北里)'이다. 『사기』「은본기(殷本紀)」에 보면, "사연(師涓)에게 음란한 노래를 만들게 해, 북쪽 오랑캐들의 저속한 춤과 퇴폐적인 음악에 빠졌다(使師涓作新淫聲, 北里之舞, 靡靡之音)."라는 구절이 있다. 훗날 기녀가 사는 곳을 북리라고 했다.

95 음주가무: 원문은 '무삼가선(舞衫歌扇)'이다. 장정견(張正見)의 시에 보면, "노래하는 옷 화려한 소매 흔들고, 노래하는 부채 단선을 가리네(舞衫飄冶袖, 歌扇掩團紗)."라는 시구가 있다.

96 살펴보았으나: 원문은 '검교(檢校)'이다. 수(隋) 나라의 「성을 돌며 풍속을 살피라는 조서(巡省風俗詔)」에 보면, "잘 살피어 존양하게 하라(明加檢校, 使得存養)."라는 구절이 있다.

32.

호녀의 아이

하북 고성(故城) 사람 조비만(刁飛萬)이 해준 이야기이다.

그의 고향에 호녀와의 사이에서 자식을 본 이가 있었다고 한다. 부모가 노하여 꾸짖자, 호녀는 눈물지으며 이렇게 말했다.

"시부모님께서 저를 내쫓으시니, 도리상 그 뜻을 거스르기 어렵습니다. 다만 아이가 아직 젖을 떼지 못했으니, 제가 데리고 가는 것이 옳겠습니다."

2년 남짓 지나, 호녀가 아이를 데리고 갑자기 남편을 찾아와 말했다.

"아이가 어느 정도 자라, 이제 당신께 돌려드리러 왔습니다."

남편은 부모의 뜻을 좇아 고개를 숙이고, 말 한마디 없이 침묵했다. 그러자 호녀가 길게 탄식하며 아이를 데리고 떠나갔다.

이 호녀는 인간의 정리를 잘 알고 있는 듯하다. 그러나 그녀가 데려간 아이가 결국 어떻게 되었는지는 알 수 없다. 사람이 낳은 자식은 사람이라, 인가에서 살며 익힌 음식을 먹고 인간 세상에 섞여 살아가는 것인가? 아니면 요물이 낳은 아이는 요물이라, 변화에 능통하고 무덤가에 숨어 살아가는 것인가? 혹은 아이가 요물이라 하더라도 아버지의 성을 잇고 자식을 낳아 기르며 살아간다면, 그는 사람도 요물도 아닌 그 사이에 속하는가? 사람이라 하더라도 어미를 따라 동굴에서 산다면, 역시 그 또한 사람과 요물 그 사이에 속하는가? 안타깝게도 나는 이야기의 처음은 보았으나 끝은 보지 못했는데, 결국 어떻게 되었는지 물어볼 길이 없었다.

故城刁飛萬言. 其鄉有與狐女生子者. 其父母怒誶之, 狐女涕泣曰: "舅姑見逐, 義難抗拒. 但子未離乳, 當且攜去耳." 越兩歲餘, 忽抱子詣其夫曰: "兒已長, 今還汝." 其夫遵父母戒, 掉首不與語. 狐女太息, 抱之去.

此狐殊有人理. 但抱去之兒, 不知作何究竟. 將人所生者仍爲人, 廬居火食, 混跡閭閻歟? 抑妖所生者仍爲妖, 幻化通靈, 潛踪墟墓歟? 或雖爲妖而猶承父姓, 長育子孫, 在非妖非人之界歟? 雖爲人而猶依母黨, 往來窟穴, 在亦人亦妖之間歟? 惜見首不見尾, 竟莫得而質之.

33.

복부장군(腹負將軍)

과거 급제 동기생인 편수 장심여(蔣心餘)[97]가 해준 이야기이다.

그의 고향에 명문가의 폐가가 하나 있었는데, 때때로 곱게 단장한[98] 여인이 담장 위에 올라 밖을 내다보고 있었다고 한다. 무생원(武生員) 왕(王) 아무개는 성격이 호쾌하고 대담하여, 이불을 들고 그 집에 들어가 홀로 묵으며 그녀와 마주치기를 바랐다. 한밤중이 되어 사방이 고요해지자, 왕 아무개는 베개를 어루만지며 혼자 말했다.

"사람들 말로는 이곳에 호녀가 산다더니, 지금은 어디로 갔단 말인가?"

그 순간 창밖에서 낮은 목소리가 들려왔다.

"육(六)낭자께서 오늘 당신이 온 것을 아시고, 몸을 피해 시냇가에 나가 달구경을 하고 계십니다."

---

97 장심여(蔣心餘): 장사전(蔣士銓)이다. 장사전(1725~1785)은 자가 심여, 초생(苕生)이고, 호는 장원(藏園), 청용거사(淸容居士)이며, 만년의 호는 정보(定甫)로, 청대 강서성 연산(鉛山) 사람이다. 건륭 22년(1757)에 진사가 되었으며, 한림원 편수를 지냈다. 희곡에 정통하고 시문을 잘 지어 젊은 시절 강서사재자(江西四才子)라 불렸으며, 후에 원매(袁枚), 조익(趙翼)과 함께 강우삼대가(江右三大家)라 불렸다.

98 곱게 단장한: 원문은 '정장(靚粧)'이다. 사마상여의 『상림부(上林賦)』에 보면, "예쁘게 화장하고 단정하게 머리를 빗다(靚粧刻飾)"라는 문장이 있는데, 정장(靚粧)은 흰 분을 바르고 눈썹을 검푸르게 칠하는 것으로, 즉 예쁘게 화장하는 것을 말한다.

"그대는 누구요?"

"육낭자의 계집종입니다."

"무슨 이유로 나를 피한단 말인가?"

"자세한 이유는 모르겠으나, 그저 복부장군(腹負將軍)[99]을 뵙는 것이 두렵다고 하시더이다."

왕 아무개 역시 그 말의 뜻을 알지 못했다. 후에 왕 아무개는 이 이야기를 할 때마다 사람들에게 "복부장군은 품계가 어떻게 됩니까?"라고 물었지만, 이 말을 들은 사람들은 모두 빙그레 웃을 뿐이었다.

후에 누가 그 마을 사람들에게 물어보았더니, 그들은 이렇게 말했다.

"실제 왕 아무개도 있었고 그런 일도 있었지만, 그는 밤새 배회하며 아무것도 보지 못했습니다. 그가 한 말은 장심여가 꾸며낸 것입니다."

장심여는 익살스럽고 장난을 좋아하니, 그럴 법도 하다.

同年蔣心餘編修言. 其鄉有故家廢宅, 往往見艷女靚粧, 登墻外視. 武生王某, 粗豪有膽, 竟攜被獨宿其中, 冀有所遇. 至夜半寂然, 乃拊枕自語曰: "人言此宅有狐女, 今何往耶?" 窗外小聲應曰: "六娘子知君今日來, 避往溪頭看月矣." 問: "汝爲誰?" 曰: "六娘子之婢." 又問: "何故獨避我?" 曰: "不知何故, 但云畏見此腹負將軍." 亦不解爲何語也. 王後每擧以問人曰: "腹負將軍是武職幾品?"

---

99 복부장군(腹負將軍): 『자치통감장편(資治通鑑長編)』에 따르면, 북송의 당진(黨進)이 음식을 배불리 먹고 배를 문지르며 "배야! 나는 너를 배신하지 않았다."라고 탄식했다. 그러자 주위의 사람들이 "장군은 배를 저버리지 않았지만 이 배는 장군을 저버리고 어떠한 지략도 내놓은 적이 없습니다."라고 했다고 한다. 즉 공연히 다른 것을 예로 들어 비난을 자초하는 사람을 가리키기도 하고, 아무 지략도 없는 사람을 나타내기도 한다.

莫不粲然. 後問其鄉人, 曰: "實有其人, 亦實有其事, 然竟旁皇晝夜, 一無所見耳. 其語則心餘所點綴也." 心餘好詼諧, 理或然歟.

34.

호신(虎神)과 효자

돌아가신 어머니 장태부인은 예전에 장씨(張氏) 할멈을 고용하여 부엌 살림을 맡겼다. 장씨 할멈은 방산현(房山縣)[100] 사람으로, 서산(西山)[101]의 산골에서 살았는데, 그녀가 해준 이야기이다.

그의 고향에 몹시 가난해 집을 나와 걸식하던 사람이 있었다고 한다. 그 사람은 평소 외출한 적이 없어 반나절 만에 길을 잃어버렸다. 돌길은 울퉁불퉁하고 구름이 끼어 하늘은 어두컴컴해져 어디로 가야 할지 몰랐다. 그래서 그는 잠시 고목 아래 앉아 남북 방향을 분별할 수 있을 때까지 날이 개기를 기다렸다. 그런데 갑자기 숲속에서 한 사람이 나오더니, 서너 명이 그 뒤를 좇아왔다. 그들은 모두 사납고 용맹스러운 것이[102] 보통사람과는 달라 보였다. 마음속으로 산신령이 아니면 요괴라고 생각했다. 스스로 그곳을 벗어날 가능성이 없다고 느낀 그는 이내 그들 앞에 가서 절을 하고

100 방산현(房山縣): 지금의 북경시 서남부에 위치한 방산구(房山區)이다. 청나라 때는 순천부(順天府) 관할 현이었다.

101 서산(西山): 도성에서 서쪽 30리에 위치해 있는데, 태항산(太行山)의 다른 언덕이다. 산이 높고 경치가 빼어나며 도성의 우측을 감싸고 있어 명승지로 불렸다. 명승지로 이름난 곳만 해도 수십 곳은 된다.

102 용맹스러운 것이: 원문은 '위안(偉岸)'이다.

울면서 자신의 고초를 말했다. 그 가운데 한 사람이 측은해하며 말했다.

"당신을 해치지 않을 테니 두려워 마시오. 나는 호신(虎神)이요. 오늘 호랑이들에게 먹을 것을 나누어주러 왔소. 호랑이들이 사람을 다 먹을 때까지 기다렸다가 그들의 옷가지를 수습하면, 충분히 살아갈 수 있을게요."

말을 마친 호신은 그를 데리고 한 곳으로 갔다. 호신이 목을 빼어 울자, 호랑이들이 갈림길[103]에서 몰려들었다. 호신이 손을 들어 가리키며 무어라 조잘조잘 떠들어대는데,[104] 그 말은 알아들을 수 없었다. 잠시 후, 호랑이들이 모두 흩어지고, 한 호랑이만이 우거진 풀 더미 속에 엎드려 있었다.

잠시 후, 짐을 메고 고개를 넘어가는 한 사람이 나타나자, 호랑이는 그를 향해 달려들다 말고 갑자기 걸음을 멈추고 깜짝 놀라 뒤로 물러났다.[105] 얼마 지나지 않아 한 여자가 나타나자, 호랑이는 즉시 그 여자를 잡아먹었다. 그 여자의 의대를 주워보니 몇 백 냥이 나왔다. 호신은 돈을 가져다가 그에게 주면서 말했다.

"호랑이는 사람은 잡아먹지 않고, 금수만을 먹을 따름이요. 사람을 잡아먹는 경우는 사람이면서도 금수와 같은 사람일 때요. 대개 사람 가운데 양심[106]이 있는 사람은 머리 위에 빛이 나기 마련이라, 호랑이는 그 빛을 보면 바로 달아나지요. 양심이 사라지고 없는 사람은 빛이 전혀 없으므로, 금수와 다를 바 없소. 그러면 호랑이는 그 사람을 잡아먹을 수 있소. 방금 전

---

103 갈림길: 원문은 '차(岔)'로, 길이 세 갈래로 나뉘는 것을 말한다.

104 조잘조잘 떠들어대는데: 원문은 '조찰(啁哳)'로, 새 울음소리를 말한다.

105 깜짝 놀라 뒤로 물러났다: 원문은 '벽역(辟易)'이다. 『사기』「항우본기(項羽本紀)」에 보면, "사람과 말이 모두 깜짝 놀라 몇 리 밖으로 달아났다(人馬俱驚, 辟易數里)."라는 문장이 있다.

106 양심: 원문은 '천량(天良)'으로, 본연의 선한 마음 즉 양심을 말한다.

에 그 남자는 흉포하고 인정이라곤 없지만, 그가 탈취한 돈은 오로지 과부 며느리와 고아 조카를 구휼해 그들을 굶주리지 않게 했소. 그 일념 때문에 그의 머리위에는 탄환 같은 작은 불빛이 났던[107] 것이오. 그래서 호랑이가 감히 잡아먹을 수 없었던 게요. 나중에 온 부인은 지아비를 버리고 재혼한 후 전처의 자식 몸에 성한 구석이 없을 정도로 학대했소. 또 재혼한 남편의 돈을 훔쳐 전 남편의 딸에게 주었는데, 방금 품속에서 나온 돈이 바로 그 돈이요. 여러 죄악으로 빛이 모두 사라졌기에 호랑이는 그 여자를 보고 더 이상 사람이 아닌 것을 알고 잡아먹은 것이오. 그대가 지금 나를 만난 것도 다 당신이 진심으로 계모를 모셨기 때문이요. 심지어 처와 자식들의 음식까지 거두어 계모를 봉양했기에 그대의 머리에서 한자 넘는 빛이 나왔소. 그래서 내가 그대 앞에 나타나 보호한 것이지, 그대가 나에게 절을 하며 살려달라고 해서 그런 것이 아니요. 더욱 노력해 선을 쌓으면 훗날 반드시 복이 있을게요."

그리고는 돌아가는 길을 일러주었다. 그는 하루 밤낮을 걸어 마침내 집으로 돌아올 수 있었다.

장씨 할멈의 부친이 이 사람과 친척지간이었기에, 그 이야기를 자세히 들을 수 있었다. 당시 우리 집에 있던 한 가노의 처가 일곱 살밖에 되지 않은 어린 조카를 학대하고 있었는데, 장씨 할멈의 이야기를 듣고는 점차 구박을 멈추었다. 성인은 신도(神道)로서 교화하는데,[108] 진실로 나름의 이유가 다 있다.

---

107 불빛이 났던: 원문은 '욱욱(煜煜)'이다.

108 성인은…교화하는데: 『주역(周易)』에 보면, "성인이 신도로서 가르침을 베풀면 천하가 탄복한다(聖人以神道設敎而天下服矣)."라는 구절이 있다.

先母張太夫人, 嘗雇一張媼司爨. 房山人也, 居西山深處. 言其鄉有極貧棄家覓食者. 素未出外, 行半日則迷路. 石徑崎嶇, 雲陰晦暗, 莫知所適. 姑坐枯樹下, 俟天晴辨南北. 忽一人自林中出, 三四人隨之. 并猙獰偉岸, 有異常人. 心知非山靈, 即妖魅. 度不能隱避, 乃投身叩拜, 泣訴所苦. 其人惻然曰: "爾勿怖, 不害汝也. 我是虎神. 今爲諸虎配食料. 待虎食人, 爾收其衣物, 即自活矣." 因引至一處. 噭然長嘯, 衆虎坌集. 其人擧手指揮, 語啁哳不可辨. 俄俱散去, 惟一虎留伏叢莽間.

俄有荷擔度林者, 虎躍起欲搏, 忽避易而退. 少頃, 一婦人至, 乃搏食之. 檢其衣帶, 得數金. 取以付之, 且告曰: "虎不食人, 惟食禽獸. 其食人者, 人而禽獸者耳. 大抵人天良未泯者, 其頂上必有靈光, 虎見之即避. 其天良澌滅者, 靈光全息, 與禽獸無異. 虎乃得而食之. 頃前一男子凶暴無人理, 然攘奪所得, 猶恤其寡嫂孤侄, 使不飢寒. 以是一念, 靈光煜煜如彈丸. 故虎不敢食. 後一婦人, 棄其夫而私嫁, 尤虐其前妻之子, 身無完膚. 更盜後夫之金, 以貽前夫之女, 即懷中所攜是也. 以是諸惡, 靈光消盡, 虎視之非復人身, 故爲所啖爾. 今得遇我, 亦以善事繼母. 輟妻子之食以養, 頂上靈光高尺許. 故我得而佑之, 非以爾叩拜求哀也. 勉修善業, 當尙有後福." 因指示歸路. 越一日夜, 得至家. 張媼之父與是人爲親串, 故得其詳. 時家奴之婦, 有虐使其七歲孤侄者, 聞張媼言, 爲之少戢. 聖人以神道設教, 信有以夫.

35.

도깨비불

도깨비불은 귀신불이라고 한다. 『박물지(博物志)』에서는 전장의 피가 변하여 생긴 것이라고 하나,[109] 그것은 아니다. 어찌 도처에 전장의 피가 있을 수 있겠는가?

대개 귀(鬼)란 사람이 죽은 뒤 남은 기[餘氣]이다. 귀는 음기에 속하고 남은 기는 양기에 속한다. 양기가 음기에 빽빽이 쌓이면 응집되어 빛을 발하게 된다. 같은 이치로 우기(雨氣)가 음기가 되면 반딧불이 되고, 해기(海氣)가 음기가 되면 음기가 연소된다. 도깨비불은 대개 가을과 겨울에 나타나고, 봄과 여름에는 자취를 감춘다. 이는 가을과 겨울에는 기가 모이고 봄

109 『박물지(博物志)』에서는…하나: 『박물지』에 보면, 전장에서 싸우다 죽은 곳에는 사람과 말의 피가 쌓여 세월이 흘러 인(燐)이 된다고 한다. 인은 이슬처럼 초목에 붙어 있어서 잘 보이지 않는다. 행인이 가다가 부딪히기라도 하면 사람의 몸에 붙어서 빛을 낸다. 그것을 털어내면 무수히 떨어진다고 한다. 인(燐)은 화학원소 중의 하나이다. 대부분 동물의 뼈에서 채취해서 공기 중에 놔두면 천천히 산화된다. 어둠속에서 살펴보면 푸른빛을 내는데 이것을 인이라고 한다. 불을 공기 중 50도 이상 되는 곳에 놔두면 발화하면서 빛을 내는데, 인이 연소할 때 생기는 백색의 가루에서 흰 연기가 피어오른다. 대개 인의 성격이 이와 같다. 민간에서는 인을 도깨비불이라고 하는데, 이는 틀린 것이다. 『박물지』에서는 전장의 피가 모여서 도깨비불이 되었다고 하는데, 진상을 알 수 없다. 『박물지』는 진(晉)나라의 장화(張華)가 지은 것이다.

과 여름에는 흩어지기 때문이다. 간혹 봄과 여름에 나타나는 경우도 있으나, 이는 어두운 방이나 폐가가 아니면 심산유곡으로, 모두 항상 음기가 모여 있는 곳이기 때문이다. 대개 평원이나 광야, 습지에서 도깨비불이 보이는 경우는, 양기가 음기 속에 깃들어 있을 때이다. 땅이 음기에 속하고, 물도 음기에 속하는데, 이는 모두 그 본류를 따르기 때문이다.

죽은 형 기청호(紀晴湖)[110]는 예전에 아버지의 과거 급제 동기생[111]인 심풍공(沈豊功)과 함께 밤길을 가다가, 높은 나무 꼭대기에서 도깨비불이 날아다니는 것을 보았다고 한다. 그 불은 마치 횃불처럼 푸른빛을 발하고 있었는데, 여태껏 들어본 적이 없는 기이한 것이었다. 당대 시인 이장길(李長吉)[112]의 「신현곡(神弦曲)」에 보면, "늙은 올빼미 나무귀신 되자, 웃음소리 푸른 도깨비불 둥지에서 일어나네."라는 시구가 있는데, 역시 일찍이 이와 같은 기이한 광경을 보았기 때문에 이런 시를 지은 것이 아닌가하는 생각이 든다. 그렇다면, 형이 본 것이 혹 나무귀신의 짓이었단 말인가!

燐爲鬼火. 『博物志』謂戰血所成, 非也. 安得處處有戰血哉? 蓋鬼者人之餘氣也. 鬼屬陰, 而餘氣則屬陽. 陽爲陰鬱, 則聚而成光. 如雨氣至陰, 而螢火化, 海氣至陰, 而陰火然也. 多見於秋冬而隱春夏. 秋冬氣凝, 春夏氣散故也. 其或見於春夏者, 非幽房廢宅, 必深巖幽谷, 皆陰氣常聚故也. 多在平原曠野, 藪澤沮洳,

---

110 기청호(紀晴湖): 기윤의 이복형 기탁(紀晫)이다. 기탁(1706~1777)은 자가 청호로, 기용서의 맏아들이다. 부공생(附貢生)을 지냈다.

111 아버지의 과거 급제 동기생: 원문은 '년장(年丈)'이다.

112 이장길(李長吉): 이하(李賀)이다. 이하(791~817)는 자가 장길이며, 당나라 은왕(鄆王)의 후예이다. 시문집으로는 『창곡집(昌谷集)』이 있다.

陽寄於陰. 地陰類, 水亦陰類, 從其本類故也.

先兄晴湖, 嘗同沈豊功年丈夜行, 而磷火在高樹顚. 青熒如炬, 爲從來所未聞. 李長吉詩曰: “多年老鴞成木魅, 笑聲碧火巢中起.” 疑亦曾覩斯異, 故有斯咏. 先兄所見或木魅所爲歟!

36.

열냥 벼루

한 상인이 큰 벼루 하나를 가지고 와 팔고 싶어 했다. 벼루는 청록색에 마치 피가 스며있는[113] 것 같은 붉은 반점이 있었다. 시험 삼아 물을 붓고 사용해보았으나, 벼루가 반질반질하여 먹물이 제대로 묻지 않았다. 벼루 뒷면에 긴 시 한 수가 새겨져 있었다.

진시황[114] 분노해 막돌을 내려치니,
돌에 연지 같은 붉은 피 흐르네.[115]

---

113 스며있는: 원문은 '심(沁)'이다.

114 진시황: 원문은 '조룡(祖龍)'이다. 『사기』「진시황기(秦始皇紀)」에 따르면, 36년 가을 사자(使者)가 관동(關東)에서 밤에 화음(華陰) 평서(平舒)의 길을 지나갔다고 한다. 어떤 사람이 벽옥을 가지고 사자의 앞길을 가로 막으며 "저 대신 호지군(滈池君)에게 주십시오."라고 하더니, 이어서 "올해 조룡(祖龍: 秦始皇)이 죽습니다."라고 하고는 종적도 없이 사라졌다. 사자는 벽옥을 들고 와서 들은 대로 고했다. 진시황은 한참동안 조용히 있다가 "산 귀신은 1년 안에 일어날 일을 알 수 있다"라고 말했다고 한다. 여기서 조(祖)는 시(始)이고 용은 임금의 상징으로 진시황을 가리킨다.

115 돌에…흐르네: 『삼제요략(三齊要略)』에 따르면, 진시황은 바다위에 돌다리를 만들어서 바다를 건너가 일출을 보고 싶어 했다고 한다. 당시 한 신인(神人)이 돌을 몰아 바다를 건너갈 수 있게 할 수 있었는데, 돌이 빨리 가지 않자 채찍으로 돌을 때렸다. 그러자 돌들이 모두 피를 흘렸으며, 지금까지도 여전히 돌이 붉다고 한다.

몇 번이나 상전벽해[116] 겪는 동안,
물에 씻기고 모래에 침식되어도 한 자나 남아 있네.
흩날리는 꽃잎은 점점이 붉게 떨어지고,
무성한 방초는 어린 새싹을 쓰다듬네.[117]
해인(海人)[118]이 은빛 물결 걸러내니,
교객(鮫客)[119]은 탄식하고 용녀(龍女)[120]는 안타까워하네.
어쩌다 강제로 연재(硯材) 신세 되었으니,

---

116 상전벽해: 원문은 '창상(滄桑)'이다. 『신선선』에 보면, 마고가 "일전에 대접해 드린 뒤로 이미 동해(東海)가 상전벽해하는 것을 세 번이나 보았습니다. 방금 전에 봉래주에 가서 보았더니 물이 왕년에 모였을 때보다 절반이나 얕아졌던데 장차 구릉으로 변하는 것은 아니겠지요?"라고 말했다고 한다. 또 당나라 저광희(儲光羲)의 「동쪽으로 돌아가는 여덟째 아저씨에게 드리며(獻八舅東歸)」에 보면, "푸른 바다가 뽕나무 밭이 되었네(滄海成桑田)"라는 시구가 있다.

117 쓰다듬네: 원문은 '뇌(挼)'이다.

118 해인(海人): 『남사(南史)』에 따르면, 왜국(倭國)에서 서남쪽으로 수만리 떨어진 곳에 바닷사람이 살고 있는데, 몸이 검고 눈은 희며, 반라로 지내고 못생겼다고 한다. 노륜(盧綸)의 「장강 이남으로 부모님을 뵈러가는 항조상인을 전송하며(送恒操上人歸江外覲省)」에 보면, "불경을 읽고서야 바다사람이 되었네(翻經化海人)."라는 시구가 있다.

119 교객(鮫客): 『술이기(述異記)』에 따르면, 남해(南海)에 한 교인이 사는데, 물고기처럼 물속에서 살았다고 한다. 쉬지 않고 길쌈질을 하고, 울기만 하면 진주를 쏟아낼 수 있었다고 한다.

120 용녀(龍女): 『당일사(唐逸史)』에 따르면, 명황(明皇)이 하루는 낮잠을 자다가 꿈에서 용모가 유달리 빼어난 한 여자를 만난 적이 있다고 한다. 명황이 "어디 사람입니까?" 라고 묻자 여자가 말했다. "저는 능파지(凌波池)의 용녀입니다."라고 했다. 또 『이문록(異聞錄)』에 보면, 당나라 의봉(儀鳳: 676~679) 연간에 유생 유의(柳毅)가 과거에 낙방한 뒤 장차 상강(湘江)가로 돌아가려던 중이었다고 한다. 광릉(廣陵)에 갔다가 노씨(盧氏)에게 장가들었다. 아내를 자세히 보니 용녀와 아주 비슷하게 생긴 것 같아 옛날 일을 물었다. 그러자 아내가 "제가 바로 동정군의 딸입니다."라고 했다고 한다.

모장(毛嬙)과 서시(西施)[121]가 솜 빠는[122] 일을 하는 격이라네.

희고 매끄러워[123] 애초에 갈지 못하니,

네모반듯한 돌[124] 도리어 버림 받았네. 원주: 객이 네모반듯한 돌에 대해 묻자 『몽계필담(夢溪筆談)』에 나온다고 적었다.

소리 어려우면 자고로 슬프다고 평가받는데,

재주를 가늠하지 않고 사용했으니 누구의 책임이런가.

책상머리의 미불(米芾),[125] 옥 두꺼비 연적,[126]

그대 때문에 상심해 절로 눈물 나네.

다음과 같은 후제(後題)가 붙어 있었다.

---

121 모장(毛嬙)과 서시(西施): 원문은 '장시(嬙施)'로, 고대의 미인 이름이다.

122 솜 빠는: 원문은 '병벽(洴澼)'이다. 『장자』「소요유(逍遙遊)」에 보면, "송나라 사람 중에 손 트지 않는 약을 잘 만들어서 대대로 솜 빠는 일을 하는 집이 있었다(宋人有善爲不龜手之藥者, 世世以洴澼絖爲事)."라는 구절이 있는데, 광(絖)은 솜의 뜻으로, 병벽광(洴澼絖)은 물에서 솜을 빠는 일을 하는 것을 말한다.

123 희고 매끄러워: 원문은 '응지(凝脂)'이다. 『시경』「석인(碩人)」에 보면, "피부는 엉긴 기름처럼 매끄러우며(膚如凝脂)"라는 시구가 있다.

124 네모반듯한 돌: 원문은 '진육(鎭肉)'이다. 『몽계필담』「예문(藝文)」(2)에 보면, 옹(饔) 땅 사람이 네모반듯한 돌로 고기를 누르고 있었는데, 돌을 자세히 보니 표면에 뭔가 새겨져 있는 것 같았다고 한다. 돌을 씻고 보았더니 육조시대 송나라 해릉왕(海陵王)의 묘지명으로, 사조(謝朓)가 글을 짓고 썼는데, 종요체로 쓴 것 같았다. 이에 아주 아꼈다고 한다. 후에 진육은 사람들에게 알려지지 않은 진기한 보물을 이르는 의미로 사용되었다.

125 미불(米芾): 원문은 '미로(米老)'이다. 미불(1051~1107)은 자는 원장(元章)으로, 송나라 양양(襄陽) 사람이다. 자호는 녹문거사(鹿門居士), 호는 해악외사(海嶽外史)이다. 글과 그림에서 모두 일가를 이루었다. 감식에도 뛰어나 옛 기물과 서화를 보면 모두 수집했고, 천성적으로 돌을 특히 좋아했다. 깎은 돌을 아주 많이 가지고 있었으며 종일토록 감상했다.

126 옥 두꺼비 연적: 원문은 '옥섬여(玉蟾蜍)'이다. 『서경잡기(西京雜記)』에 보면, 한나라 광천왕(廣川王)이 진나라 영공(靈公)의 무덤을 발굴했다고 한다. 이곳에서 주먹만 한 크기의 옥 두꺼비 하나가 나왔는데, 배에 5홉의 물을 담을 수 있었으며, 새것처럼 광택이 났다. 광천왕은 이것을 가지고 돌아와 연적으로 사용했다고 한다.

"강희 18년(1670) 기미년 음력 9월 9일에 부계점을 치던 중, 찬화도인(餐花道人)이 내려왔기에 우연히 그에게 벼루를 보여주며 제(題)를 청하자 순식간에 칠언고시[127]를 지었다. 이에 벼루 뒷면에 그 기이함을 적어 새겨 두었다."

'혁주(奕鑄)' 두 글자의 낙관만 찍혀 있었을 뿐, 이름이 적혀 있지 않아 누구인지 알 수 없었다. 찬화도인 역시 알 수 없었다. 시의 격조가 사무치고 억울한 것이 신선의 말 같지는 않고, 아마도 뜻을 펴지 못한 재귀(才鬼)의 작품인 듯하다. 상인은 벼루 값으로 10냥을 요구했으나, 내가 4냥만 주자 팔려고 하지 않았다. 훗날 다시 물으니, 사천(四川)의 한 현령이 사 갔다고 했다.

賈人持巨硯求售. 色正碧而紅斑點點如血. 沁試之, 乃滑不受墨. 背鐫長歌一首曰: "祖龍奮怒鞭頑石, 石上血痕胭脂赤. 滄桑變幻幾度經, 水春沙蝕存盈尺. 飛花點點粘落紅, 芳草茸茸挼嫩碧. 海人漉得出銀濤, 鮫客咨嗟龍女惜. 云何强遣充硯材, 如以嬙施司洴澼. 凝脂原不任研磨, 鎮肉翻成遭棄擲. 原註: 客問鎮肉事, 判曰: 出『夢溪筆談』. 音難見賞古所悲, 用弗量才誰之責. 案頭米老玉蟾蜍, 爲汝傷心應淚滴." 後題: "康熙己未重九, 餐花道人降乩, 偶以頑硯請題, 立揮長句. 因鐫諸硯背, 以記異." 款署奕鑄二字, 不著其姓, 不知爲誰. 餐花道人亦無考. 其詞感慨抑鬱, 不類仙語, 疑亦落拓之才鬼也. 索價十金, 酬以四, 不肯售. 後再問之, 云四川一縣令買去矣.

---

127 칠언고시: 원문은 '장구(長句)'이다. 당나라 사람들은 칠언고시를 장구라고 불렀다. 『전당시화(全唐詩話)』에 보면, "고황이 일가와 장구를 유난히 많이 지었다(偏於逸歌長句)."고 한다.

37.

하인 기창

하인 기창(紀昌)은 본래 성이 위씨(魏氏)였으나, 황독자(黃犢子)의 이야기를 빌어 주인의 성을 따랐다.[128] 기창은 어려서부터 글 읽기를 좋아하고 문예도 잘 알고 글씨도 잘 썼다. 또한 심계(心計)에도 뛰어나 일평생 매사에 손해를 본 적이 없었다. 만년에 이상한 병에 걸려 눈으로 볼 수도 없고, 귀로도 들을 수 없었으며, 입으로는 말할 수 없고, 사지를 움직일 수 없었다. 또한 온몸이 저리고 마비되어 아프고 가려운 것을 느낄 수 없었다. 종일 목석처럼 침상에 혼자 드러누워 허공을 쳐다보고 있었다. 쉬지 않고 숨을 쉬는 것으로 보아 아직 죽지 않았음을 알 수 있었다. 시간이 되면 음식을 입에 넣고 씹어 삼킬 뿐이었다. 의사가 그를 진맥하고 난 뒤 "육맥(六脈)이 조

---

128 황독자(黃犢子)의…따랐다: 『조야첨재(朝野僉載)』에 따르면, 수(隋)나라 개황(開皇: 581~600) 연간에 경조윤(京兆尹) 위곤(韋袞)에게 도부(桃符)라는 하인이 있었다고 한다. 도부는 담력도 있었다. 위곤은 도부가 오랫동안 자신을 수행하면서 일을 했기 때문에 그의 노비신분을 풀어주고 양민이 되게 했다. 도부는 집에 누런 암소가 있었는데 [보답으로] 그것을 잡아서 위곤에게 바쳤다. 그리고는 성을 하나 지어달라고 위곤에게 청했더니, 위곤이 말했다. 위곤이 "내 성을 따라 위씨(韋氏)로 하여라." 하자 도부가 머리를 조아리며 "어찌 감히 나으리와 같은 성을 사용할 수 있겠습니까?"라고 했다. 위곤이 말했다. "너는 따르기만 하면 된다. 다 깊은 뜻이 있느니라." 그래서 지금의 '황독자위(黃犢子韋: 누런 송아지 위씨)'가 있게 되었다고 한다.

화로운 것이 아무런 병세도 없습니다."라고 했다. 그의 병은 아무리 명의라 하더라도 어찌할 도리가 없었다. 그는 이렇게 몇 년을 살다가 죽었다.

과성(果成) 스님이 말했다.

"이 병은 육신은 죽었으나 마음은 살아있는 병입니다. 자고이래로 『의경(醫經)』에도 실려 있지 않은 병으로, 다 업보가 아니겠습니까?"

그러나 기창은 아무런 큰 죄도 짓지 않았고, 그저 자신의 이익만을 챙기고 주도면밀하게 계산했을 따름이었다. 수완이 지나치게 좋은 사람은 조물주의 시샘을 받는다더니, 진실로 그러하구나!

奴子紀昌, 本姓魏, 用黃犢子故事, 從主姓. 少喜讀書, 頗嫻文藝, 作字亦工楷. 最有心計, 平生無一事失便宜. 晩得奇疾, 目不能視, 耳不能聽, 口不能言, 四肢不能動. 周身并痿痹, 不知痛痒. 仰置榻上, 塊然如木石. 惟鼻息不絶, 知其未死. 按時以飮食置口中, 尙能咀咽而已. 診之乃六脈平和, 毫無病狀. 名醫亦無所措手. 如是數年乃死. 老僧果成曰: "此病身死而心生. 爲自古『醫經』所不載, 其業報歟?" 然此奴亦無大惡, 不過務求自利, 算無遺策耳. 巧者造物之所忌, 諒哉!

38.

어리석은 믿음

하인 이복(李福)의 처는 성정이 비할 데 없이 사나웠다. 날마다 시부모의 뜻을 거역하며 면전에서 욕을 퍼붓고 등 뒤에서 저주하는데, 못하는 욕이 없었다. 누군가가 "불효자는 저승에 가면 벌을 받는다."라고 조용히 타일렀지만, 그녀는 머리를 숙이고 웃으며 말했다.

"나는 관음재(觀音齋)[129]를 모시고 관음경을 외고 있소. 보살께서 깊은 법력으로 죄와 허물을 없애줄 것이니, 염라대왕[130]인들 나를 어찌할 수 있겠

---

129 관음재(觀音齋): 『법화경(法華經)』에 따르면, 무진의(無盡意) 보살이 합장하고 부처에게 말했다고 한다. "관세음보살은 어찌하여 이름이 관세음(觀世音)이십니까?" 부처가 말했다. "관세음보살은 백천만억 중생이 온갖 고뇌를 받을 때 일심으로 그 소리를 들으신다. 그래서 이름이 관세음보살이다. 또한 관세음보살이 그 소리를 들으시면 모든 중생들이 고난에서 해탈할 수 있기에, 관세음이라 부른다고 한다. 또 관세음은 당나라 태종을 피휘(避諱)해서 관음(觀音)이라고도 한다. 뒷날 사람들이 이를 따라 사용했고, 세상에서는 주로 부인상을 만들었다. 『호석린논총(胡石麟論叢)』이나 왕세정(王世貞)의 『관음본기(觀音本紀)』에 보면, 옛 사람들은 부인상은 만들지 않았다고 했는데, 조익(趙翼)은 『해여총고(陔餘叢考)』에서 『남사』와 『북사』를 근거로 이를 반박하고 있다. 육조(六朝) 때부터 부인상을 만든 것 같다.

130 염라대왕: 원문은 '염라왕(閻羅王)'이다. 『내전(內典)』에 따르면, 염라대왕은 산스크리트어로 삼다라(閃多羅)이고 열 명의 형제가 있으며, 모두 지옥이나 저승세계(九幽, 酆都)의 주인이라고 한다. 『수서(隋書)』「한금호전(韓擒虎傳)」에 따르면, 살아 있을 때는 상주국(上柱國)이 되고 죽어서는 염라왕이 되었다고 하는데, 옛날부터 이 명칭이 쓰였음을 알 수 있다.

소?”

후에 이복의 처는 나쁜 병에 걸려 온갖 고초를 다 겪었지만, 여전히 이렇게 말했다.

“내가 관음경을 외울 때 이를 닦지 않고, 향불 대신 부엌 불을 사용했기 때문에 이런 업보를 받게 되었을 뿐, 다른 이유는 없어.”

정말로 어리석도다!

奴子李福之婦, 悍戾絶倫. 日忤其姑舅, 面詈背詛, 無所不至. 或微諷以不孝有冥讁, 輒掉頭哂曰: “我持觀音齋, 誦觀音咒. 菩薩以甚深法力, 消滅罪愆, 閻羅王其奈我何?” 後嬰惡疾, 楚毒萬端, 猶曰: “此我誦咒未漱口, 焚香用竈火, 故得此報, 非有他也.” 愚哉!

39.

참회

태수 채필창(蔡必昌)은 예전에 저승의 사건을 판결한 적이 있었다. 중승(中丞) 주석군(朱石君)[131]이 불법으로 참회하면 어떤 보탬이 있는지 묻자, 채태수는 이렇게 대답했다.

"보통의 죄는 부처님께서도 원고에게 선처할 수 있습니다. 그가 원하는 바를 이뤄주면 원한은 절로 사라지는데, 인간 세상의 화해와 마찬가지입니다. 그러나 업보가 무겁고 원한이 깊어 인간세상에서 조정하고 화해할 수 없는 경우는 설령 부처라 하더라도 참회시킬 수 없고, 석가모니(釋迦牟尼)[132]라도 어찌할 수 없습니다."

채태수의 이 말은 평범하면서도 인지상정에 가깝다. 유생들은 불법이 필요 없다고 말하고, 불자들은 모든 죄악이 소멸가능하다고 말하지만, 양쪽 모두 단점이 있다.

---

131 주석군(朱石君): 주규(朱珪)이다. 주규(1731~1807)는 자가 석군이고, 호는 남애(南崖)이며, 직례성 대흥(大興) 사람으로, 체인각대학사(體仁閣大學士)를 지냈다. 시호는 문정(文正)이다.

132 석가모니(釋迦牟尼): 부처의 이름이다. 『번역명의집(飜譯名義集)』에 따르면, 석가(釋迦)는 능하고 어질다는 뜻이고, 모니(牟尼)는 적묵(寂默)의 뜻으로 지혜로운 사람을 말한다.

蔡太守必昌, 嘗判冥事. 朱石君中丞問以佛法懺悔, 有無利益, 蔡曰: “尋常冤譴, 佛能置訟者於善處. 彼得所欲, 其怨自解, 如人世之有和息也. 至重業深讐, 非人世所可和息者, 即非佛所能懺悔, 釋迦牟尼亦無如之何.” 斯言平易而近理. 儒者謂佛法爲必無, 佛者謂種種罪惡皆可消滅, 蓋兩失之.

40.

소해(燒海)

우리 집은 바다에서 불과 100리 떨어진 곳에 있으며, 과거에는 하간(河間)[133]을 영주(瀛州)라 불렀다. 하간은 지형이 동쪽으로 갈수록 점점 높아지기 때문에 해안이 아주 가파르다. 그래서 조수가 빠져나가지도 못하고, 물이 들어오지도 못한다. 구하(九河)[134]는 모두 하간을 흐르지만, 우임금이 물길을 열 때 곧장 바다로 흘러가지 못하게 했고, 물길을 북쪽으로 수백 리 돌려 갈석산(碣石山)에서 바다로 빠지게 했는데, 그 까닭은 오로지 지형 때문이었다.

바다에서는 몇 년 또는 수십 년에 한 번씩 저 멀리 물과 구름이 끝없이

---

133 하간(河間): 청대 직례성 관할 부로, 곽현(郭縣)이라고도 한다. 민국 초에는 부(府)는 없어지고 현(縣)만 남았다. 본래는 서한(西漢) 하간국(河間國)의 땅이름이다. 땅이 양쪽 물가사이에 있어 하간이라 불리었다. 후에 위(魏)나라 때는 영주를 설치하고 하간군(河間郡)도 함께 두었다. 수나라 때는 군(郡)은 폐지하고 주(州)만 남겨두었으나, 대업(大業) 연간 초에는 하간군이라 불리었다. 당대에는 다시 영주라 불렸다.

134 구하(九河): 『서경』「우공(禹貢)」에 보면, "아홉 지류가 이미 소통되었다(九河旣導)."라는 구절이 있다. 옛날에 우임금이 치수할 때 물이 대륙 이북으로부터 소통되어 구하가 되었다고 한다. 구하는 도해(徒駭), 태사(太史), 마협(馬頰), 복부(覆釜), 호소(胡蘇), 간(簡), 결(潔), 구반(鉤盤), 격진(鬲津)이다. 주나라 때 제환공(齊桓公)이 이를 막아 하나의 강으로 만들었다.

이어진[135] 곳에서 붉은 불빛이 번쩍이는 것을 볼 수 있는데, 사람들은 이를 소해(燒海)라 부른다. 그때마다 번번이 깨진 서까래나 부러진 마룻대가 파도에 떠밀려 수면위로 떠올랐다. 그러면 사람들은 그것을 주워 땔감으로 사용했다. 며칠이 지나면 아무개 장인과 아무개 장인이 신의 부름을 받아 용궁을 지었다는 이야기가 전해지곤 했다. 그러나 그들을 직접 본 이는 없었고, 교인(鮫人)이 사는 집[136]이나 조개로 장식한 궁궐[137]을 지었다는 소문만 이 떠돌 뿐이었다.

나는 대양을 떠다니는 선박이 부주의로 불을 내고 그 불빛이 물에 반사되는 것이라고 생각한다. 바다는 드넓고 가로막는 것이 없으니, 천 리 밖에서도 그 빛이 모두 보이는 것이다. 대들보나 기둥 같은 구조물은 선박에도 있는 것이니, 그것이 반드시 궁궐용 목재라고는 할 수 없다.

余家距海僅百里, 故河間古謂之瀛州. 地勢趨東, 以漸而高, 故海岸絶陡. 潮不能出, 水亦不能入. 九河皆在河間, 而大禹導河不直使入海, 引之北行數百里, 自碣石乃入, 職是故也. 海中每數歲或數十歲, 遙見水雲澒洞中, 紅光燭天, 謂之燒海. 輒有斷椽折棟, 隨潮而上. 人取以爲薪. 越數日, 必互言某匠某匠, 爲神召去營龍宮. 然無親睹其人, 話鮫室貝闕之狀者, 第傳聞而已. 余謂是殆重洋巨舶, 弗戒於火, 水光映射. 空無障翳, 故千百里外皆可見. 梁柱之類, 舶上皆有, 亦不必定屬殿材也.

---

135 끝없이 이어진: 원문은 '홍동(澒洞)'으로, 서로 끝없이 이어져 있는 모양을 가리킨다.

136 교인(鮫人)이 사는 집: 원문은 '교실(鮫室)'이다.

137 조개로 장식한 궁궐: 원문은 '패궐(貝闕)'이다. 『초사(楚辭)』「구가(九歌)·하백(河伯)」에 보면, "자색 조개로 장식한 문을 단 옥 진주 궁궐이여(紫貝闕兮朱宮)!"라는 시구가 있다. 왕일(王逸) 주에 따르면, 하백이 사는 곳으로 자색조개로 지은 궁궐이다.

41.

단 한 번의 선행

헌현(獻縣)의 아무개 포졸은 예전에 명을 받고 대도를 잡으러 가 도적을 곧바로 체포하였다. 도적에게는 자색이 빼어난 처가 있었는데, 그는 처로 하여금 포졸의 잠자리를 시중들게 하겠노라며 풀어 달라고 애걸했지만, 포졸은 이를 단호히 거절했다. 그 후 아무개 포졸은 부정부패에 연루되어 많은 뇌물을 받고 참형에 처해지게 되었다. 형 집행을 이틀 앞두고, 옥사의 담장이 무너져 그 아래에 깔려 죽었다. 옥리 섭(葉) 아무개는 담장을 제때 수리하지 않은 책임으로 곤장을 맞았다. 이 일이 있기 전, 섭 아무개는 꿈에서 현의 당(堂) 아래에 서 있다가 당 위의 관리들이 포졸의 일을 논의하는 소리를 들었다. 그 중 한 관리가 손을 내저으며 말하였다.

"한 가지 선행으로 천 가지 악행을 덮을 수는 없고, 천 가지 악행으로 한 가지 선행을 지워서도 안 됩니다. 무죄는 안 되고, 감형은 고려해 보겠습니다."

잠시 뒤 한 하급관리가 문서를 들고 나왔는데 전혀 모르는 사람이었다. 당 위의 관리들을 자세히 살펴보았지만, 역시 모르는 이들이었다. 그제야 자신이 와 있는 곳이 현의 관청이 아님을 깨달았다.

꿈에서 깨어난 뒤, 섭 아무개는 아무개 포졸에게 감형될 것 같다고 하며 축하를 건넸지만, 신의 감형이 바로 포졸의 머리만은 보존해 주는 것이었음을 그는 미처 알지 못했다. 사람들이 아무개 포졸의 생평을 돌이켜보니, 그는 일생에 단 한 번 선한 일을 했고, 그로 인해 결국 참형은 면하게 되었다. 천도가 이처럼 밝다면, 어찌하여 사람에게 착한 일을 일찍 하게 하여 지난날의 죄를 씻을[138] 기회를 주지 않는단 말인가?

獻縣捕役某, 嘗奉差捕劇盜, 就縶矣. 盜婦有色, 盜乞以婦侍寢而縱之逃, 某弗許. 後以積蠹多贓坐斬. 行刑前二日, 獄舍墻圮, 壓而死. 獄吏葉某, 坐不早葺治, 得重杖. 先是葉某夢身立堂下, 聞堂上官吏論捕役事. 官指揮曰: "一善不能掩千惡, 千惡亦不能掩一善. 免則不可, 減則可." 既而吏抱牘出, 殊不相識. 諦視其官, 亦不識. 方悟所到非縣署. 醒而陰賀捕役, 謂且減死, 不知神以得保首領爲減也. 人計捕役生平, 只此一善, 而竟得免刑. 天道昭昭, 何嘗不許人晚蓋哉?

---

138 착한 일을 일찍 하게 하여 지난날의 죄를 씻을: 원문은 '만개(晚蓋)'이다. 『국어(國語)』「진어(晉語)」(1)에 보면, "그가 장차 악행을 저지를지라도 결국 좋게 끝나게 되니, 이는 훗날의 좋은 결과로 전날의 악행을 가리는 격입니다(彼將惡始而美終, 以晚蓋者也)."라는 구절이 있다. 위소(韋昭)의 주에 따르면, "미는 선의 뜻이고, 만은 훗날의 뜻이며, 개는 가리다의 뜻으로, 훗날의 선행으로 전날의 악행을 덮는 것을 말한다(美, 善也, 晚, 後也, 蓋, 掩也, 言以後善掩前惡)"라는 의미이다.

42.

신선 이야기의 대개

오강(吳江) 사람 오림당(吳林塘)이 해준 이야기이다.

그의 외사촌 가운데 호녀(狐女)에게 홀린 이가 있었는데, 병은 없었으나, 정신이 약간 나간 듯 늘 멍한 상태였다고 한다. 걱정이 된 부모는 이를 치료하는 행각승이 있다는 소문을 듣고 한번 찾아가 도움을 청했다. 행각승이 말했다.

"이 호녀는 도령과 전생의 인연이 있을 뿐, 해칠 뜻은 없습니다. 다만 도령이 스스로 즐거움에 지나치게 빠져 있을 따름입니다. 호녀는 해를 끼치지 않겠지만, 도령이 스스로 화를 부를까 염려스러울 뿐입니다. 그러니 좋게 물러나도록 하시지요."

그날 밤, 행각승은 그 집에 와 가부좌를 틀고[139] 앉아 법문을 외우기 시작했다. 집안사람들이 멀리서 바라보니, 촛불 아래로 비단옷을 입은 여인이 사뿐사뿐 걸어와 행각승에게 절을 올리는 모습이 보였다. 행각승이 불자(拂子)[140]를 들고 말하였다.

---

139 가부좌를 틀고: 원문은 '부좌(趺坐)'이다. 『파사론(婆娑論)』에 따르면, 바로 결가부좌로 깨달음에 이른 것을 의미한다.

140 불자(拂子): 중국산 얼룩소의 긴 꼬리를 묶어 자루를 단 불구(佛具)를 말한다.

"아직 인연이 남아 있으니, 다음 세상에서 만나 짝이 되는 것도 좋지 않겠는가?"

그 말이 끝나자 호녀는 갑자기 사라져, 그 뒤로 다시는 나타나지 않았다.

오림당은 행각승이 보통 사람이 아님을 알고, 그에게 신선의 일에 관해 물었다. 그러자 행각승이 말했다.

"예로부터 전기(傳記)에 실린 이야기들 중에는 우언(寓言)의 형식을 빌린 것도 있고, 차명(借名)하거나 은혜와 원한을 빌려 서술한 것도 있으며, 익살로 기이한 이야기를 꾸민 경우도 있고, 풍류를 더해 아름답게 만든 작품도 있습니다. 또 어떤 경우에는 시인들이 아름다운 시구를 흉내 내듯, 아무 목적 없이 그저 미사여구로 감정을 풀어낸 글도 있습니다. 이런 이야기들 가운데 열에 여덟아홉은 거짓이고, 진실은 열에 한둘에 불과합니다. 그런데 그마저도 대부분은 재주 있는 귀신이나 신령한 여우, 꽃 요정이나 나무귀신 같은 것이고, 정작 신선은 하나도 없습니다. 자칭 신선을 묘사한 이야기들조차 대부분 정도에서 벗어난 기이한 소리에 지나지 않습니다. 무릇 신(神)은 정직하고 총명하며, 선(仙)은 마음이 깨끗하고 조용합니다. 그런 신선이 설마 이름은 단대(丹臺)[141]에 있고 몸은 자부(紫府)[142]에 있으면서도 음탕하고 미모가 빼어난 여인을 곁에 두고 그 사이에서 뒤섞여 지내며, 걸

---

141 단대(丹臺): 『열선전(列仙傳)』에 보면, 자양진인(紫陽眞人) 주계도(周季道)가 선문자(羨門子)를 만나 장생의 비결을 묻자, 선문자가 "그대는 이름이 단대 석실 가운데에 있거늘, 무엇 때문에 신선이 되지 못할까 걱정하오(子名在丹臺玉室之中, 何慮不仙)?"라고 했다고 한다. 단대는 신선의 거처를 말한다.

142 자부(紫府): 『십주기(十洲記)』에 보면, 청구(靑丘)에 풍산(風山)이 있다고 한다. 풍산에서는 항상 천둥치는 소리가 났는데, 자부 궁천(宮天)의 진선녀가 이곳에서 노닐었다고 한다.

핏하면 사람들처럼 뽕나무밭에서 만나겠습니까?"

오림당은 행각승의 깊은 견식에 감탄했는데, 그가 말한 도리는 자고로 들어보지 못한 것이었다.

오림당이 이 이야기를 들려줄 때 행각승의 이름은 말해 주지 않았다. 후에 내가 오림당의 아들 오종교(吳鍾僑)에게 물었더니, 오종교가 이렇게 말했다.

"제가 행각승을 뵈었을 때는 겨우 대여섯 살밖에 되지 않았고, 당시에도 그의 이름을 부르는 것을 들은 적이 없으며, 지금은 물어볼 길도 없습니다. 지금 가만히 생각해 보면, 말씨가 항주 사람 같았습니다."

吳江吳林塘言. 其親表有與狐女遇者, 雖無疾病, 而惘惘恒若神不足. 父母憂之, 聞有游僧能劾治, 試往祈請. 僧曰: "此魅與郎君夙緣, 無相害意. 郎君自耽玩過度耳. 然恐魅不害郎君, 郎君不免自害. 當善遣之." 乃夜詣其家, 趺坐誦梵咒. 家人遙見燭光下似繡衫女子, 冉冉再拜. 僧擧拂子曰: "留未盡緣, 作來世歡, 不亦可乎?" 欻然而隱, 自是遂絶. 林塘知其異人, 因問以神仙感遇之事. 僧曰: "古來傳記所載, 有寓言者, 有託名者, 有借抒恩怨者, 有喜談詼詭以詫異聞者, 有點綴風流, 以爲佳話. 有本無所取而寄情綺語, 如詩人之擬艶詞者. 大都僞者十八九, 眞者十一二. 此一二眞者, 又大都皆才鬼靈狐花妖木魅, 而無一神仙. 其稱神仙必詭詞. 夫神正直而聰明, 仙冲虛而淸靜. 豈有名列丹臺, 身依紫府, 復有蕩姬佚女, 參雜其間, 動入桑中之會哉?" 林塘嘆其精識, 爲古所未聞.

說是事時, 林塘未擧其名字. 後以問林塘子鍾僑, 鍾僑曰: "見此僧時, 才五六歲, 當時未聞呼名字, 今無可問矣. 惟記其語音, 似杭州人也."

43.

계선 구장춘

이작정(李芍亭)의 집에서 부계점을 쳤는데, 계선이 내려와 스스로를 구장춘(邱長春)[143]이라 일컬었다. 붓을 들고 글씨를 쓰기 시작하였는데, 그 속도는 비바람보다도 빨랐고, 필체는 장욱(張旭)[144]과 회소(懷素)[145]의 광초와 비슷했다. 그 자리에 있던 한 손님이 계선에게 단약을 만드는 방법[丹方]을 묻자, 계선은 다음과 같이 썼다.

"신선은 단결(丹訣)은 지니고 있으나 단방은 가지고 있지 않습니다. 단방이란 금석을 단련하는 기술에 지나지 않습니다. 『참동계(參同契)』[146]에서 언급하고 있는 화로(鑪), 솥(鼎), 아연(鉛), 수은(汞)은 모두 상징적인 말일 뿐, 구체적인 제련 방법을 뜻하지 않습니다. 방사들이 여기에 말을 덧붙이고

143 구장춘(邱長春): 원대(元代)의 구처기(邱處機)를 가리킨다. 구처기(1148~1227)는 자칭 장춘자(長春子)라 불렀다.

144 장욱(張旭): 자는 백고(伯高)로, 당나라 때의 오(吳) 땅 사람이다. 초서를 잘 썼고 술을 좋아했다. 만취할 때면 시끄럽게 떠들며 미친 듯이 달려가서 글씨를 썼다. 간혹 머리카락에 먹을 묻혀 글씨를 쓰기도 했는데, 술에서 깨어난 뒤 스스로 그 글을 보고는 신이라 생각했다. 세상에서는 그를 장전(張顚), 초성(草聖)이라 불렀다.

145 회소(懷素): 당대의 장사(長沙) 출신 스님으로, 술을 좋아하고 초서를 잘 썼다. 스스로 초성삼매(草聖三昧)의 경지에 올랐다고 말했다.

146 『참동계(參同契)』: 동한 위백양(魏伯陽)의 저술로, 모두 세 권으로 되어 있다.

끼워 넣은 바람에 후환이 끝없이 이어졌습니다. 무릇 금석은 성질이 뜨겁고 강하기에 여기에 화력을 더하면 양기가 넘치고 혈맥이 확장되어 근력과 기력이 배로 강해진 것처럼 느끼게 됩니다. 그러나 실제로는 진기(眞氣)를 소진시키고 몸에 심한 화를 남기게 됩니다. 사람이 가꾼 꽃을 관찰해보면, 유황을 주었을 때 추위를 무릅쓰고 꽃술을 토하나, 꽃이 만개한 뒤에는 나무가 반드시 말라 죽습니다. 이는 아래에 뜨거운 열기가 가득차면 그 열기가 위로 상승해 꽃이 피지만, 열기가 다 빠져나가고 나면 나무는 곧 바로 시들기 때문입니다. 수년간 하고 싶은 대로 지내다가 [이제 와서] 몸에 천금을 쏟아 부으려 하십니까?"

그 사람은 모골이 송연해져서 일어났다.

후에 이작정이 전백암(田白巖)에게 이 이야기를 들려주자, 전백암은 이렇게 말했다.

"계선은 대개 이름을 빌리는 경우가 많습니다. 계선이 그런 말을 한 것을 보니, 정말 구장춘이 맞는가 봅니다."

오운암(吳雲巖)의 집에서 부계점을 쳤는데, 그 계선도 구장춘이라고 했다. 그 자리에 있던 한 손님이 물었다.

"『서유기(西遊記)』[147]가 정말 선사의 작품이 맞다면, 그것을 이용해 금단

---

147 『서유기(西遊記)』: 『서유기』는 명나라 오승은(吳承恩)의 작품과 구처기의 『장춘진인서유기』(줄여서 『서유기』라 함)가 있다. 『원사(元史)』「구처기전(邱處機傳)」에 따르면, 1219년 원나라 태조는 시신(侍臣) 유중록(劉仲祿)을 보내 구처기를 초빙했다. 구처기는 무주(撫州)에서 출발해 수십 개의 나라를 거쳐 갔는데, 거리가 1만 리가 넘었다. 곤륜에서 출발해 4년 뒤에 비로소 설산(雪山)에 도착했다. 이것이 구진인의 서역 기행에 관한 이야기로, 그의 제자 이지상(李志常)이 『장춘진인서유기(長春眞人西遊記)』 2권을 써서 그 일을 기록하고 있다. 책의 내용이 주로 서역의 지리에 대해 기술하고 있기 때문에 전대흔(錢大昕)은 『보원사예문지(補元史藝文志)』에서 지리류에 넣었다. 따라서 이 책은 오승은의 책과는 완전히 다른 책으

(金丹)의 오묘한 비법을 풀이할 수 있습니까?"

계선이 "그렇습니다."라고 대답하자, 손님이 다시 이렇게 물었다.

"선사의 책은 원나라 초에 쓴 것인데, 책 속에 나오는 제새국(祭賽國)[148]의 금의위(錦衣衛), 주자국(朱紫國)[149]의 사례감(司禮監), 멸법국(滅法國)[150]의 동성병마사(東城兵馬司), 당태종 때의 대학사(大學士)나 한림원의 중서과(中書科) 등은 모두 명나라 때의 제도와 일치하는데, 이것은 도대체 어찌된 일입니까?"

여기까지 질문하자 갑자기 계선이 움직이지 않았다. 다시 물어도 더 이상 대답이 없자, 그 사람은 계선이 답변이 궁해져 달아났음을 알아차렸다. 그렇다면 『서유기』는 명대 사람의 이름을 빌려 지은 것임이 틀림없다.

李芍亭家扶乩, 其仙自稱邱長春. 懸筆而書, 疾於風雨, 字如顚素之狂草. 客或拜求丹方, 乩判曰: "神仙有丹訣, 無丹方. 丹方是燒錬金石之術也. 『參同契』鑪鼎鉛汞, 皆是寓名, 非言燒錬. 方士轉相附會, 遂貽害無窮. 夫金石燥烈, 益以火力, 亢陽鼓盪, 血脈僨張, 故筋力似倍加强壯. 而消鑠眞氣, 伏禍亦深. 觀藝花

로, 일반인들은 그 사실을 모르고 모두 현장(玄奘)과 결부시키고 있다. 한편 현장의 인도여행기인 『서유기』는 『냉려잡지(冷廬雜識)』에 따르면, 가정(嘉靖: 1522~1566) 연간의 공생(貢生)인 장흥현(長興縣) 지현 오승은의 저술이다. 본문에 기술된 대학사·한림원·중서과·금의위·병마사·사례감은 모두 명대의 관제로, 오승은의 책에 나온다.

148 제새국(祭賽國): 당나라 현장이 인도로 불경을 가지러 가는 도중에 거쳐 갔던 나라 중의 하나로, 지금의 키르기스스탄 경내에 위치한다.

149 주자국(朱紫國): 당나라 현장이 서역으로 가는 도중에 거쳐 갔던 나라 중의 하나로, 지금의 스리랑카에 해당한다.

150 멸법국(滅法國): 당나라 현장이 서역으로 가는 도중에 거쳐 갔던 나라 중의 하나로, 허구적인 지명으로 알려져 있다.

者, 培以硫黄, 則冒寒吐蕊, 然盛開之後, 其樹必枯. 蓋鬱熱蒸於下, 則精華湧於上, 湧盡則立槁耳. 何必縱數年之欲, 擲千金之軀乎?" 其人悚然而起. 後芍亭以告田白巖, 白巖曰: "乩仙大抵皆託名. 此仙能作此語, 或眞是邱長春歟."

吳雲巖家扶乩, 其仙亦云邱長春. 一客問曰: "『西游記』果仙師所作, 以演金丹奧旨乎?" 批曰: "然." 又問: "仙師書作於元初, 其中祭賽國之錦衣衛, 朱紫國之司禮監, 滅法國之東城兵馬司, 唐大宗之大學士, 翰林院中書科, 皆同明制, 何也?" 乩忽不動. 再問之不復答, 知已詞窮而遁矣. 然則『西游記』爲明人依託, 無疑也.

44.

열여섯 살의 업보

문안현(文安縣) 왕씨 집안으로 시집간 이모는 돌아가신 어머니의 다섯째 동생이다. 이모가 해준 이야기로, 시집가기 전 어느 날 도범루(度帆樓)에 앉아 저 멀리 물가에 정박한 배 한 척을 보았다고 한다. 한 관리 집안의 중년 부인이 창에 엎드려 울고 있었고, 그 주위로는 사람들이 담처럼 빙 둘러서서 구경하고 있었다.

유모가 뒷문을 열고 나가 알아보니 그 부인은 아무개 지부의 부인으로, 배에서 낮잠을 자다가 죽은 딸이 꿈에 나타나 사람들에게 잡혀 도살되었다며 처절하게 울부짖었다고 했다. 두려움에 떨면서 잠에서 깨어났는데, 그 소리가 여전히 귓가에 맴돌았고 마치 옆 배에서 나는 듯했다고 한다. 하녀를 시켜 알아보게 했더니 방금 돼지 한 마리를 잡았는데, 그 돼지는 아직 완전히 죽지 않은 채 양동이에 피를 뚝뚝 흘리고 있었다고 했다. 지부 부인은 꿈에서 딸의 두발이 포승줄에 묶여 있고, 손은 붉은 끈에 결박되어 있었다고 했다. 하녀가 다시 가서 돼지의 앞발을 보았는데, 정말 꿈에서 본 그대로였다. 이에 지부 부인은 정신을 잃을 정도로 슬픔에 겨워, 값을 두 배로 치르고 그 돼지를 사서 정성껏 묻어 주었다.

지부의 하인들이 사사로이 나누는 말을 들었는데, 이 딸은 열여섯 살에 세상을 떠났다고 한다. 살아 있을 때 매우 아름다웠으며, 유독 닭고기를 좋아해 식사 때마다 반드시 닭고기를 올렸고, 간혹 닭고기가 없으면 젓가락조차 들지 않았다고 한다. 해마다 700~800마리의 닭을 잡았으니, 닭을 지나치게 많이 잡은 업보가 아닐까 싶다.

文安王氏姨母, 先太夫人第五妹也. 言未嫁時, 坐度帆樓中, 遙見河畔停一船. 有宦家中年婦, 伏窗而哭, 觀者如堵.

乳媼啓後戶往視, 言是某知府夫人, 晝寢船中, 夢其亡女爲人執縛宰割, 呼號慘切. 悸而寤, 聲猶在耳, 似出鄰船. 遣婢尋視, 則方屠一豚子, 瀉血於盎, 未竟也. 夢中見女縛足以繩, 縛手以紅帶. 復視其前足, 信然. 益悲愴欲絶, 乃倍價贖而瘞之.

其僮僕私言, 此女十六而歿. 存日極柔婉, 惟嗜食鷄, 每飯必具, 或不具則不擧箸. 每歲恒割鷄七八百, 蓋殺業云.

45.

굶어 죽은 귀신

교하현(交河縣)의 한 서생이 해질 무렵 혼자 들판을 걷고 있었다. 그런데 저 멀리 한 여자가 수수밭으로 숨어드는 것을 보고, 탕녀가 정부(情夫)를 만나려는 것이라 생각하여 몰래 뒤따라가서 보았더니 사방은 고요하기만 하고 아무것도 보이지 않았다. 속으로 숲 깊숙한 곳에 숨었으리라 짐작하고 더는 쫓지 않았다. 그날 밤, 서생은 집에 돌아온 뒤 갑자기 오한이 나더니 헛소리까지 하기 시작했다.

"저는 굶어 죽은 귀신입니다. 당신이 귀상(貴相)이라 감히 해치지 못하고, 풀숲으로 몸을 피했던 것입니다. 그런데 뜻밖에도 당신이 저를 찾아 이리저리 헤매는 것을 보고, 그래도 정이 있는 분이라 여겨 밥을 얻어먹기로 마음을 먹었습니다. 제사를 올려주시면 바로 떠나겠습니다."

그 집에서 지전과 술안주를 마련해 경건하게 제사를 올리자, 서생의 병이 단번에 나았다. 진사 소어년(蘇語年)이 말했다.

"이 서생은 본디 사사로운 욕심이 없는 사람인데, 어쩌다가 쓸데없는 일에 얽혀 아귀에게 틈을 보이게 되었습니다. 소인은 늘 군자의 빈틈을 노려 그를 위험에 빠뜨리는 자이니, 어찌 언행을 삼가 조심하지 않을 수 있겠습니까!"

交河有書生, 日暮獨步田野間. 遙見似有女子避入秫田, 疑蕩婦之赴幽期者, 逼往視之, 寂無所睹. 疑其竄伏深叢, 不復追跡. 歸而大發寒熱, 且作譫語曰: "我餓鬼也. 以君有祿相, 不敢觸忤, 故潛匿草間. 不虞忽相顧盼, 枉步相尋, 既爾有情, 便當從君索食. 乞惠薄奠, 即從此辭." 其家爲具紙錢肴酒, 霍然而愈. 蘇進士語年曰: "此君本無邪心, 以偶爾多事, 遂爲此鬼所乘. 小人之於君子, 恒伺隙而中之也, 言動可不愼哉!"

46.

산귀신

세상의 인심이 눈 깜짝할 사이에 변하듯, 귀신 또한 그러하다. 편수 정어문(程魚門)[151]이 말했다.

"왕문장(王文莊)[152] 공은 하지 때 황제를 모시고 북교(北郊)[153]에 나아가 지신에게 제사를 지낼 때마다, 모두 안정문(安定門)[154] 밖의 능묘를 빌려 머물렀습니다. 그 능묘에는 예로부터 재앙을 일으키는 귀신이 있었는데, 왕문장공은 한 번도 보지 못했습니다. 그런데 어느 해 왕문장공은 [북교에 제사 지내러 갔다가] 그곳의 등불아래서 그 귀신을 목격했으며, 그로부터 반

---

151 정어문(程魚門): 정어문(1718~1784)은 이름이 진방(晉芳)이고 자는 어문으로, 청대 안휘성(安徽省) 흡현(歙縣) 사람이다. 주사(主事)로서 사고전서관(四庫全書館) 편수관(編修官)에 임명되어 『사고전서』 편찬에 참여하였다.

152 왕문장(王文莊): 왕제화(王際華)이다. 왕제화(1717~1776)는 자가 추서(秋瑞)이고, 호는 백재(白齋), 별호는 몽방거사(夢舫居士)로, 절강성 전당(錢塘: 지금의 항주) 사람이다. 건륭 10년(1745)에 과거에 급제해, 시독학사, 예부시랑, 호부시랑을 지냈다. 건륭 38년(1773)에 『사고전서』 편찬의 정총재로 충원되었고, 사후 태자태보(太子太保)로 추증되었으며, 시호는 문장이다. 대표작품으로는 『왕문장일기(王文莊日記)』가 있다.

153 북교(北郊): 옛 풍습에 따르면, 하지 때 북교에서 지신에게 제사 지냈다.

154 안정문(安定門): 북경 내성(內城) 안의 동북쪽에 있는 문으로, 군사들이 출입하는 문이다. 청나라 때에 와서 성문 밖으로 쓰레기나 분뇨를 실어 나르기 시작하면서 분문(糞門)이라고도 불렸다.

년 뒤에 돌아가셨습니다. 소위 '산귀신은 한 해의 일을 알 수 있다.'[155]는 말이 바로 이를 두고 하는 말 아니겠습니까?"

炎凉轉瞬, 即鬼魅亦然. 程魚門編修曰: "王文莊公遇陪祀北郊, 必借宿安定門外一墳園. 園故有祟, 文莊弗睹也. 一歲, 燈下有所睹, 越半載而文莊卒矣. 所謂山鬼能知一歲事耶?"

---

155 산귀신은…알 수 있다: 『사기』「진시황본기」에 따르면, 사자가 관동(關東)으로부터 밤중에 화음(華陰) 평서(平舒)의 길을 지나가고 있었다고 한다. 어떤 사람이 벽옥(碧玉)을 들고 사자를 가로 막으며 "나를 대신해 호지군(滈池君)에게 갖다 주게."라고 하더니, 이어서 "올해 조룡(祖龍)이 죽습니다."라고 하고는 종적도 없이 사라졌다. 사자는 벽옥을 들고 와서 들은 대로 고했다. 진시황은 한참동안 조용히 있다가 "산 귀신은 1년 안에 일어날 일을 알 수 있다"라고 말했다고 한다. 호지군(滈池君)은 수신(水神)의 이름으로, 여기서는 수덕(水德)을 내세우며 천하를 통일한 진시황을 가리킨다.

47.

귀신의 시

산서성 태원(太原) 사람 신철섬(申鐵蟾)이 해준 이야기이다.

그가 예전에 소주(蘇州)에서 배를 타고 북상하던 중, 배의 키가 무언가에 부딪혀 훼손되는 바람에 흥제(興濟)[156] 남쪽에 배를 정박하게 되었다고 한다. 주위는 황량한 밭두둑뿐이었고, 인적은 끊긴 채 고요하기만 하였다. 그런데 밤이 되자 풀숲에서 시를 읊는 소리가 들려왔다. 속으로 귀신임을 알아채고는, 친구와 함께 귀를 기울여 자세히 들어보았다.

수십 편의 시를 읊어댔는데, 소리는 애절하고 때로는 목이 메인 듯 이어지다 끊어지기를 반복하여, 무슨 내용인지 제대로 알아들을 수 없었다. 신철섬은 그 중에서 "겨울 별 반짝반짝 빛나는 밤."이라는 한 구만 알아들을 수 있었고, 친구는 다음 두 구를 알아들었다.

야심해지니 석상[157]이 말을 하고,

156 흥제(興濟): 지금의 하북성 창주시(滄州市) 창현(滄縣)에 위치한 흥제진(興濟鎭)이다.

157 석상: 원문은 '옹중(翁仲)'이다. 옹중은 진(秦)나라 용사(勇士)의 이름이다. 성은 완(阮)이고, 키는 1장 3자이다. 진시황 때 임조(臨洮)를 지켰고, 흉노까지 명성을 떨쳤다. 죽을 때 석상을 만들어 함양궁(咸陽宮) 문 밖에 세워 두었다. 후세에 동상과 석상을 일러 옹중이라 했다. 또 『위지(魏志)』「명제기(明帝紀)」에 따르면, 경초(景初) 원년(237)에 구리를 발굴해 동인

달빛 흐리니 귀차(鬼車)[158]가 날아드네.

太原申鐵蟾言. 昔自蘇州北上, 以舵牙觸損, 泊舟興濟之南. 荒塍野岸, 寂無一人. 而夜聞草際有哦詩聲. 心知是鬼, 與其友諦聽之. 所誦凡數十篇, 幽咽斷續, 不甚可辨. 鐵蟾惟聽得一句曰: "寒星炯炯生芒角", 其友聽得二句, 曰: "夜深翁仲語, 月黑鬼車來."

(銅人) 두 개를 주조하고 옹중이라 부르며 사마문(司馬門) 밖에 앉혀 두었다고 한다.

158 귀차(鬼車): 『본초(本草)』에 따르면, 귀차는 요조(妖鳥)이다. 『주역』의 '귀신이 수레에 가득하다(載鬼一車)'에 따르면, 귀차는 부엉이와 비슷하게 생겼고 크며, 낮에는 눈이 잘 안 보이고 밤에 빛을 낸다고 한다. 구두조라고도 하는데, 전해오는 바에 따르면 본래는 머리가 열 개였으나, 개가 하나를 물어뜯어 이후 아홉 개가 되었으며, 물어뜯긴 자리에서 항상 피가 났다. 그 피가 떨어진 집은 늘 횡액을 당했다고 한다. 『제동야어(齊東野語)』에 보면, 송나라 이수옹(李壽翁)이 장사(長沙)를 다스릴 때 일찍이 이 새를 잡았다고 한다. 붉은 색에 들새처럼 생겼으며, 몸은 키처럼 둥글고 열개의 머리가 둥글게 한데 모여 있었다. 머리가 아홉 개인 것도 있는데, 머리가 없는 곳에서 피가 흘렀다. 목마다 두 개의 날개를 펼쳐 훨훨 날아갔다고 한다.

48.

교활한 여우

사인(舍人) 장완질(張完質)이 어느 집을 세내어 살게 되었는데, 누군가 그 집에는 여우가 살고 있다고 했다. 이사 들어간 다음날, 서실에 놓인 붓과 벼루가 저절로 움직였고, 붉은 서신 한 통도 사라졌다. 장완질이 서신의 행방을 분주히 묻고 있을 때, 갑자기 '쟁그랑' 소리와 함께 동전 한 개가 책상 위로 떨어졌는데, 마치 그 사라진 붉은 서신에 대한 보상 같았다. 별안간 사람들이 사라진 붉은 서신이 집 뒤쪽 빈방에 붙어 있다고 떠들어대기 시작했다.

장원질이 직접 가서 확인해 보니, 해서체로 '내실지보(內室止步: 내실출입금지)' 네 글자가 아주 반듯하게 쓰여 있었다. 그는 "이 여우는 참으로 교활하구나."라고 말하며, 또다시 못된 장난을 칠까 두려워 결국 다른 곳으로 이사를 갔다. 들리는 말로는 이 집은 보안사가(保安寺街)[159]에 있었다고 하는데, 예전에 옹담계(翁覃溪)[160]가 살던 집인 듯하다.

---

159 보안사가(保安寺街): 지금의 북경 서성구(西城區)에 위치한 보안사에서 유래한 거리 이름이다.

160 옹담계(翁覃溪): 옹방강(翁方綱)이다. 옹방강(1733~1818)은 자가 정삼(定三)이고, 호는 담계이다. 청나라 순천(順天) 대흥(大興) 사람으로, 내각학사(內閣學士)를 지냈다. 금석(金石), 보

張完質舍人, 僦居一宅, 或言有狐. 移入之次日, 書室筆硯皆開動, 又失紅柬一方. 紛紜詢問間, 忽一錢錚然落几上, 若償紅柬之値也. 俄喧言所失紅柬, 粘宅後空屋. 完質往視, 則楷書'內室止步'四字, 亦頗端正. 完質曰: "此狐狡獪", 恐其將來惡作劇, 乃遷去. 聞此宅在保安寺街, 疑即翁覃溪宅也.

록(譜錄), 서화(書畵), 사장(詞章)에 모두 능했으며, 특히 서법에 뛰어났다.

49.

현명한 여우

이우담(李又聃) 선생이 해준 이야기이다.

동광현(東光縣)[161]의 아무개 집에 여우가 살고 있었다고 한다. 어느 날 갑자기 기와와 벽돌이 날아들어 동이를 깨뜨리자, 아무개는 분노하며 욕을 퍼부었다. 그날 밤 누군가 창문을 두드리며 말했다.

"주무시오? 내 할 말이 있소. 이웃하여 지내다 보니, 아이들이 간혹 폐를 끼치기도 하나 이는 흔히 있는 일로, 부디 너그러이 용서해 주시기 바라오. 부득이 용서하시기 어려우시다면, 저희 부모에게 알려주시어 알아서 조처하게 해주시오. 느닷없이 욕설을 퍼부으시는데, 이는 도리에 어긋나는 일 아닙니까? 또 저희가 수시로 오가며 드나들 때에는 형체도 없어, 그대는 이를 보고 들을 수도 없으니 막을 수도 없소. 그런데도 그대는 소매를 걷어붙이며 일을 어렵게 만들고 있으니, 여기에 무슨 이득이 있겠습니까? 형세로 보아 그대가 상대하기에는 역부족이니, 부디 다시 잘 생각해 보시오."

아무개는 옷을 걸치고 일어나 사죄했고, 그 뒤로 둘은 사이좋게 지냈

161 동광현(東光縣): 직례성의 현 이름이다.

다.

이우담 선생의 친척[162] 가운데, 하인들 사이의 사소한 다툼이 싸움으로 번져 하마터면 옥에 갇힐 뻔한 사람이 있었다. 이를 두고 이우담 선생은 이렇게 탄식했다.

"정말이지, 아무개 집 여우가 떠오르는구나."

李又聃先生言. 東光某宅有狐. 一日, 忽擲磚瓦傷盆盎, 某氏詈之. 夜聞人叩窗語曰: "君睡否? 我有一言. 鄰里鄉黨, 比戶而居, 小兒女或相觸犯, 事理之常, 可恕則恕之. 必不可恕, 告其父兄, 自當處置. 遽加以惡聲, 於理毋乃不可? 且我輩出入無形, 往來不測, 皆君聞見所不及, 提防所不到. 而君攘臂以爲難, 庸有幸乎? 於勢亦必不敵, 君熟計之." 某氏披衣起謝, 自是遂相安. 會親串中有以僮僕微釁, 釀爲爭鬪, 幾成大獄者. 又聃先生嘆曰: "殊令人憶某氏狐."

162 친척: 원문은 '친관(親串)'이다.

50.

박쥐와 이청시

북하(北河) 총독[163]부에 다섯 칸짜리 건물이 있는데, 박쥐가 차지한 지 여러 해가 되었다. 박쥐의 수는 알 수 없으나, 그중 수레바퀴만한 크기의 흰 박쥐가 괴수로, 변고를 일으킬 수 있었다. 그래서 부임하는 총독마다 모두 자물쇠로 문을 잠그고 아무도 거주하지 않았다. 복건(福建) 사람 이청시(李淸時)가 총독으로 있을 때 정일(正一) 진인을 모셔 박쥐를 다스리자, 박쥐가 다른 곳으로 옮겨갔다. 그러나 얼마 지나지 않아 이청시가 죽자 박쥐들이 다시 돌아왔다. 이후로 감히 박쥐에 대해 묻는 이가 없었다.

내 생각에는 탕문정공(湯文正公)이 오통신(五通神)을 몰아낸 것은 백성을 위해 해악을 제거한 것이었다.[164] 박쥐 떼가 이 건물에 산 이래로 사람에

163 북하(北河) 총독: 직례하도수리총독(直隸河道水利總督)으로, 직례총독 혹은 북하총독이라고도 한다. 직례성의 하도(하천) 관리와 수리 업무를 총괄하는 최고 책임자이다.

164 탕문정공(湯文正公)이…제거한 것이었다: 탕공은 휘가 빈(斌)이고, 자는 공백(孔伯)이며, 호는 잠암(潛庵)으로, 하남 휴주(睢州) 사람이다. 강소 순무(巡撫)로 있을 때 소주 상방산(上方山)에 오통신을 모신 사당이 있었는데, 신께 감사제를 많이 올렸다. 젊은 아녀자들이 한열을 느끼면 무격은 오통신께서 부인으로 맞이하고자 한다고 하면서 종종 병에 걸려 죽게 만들었는데, 해마다 수십 명이 이렇게 죽었다. 앞서 한 고관이 사당을 없애려다가 재앙을 받아 죽은 뒤로 백성들은 더욱 공손하게 모셨다. 탕공은 소주의 순무로 있을 때 요상(妖像)을 물과 불속으로 던지며 그와 관련된 음사를 모두 없애고, 상소를 올려 돌에다 새기는 것

게 해를 끼치지 않았으니, 이청시 공의 행동은 정말 그만두었으면 좋았을 텐데 그는 그러지 않았다. 그의 갑작스러운 죽음[165]은 때가 마침 맞아 일어난 일일 뿐, 박쥐가 재앙을 내렸다고 할 수 없다. 사람의 수명은 다 천수(天數)가 있거늘, 어찌 요물이 생사(生死)의 권한을 쥐고 있을 수 있겠는가?

北河總督署有樓五楹, 爲蝙蝠所據多年矣. 大小不知凡幾, 中一白者, 巨如車輪, 乃其魁也, 能爲變怪. 歷任總督, 皆扃鑰弗居. 福建李公淸時, 延正乙眞人劾治, 果皆徙去. 不久李公卒, 蝙蝠復歸. 自是無敢問之者.

余謂湯文正公驅五通神, 除民害也. 蝙蝠自處一樓, 與人無患, 李公此擧, 誠爲可已而不已. 至於猝捐館舍, 則適値其時, 不得謂蝙蝠爲祟. 修短有數, 岂妖魅能操其權乎?

도 금지할 것을 주청했다. 오통신도 이때 완전히 사라졌다. 『향조필기(香祖筆記)』에 따르면, 명나라 태조 주원장이 진우량(陳友諒)을 정벌할 때 전장에서 병사들이 죽었다고 한다. 그는 황제로 등극하고 나서 조서를 내려 전사자 5명씩을 한 조로 해서 도처에서 제사를 올리게 했고, 또한 강남의 백성들에게 1자의 오소묘(五小廟)를 건립해 제사를 지내게 했다. 이를 일러 오통사라고 한다. 혹자는 송나라 때 이미 오통사가 있었다고도 한다.

165 죽음: 원문은 '연관사(捐館舍)'이다. 『사기』「소진전(蘇秦傳)」에 보면, "지금 봉양군이 세상을 떠났으니(今幸奉陽君捐館舍)"라는 구절이 있는데, 연관사는 바로 사람이 죽어 소유하고 있던 모든 것을 버린다는 의미로 죽음을 뜻한다.

51.

자만의 말로

내가 일고여덟 살 때, 하인 조평(趙平)이 자기 담력이 크다고 자랑하는 모습을 본 적이 있다. 나이 든 하인 시상(施祥)이 그 모습을 보고 손을 내저으며 말했다.

"너무 자신하지 말게. 나도 예전에 담력만 믿고 나섰다가 낭패를 본 적이 있네. 젊고 혈기 넘치던 시절, 어느 집이 흉가라 아무도 살려고 하지 않는다는 소문을 듣고는, 곧장 이불보따리를 싸 들고 가서 그 집에서 잤네. 한밤중이 되자 '퍽—' 하는 소리와 함께 천장이 갈라지며 사람 팔 하나가 아래로 떨어지더니, 방 안을 펄쩍펄쩍 뛰어다녔네. 잠시 후 또 다른 팔이 떨어지고, 이어 두 다리, 몸통, 마지막으로 머리까지 떨어졌지. 그렇게 사지가 한꺼번에 원숭이처럼 방 안을 헤집고 다니는데,[166] 나는 너무 놀라 어찌할 바를 몰랐네. 잠시 뒤 사지들이 모이더니 사람이 되었는데, 온몸에는 매 맞은 자국과 칼자국이 가득했으며, 피비린내가 진동했네. 그 자가 두 손을 들고 내게 다가오더니, 내 목덜미를 꽉 눌렀지. 다행히 여름밤이라 바람을 쐬느라고 창문을 닫지 않았기에, 급히 창을 넘어 나와 미친 듯이 달아나

---

166 헤집고 다니는데: 원문은 '병(迸)'이다.

간신히 위기를 모면했네. 그 이후로 간담이 다 깨져, 지금까지도 혼자 잠을 자지 못한다네. 그러니 자네도 계속 담력만 믿고 덤비다간 나처럼 될 걸세."

조평은 그렇지 않다고 생각하며 말했다.

"애초에 어르신께서 큰 실수를 하신 겁니다. 왜 사지 중 하나라도 먼저 붙잡아 몸이 합쳐지는 것을 막지 않으셨습니까?"

하지만 그 후, 조평은 밤에 만취한 채 집으로 돌아오다가 정말로 귀신들에게 붙잡혀 똥구덩이에 처박혔는데, 하마터면 익사할[167] 뻔했다.

余七八歲時, 見奴子趙平, 自負其膽. 老僕施祥搖手曰: "爾勿恃膽. 吾已以恃膽敗矣. 吾少年氣最盛, 聞某家凶宅, 無人敢居, 徑攜襆被臥其內. 夜將半, 剨然有聲, 承塵中裂, 忽墮下一人臂, 跳擲不已. 俄又墮一臂, 又墮兩足, 又墮其身, 最後乃墮其首. 并滿屋迸躍如猿猱, 吾錯愕不知所爲. 俄已合爲一人, 刀痕杖跡, 腥血淋漓. 擧手直來搦吾頸. 幸夏夜納凉, 掛窗未闔, 急自窗躍出, 狂奔而免. 自是心膽并碎, 至今猶不敢獨宿也. 汝恃膽不已, 無乃不免如我乎." 平意不謂然, 曰: "丈原大誤. 何不先捉其一段, 使不能湊合成形?" 後夜飮醉歸, 果爲群鬼所遮, 掖入糞坑中, 幾於滅頂.

---

167 익사할: 원문은 '멸정(滅頂)'이다. 『주역』「대과괘(大過卦)」에 보면, "물을 건널 때 머리까지 차서 죽게 되는 상이니(過涉滅頂)"라는 구절이 있는데, 의욕이 앞선 나머지 모험을 감행해선 안 됨을 의미한다.

52.

명확한 신의 섭리

과거 급제 동기생 종상정(鍾上庭)이 해준 이야기이다.

그가 영덕(甯德)에서 벼슬살이를 할 때, 한 막료가 중병에 걸려 위중한 상태였다고 한다. 그가 약을 먹으려는 순간, 어렴풋하게 귀신 두 명이 나타나 말했다.

"저승의 아무 옥사에 당신을 증인으로 데려가려 하니, 약을 먹으면 안 됩니다."

막료가 말했다.

"그 옥사는 벌써 50여 년이 지났는데, 어째서 아직까지도 해결하지 못한 겁니까?"

귀신이 말했다.

"저승의 법은 지엄하고 법을 적용할 때도 매우 신중합니다. 다만 의심스러운 사건의 경우, 비록 대체적인 정황을 잘 안다 하더라도 증인이 부족하면 끝내 옥사가 성립되지 않습니다. 그래서 어떤 사건은 수십 년을 기다려야 하는 일이 생기곤 합니다."

막료가 다시 물었다.

"그렇다면 시간이 너무 오래 걸리는 것이 아닙니까?"

귀신이 말했다.

"이와 같은 경우는 천에 하나, 만에 하나 있을까 말까 한 일로, 늘 있는 일은 아닙니다."

그날 저녁, 그 막료는 결국 세상을 떠났다.

그런즉 인과응보라는 것이 때로는 곧바로 드러나지 않기도 하는데, 혹시 이와 같은 이유에서일까? 또한 소설에 따르면 생혼(生魂)이 저승에 불려가 국문을 받는 일이 많으며, 어떤 사건은 신속히, 어떤 사건은 더디게 처리된다고 한다. 이는 각각 죄의 경중에 따라 처리 속도의 완급이 달라지는 것일까? 요컨대 처리의 빠르고 느림에는 차이가 있더라도, 신의 섭리는 결코 모호하지 않는 법이니, 확실히 이는 믿을 만한 일이다.

同年鍾上庭言. 官甯德日, 有幕友病亟. 方服藥, 恍惚見二鬼曰: "冥司有某獄, 待君往質, 藥可勿服也." 幕友言: "此猶已五十餘年, 今何尚未了?" 鬼曰: "冥司法至嚴, 而用法至愼. 但涉疑似, 雖明知其事, 證人不具, 終不爲獄成. 故恒待至數十年." 問: "如是不稽延拖累乎?" 曰: "此亦千萬之一, 不恒有也." 是夕果卒.

然則果報有時不驗, 或緣此歟? 又小說所載, 多有生魂赴鞫者, 或宜遲宜速. 各因其輕重緩急歟? 要之早晚雖殊, 神理終不憒憒, 則鑿然可信也.

53.

신의 이름을 판 자

전씨(田氏) 할멈은 집에서 호신(狐神)을 섬긴다고 거짓말을 했다. 많은 여자들이 향불을 피우고 길흉을 물으면서 전씨 할멈은 많은 이득을 챙겼다. 그러던 중 별안간 여우 떼가 몰려와 전씨 할멈에게 술과 음식을 요구했다. 할멈은 자신이 챙긴 돈을 다 들여 음식을 준비했으나, 여우들은 부족하다며 항아리와 동이를 깨고 의복과 물건을 불태웠다. 여우에게 살려 달라고 애걸해도 떠나지 않자, 결국 두려워진 전씨 할멈은 다른 곳으로 가려 했다. 막 떠나려는 순간, 지붕 위에서 큰 웃음소리가 들려왔다.

"너는 또 감히 우리 이름을 빌려 재물을 취하겠느냐?"

그때부터 집안이 조용해져, 전씨 할멈은 결국 이사를 가지 않았다. 하지만 전씨 할멈은 원래 가지고 있던 재물의 절반 이상을 잃어버렸다. 이 이야기는 내가 어렸을 때 돌아가신 어머니께서 들려주신 이야기이다.

또 한 도사가 자칭 왕령관(王靈官)[168]을 모신다며, 돈을 던져 점치는 일을

---

168 왕령관(王靈官): 『명사(明史)』에서 말하는 융은진군(隆恩眞君)이다. 그는 본래 송 휘종(徽宗) 때의 사람으로, 이름은 왕선(王善)이다. 일찍이 서촉(西蜀) 사람 살견(薩堅)으로부터 부술(符術)을 전수받았다. 영락(永樂: 1403~1424) 연간에 도사 주사득(周思得: 1359~1451)에게 왕령관의 법술을 전수할 수 있었고, 주사득은 이에 궁성의 서쪽에 천장묘(天將廟)를 건립했다.

하였다. 때때로 효험이 있었기에, 기도하러 오는 이들도 점차 많아졌다. 한 번은 몇몇 악동이 기녀를 데리고 묘당에 들어오려다 도사의 제지를 받았다. 이에 그들은 비밀리에 배우들에게 왕령관과 귀졸의 의관을 빌려 분장한 뒤, 한밤중에 도사가 제단 앞에서 기도하는[169] 틈을 타 돌연 용마루에서 뛰어내렸다. 그리고는 왕령관의 자리에 앉아, 도사가 사람들을 미혹한다며 꾸짖고 귀졸들에게 그를 포박하라고 지시했다. 마름쇠[170]로 고문하려 하자, 도사는 두려움에 떨며 죄를 시인하고, 거짓으로 신령을 모신다며 재물을 취했다고 자백했다. 그러자 그들은 크게 웃으며 옷을 벗어던지고 고함을 치며 나가버렸다. 이튿날 도사를 찾아갔으나, 그는 이미 자취를 감춘 뒤였다.

이 일은 옹정 12년(1734년) 갑인년 7월, 내가 돌아가신 요안공을 따라 사하교(沙河橋)에 묵었을 때 여관 주인에게서 들은 이야기이다.

田氏媼詭言其家事狐神. 婦女多焚香問休咎, 頗獲利. 俄而群狐大集, 需索酒食. 罄所獲不足供, 乃被擊破甕盎, 燒損衣物. 哀乞不能遣, 怖而他投. 瀕行時, 聞屋上大笑曰: “爾還敢假名斂財否?” 自是遂寂, 亦遂不徙. 然并其先有之貲, 耗大半矣. 此余幼時聞先太夫人說.

又有道士稱奉王靈官, 擲錢卜事. 時有驗, 祈禱亦盛. 偶惡少數輩, 挾妓入廟,

나아가 주사득은 왕령관을 26장의 제1위로 모셨다. 선덕(宣德: 1426~1435) 연간에 천장묘의 이름을 화덕관(火德觀)으로 고치고 왕령관을 옥추화부장(玉樞火府將)에 봉했다.

169 제단 앞에서 기도하는: 원문은 ‘초(醮)’이다.

170 마름쇠: 원문은 ‘철질려(鐵蒺藜)’이다. 질려(蒺藜)는 풀이름으로, 땅에 퍼져서 생겨난다. 열매의 세 모서리에 단단하고 억센 서너 개의 가시가 달려 있어 사람을 찌른다. 철질려는 철로 만들었는데, 질려처럼 침이 달려 있다.

爲所阻. 乃陰從伶人假靈官鬼卒衣冠, 乘其夜醮, 突自屋脊躍下. 據坐訶責其惑衆, 命鬼卒縛之. 持鐵蒺藜將拷問, 道士惶怖伏罪, 具陳虛誑取錢狀. 乃哄堂一笑, 脫衣冠高唱而出. 次日覓道士, 則已竄矣. 此雍正甲寅七月事, 余隨先姚安公宿沙河橋, 聞逆旅主人說.

54.

스승의 무게

안읍(安邑) 사람 송반당(宋半塘)은 예전에 은현(鄞縣)[171]에서 벼슬한 적이 있었다. 그가 들려준 이야기로, 은현에 문장은 제법 잘 짓지만, 뜻을 펴지 못해 과거에 급제하지 못한 한 서생이 있었다고 한다. 병중에 꿈에서 어느 큰 관아에 갔는데, 주변 모습을 보고 저승임을 알았다. 그곳에서 한 관리를 만났는데, 예전에 알고 지내던 사람이었다. 내가 이 병으로 죽을 수도 있냐고 묻자, 그가 말했다.

"그대의 수명은 아직 끝나지 않았으나, 벼슬의 운이 다해 머지않아 이곳에 오게 될 것이오."

서생이 말했다.

"평생 서당에서 아이들을 가르치며 입에 풀칠했을 뿐, 허투루 쓴 적도 없는데, 어찌하여 벼슬의 운이 먼저 다하였단 말입니까?"

관리는 길게 탄식하며 말했다.

"당신은 다른 사람을 가르치며 밥을 벌어 먹고사는데, 바로 그 가르침

171 은현(鄞縣): 중국 절강성 영파시(寧波市)에 위치했던 역사적 지명으로, 지금은 주산시(舟山市) 관할 하에 있다.

에 소홀히 했기 때문입니다. 저승에서는 아무런 공 없이 음식을 훔쳐 먹는 것을 낭비로 봅니다. 그러기에 거기에 해당하는 녹봉을 없애고 미래의 녹봉을 미리 당겨[172] 정산하기 때문에 수명은 다하지 않았지만, 벼슬의 운은 끝이 난 것입니다. 대개 스승은 '삼재(三在)'[173]에 해당하기 때문에 존경받는데, 다른 사람의 학비로 이익을 취하면서 남의 집 자제를 잘못되게 했으니, 견책도 가장 무겁습니다. 관록이 있는 사람은 관록을 줄이고, 관록이 없는 사람은 식록(食祿)을 줄이는데, 조금의 오차도 없습니다. 세상에서는 그저 재사(才士)와 통유(通儒) 중에 어떤 사람은 가난하고, 어떤 사람은 요절하는 것만 보고, 걸핏하면 천도는 명확하지 않다고들 하는데, 그들 스스로가 자신의 삶을 망치고, 대부분 이와 같은 죄를 저질렀다는 것을 어찌 알겠습니까?"

서생은 한탄하며 잠에서 깨어났다. 서생은 결국 병이 호전되지 않자, 임종 무렵에 친구와 친척들에게 이 이야기를 해주며 경계시켰다. 그리하여 사람들은 이 이야기를 알게 되었다고 한다.

---

172 미리 당겨: 원문은 '탐지(探支)'이다. 소식(蘇軾)의 「하장군의 육언차운에 화답하며(和何長官六言次韵)」에 보면, "8월의 시원한 바람을 먼저 맞이하네(探支八月凉風)."라는 시구가 있다.

173 삼재(三在): 『국어(國語)』「진어」(1)에 보면, "사람은 세 분의 덕에 의해 살아가는 것이니 섬기기를 똑같이 해야 한다. 부모는 낳아 주셨고, 스승은 가르쳐 주셨고, 임금은 먹여 주셨다. 부모가 아니면 태어나지 못하고, 임금이 음식을 주지 않으면 살아가지 못하고, 스승이 가르쳐주지 않으면 알지 못하니, 살아가는 데 있어서 같은 뿌리인 것이다. 그러므로 그들을 똑같이 섬겨 그들이 있는 곳이라면 어디든 가서 목숨을 바치는 것이다(民生於三, 事之如一. 父生之, 師教之, 君食之. 非父不生, 非食不長, 非教不知, 生之族也. 故一事之, 唯其所在, 則致死焉)."라는 문장이 있다. 또한 『남사(南史)』「심약전(沈約傳)」에 보면 "두경은 부모, 스승, 임금을 존경해 받들었다(杜炅執在三之敬)."라는 문장이 있다. 삼재는 바로 부모, 스승, 임금을 의미한다.

安邑宋半塘, 嘗官鄞縣. 言鄞有一生頗工文, 而偃蹇不第. 病中夢至大官署, 察其形狀, 知爲冥司. 遇一吏, 乃其故人. 因叩其此病得死否, 曰: “君壽未盡而祿盡, 恐不久來此.” 生言: “生平以館穀糊口, 無過分之暴殄, 祿何以先盡?” 吏太息曰: “正爲受人館穀, 而疏於訓課. 冥司謂無功竊食, 即屬虛糜. 銷除其應得之祿, 補所探支, 故壽未盡而祿盡也. 蓋在三之義, 名分本尊, 利人修脯, 誤人子弟, 譴責亦最重. 有官祿者減官祿, 無官祿者則減食祿, 一錙一銖, 計較不爽. 世徒見才士通儒或貧或夭, 動言天道之難明, 焉知自誤生平罪, 多坐此哉?” 生悵然而寤. 病果不起, 臨歿, 擧以戒所親. 故人得知其事云.

55.

도사 방두추

도사 방두추(龐斗樞)는 웅현(雄縣)[174] 사람으로, 일찍이 헌현 고공(高公)이 홍려시(鴻臚寺)에 있을 때, 그 집의 객으로 있었다. 돌아가신 아버지 요안공께서 어렸을 적에 그가 손에 바둑돌을 쥐고 탁자위에 [미혼진(迷魂陣)을] 펼쳐 놓은 것을 보았다. 중간에 띠가 가로로 비스듬히 얽혀 있어 분간하기 어려웠다. 바깥에는 여덟 개의 문이 있는데, 셀 수 있을 정도로 정연하게 나열되어 있었다. 그 안에 작은 쥐 한 마리를 넣어 생문(生門)으로 들어가게 했더니 구불구불 돌아다니면서 틈을 찾아 나왔다. 다시 사문(死門)으로 들어가게 했더니 빙빙 맴돌면서 하루 종일 나오지 못했다. 이로부터 팔진도(八陣圖)[175]가 거짓이 아님을 믿게 되었다. 그러나 방두추는 이것은 장난에

---

174 웅현(雄縣): 지금의 하북성 보정시(保定市) 관할의 현이다.

175 팔진도(八陣圖): 원문은 '어복진도(魚腹陣圖)'이다. 중국 고대의 인물인 풍후(風后)가 지은 『악기경(握奇經)』에서 기인한 진법으로, 제갈량이 이를 바탕으로 여덟 가지 진법을 완성했다. 풍후의 『악기경』에는 천진(天陣), 지진(地陣), 풍진(風陣), 운진(雲陣)을 정진(正陣)이라고 하고, 호익진(虎翼陣), 사반진(蛇蟠陣), 비룡진(飛龍陣), 조상진(鳥翔陣)을 기진(奇陣)이라 했다. 이러한 네 정진과 기진을 팔진이라 한다. 이 팔진을 바탕으로 제갈량은 돌을 가로와 세로로 늘어놓아 팔행(八行)의 방진(方陣)을 만들었는데, 이것이 팔진법으로 이는 황제(黃帝)의 구진도(九陣圖)와 같았다고 한다.

불과하다며 이렇게 말했다.

"한 나라의 흥망은 천명에 달려 있고, 병법의 승패는 사람의 지략에 달려 있으니, 갖가지 술수는 아무 소용없습니다. 예로부터 지금에 이르기까지 육임술과 둔갑술,[176] 성금술(星禽術)[177]로 일을 이루었다는 이들이 있으나, 이는 부적과 주술로 재앙을 물리치는 것과 같을 뿐입니다. 세상에는 이러한 술법이 많고 아주 영험을 보일 때도 있습니다. 그런데 수천 년에 걸친 전란과 군웅이 할거하던 시대에는 설마하니 이런 술법이 전해지지 않았을까요? 또한 어느 황제, 어느 왕, 어느 장군, 어느 재상이 적국의 주술에 걸려 죽었단 말도 들어보지 못했습니다. 그러니 그 나머지 일도 가히 미루어 짐작할 수 있습니다."

요안공이 말했다.

"이 말은 술사의 입에서 나올 수 있는 말이 아니고, 그 이치도 술사가 알 수 있는 바가 아니다."

道士龐斗樞, 雄縣人, 嘗客獻縣高鴻臚家. 先姚安公幼時, 見其手撮棋子布几上. 中間橫斜縈帶, 不甚可辨. 外爲八門, 則井然可數. 投一小鼠, 從生門入, 則曲摺尋隙而出. 從死門入, 則盤旋終日, 不得出. 以此信魚腹陣圖, 定非虛語. 然斗樞謂此特戲劇耳. "至國之興亡, 繫乎天命, 兵之勝敗, 在乎人謀, 一切術數, 皆無所用. 從古及今, 有以壬遁星禽成事者, 即如符咒厭劾. 世多是術, 亦頗有驗時.

---

176 육임술과 둔갑술: 원문은 '임둔(壬遁)'이다. 아홉째 천간은 육임(六壬)을 말하고, 둔(遁)은 둔갑술이다. 『사고전서총목』에 보면, "둔갑은 낙서(洛書)를 모방했다."라는 기록이 있다.

177 성금술(星禽術): 고대 중국의 술수(術數) 가운데 하나로, 하늘의 별자리(星)와 새(禽)의 움직임을 관찰하여 길흉화복을 점치는 방술을 말한다.

然數千年來, 戰爭割據之世, 是時豈竟無傳? 亦未聞某帝某王某將某相, 死於敵國之魘魅也. 其他可類推矣." 姚安公曰: "此語非術士所能言, 此理亦非術士所能知."

56.

여우의 해학

외종숙 안개연이 해준 이야기이다.

소작농 유자명(劉子明)은 집이 조금은 넉넉했으며, 그의 집 창고에는 수십 년 동안 여우 한 마리가 살고 있었으나 단 한 번도 말썽을 부린 적이 없었다고 한다. 다만 해마다 명절이 되면 술 다섯 잔과 닭 몇 마리로 제사를 지내면 될 뿐이었다. 어쩌다 불이 나거나 도적이 들면 여우는 문과 창을 두드려 소리를 내어 주인에게 알려주었다. 이렇게 서로 평화롭게 지낸 지 오래되었다.

그러던 어느 날, 여우가 갑자기 낄낄거리며 웃기 시작하더니 좀처럼 멈추지 않았다. 유자명이 이유를 물어도 대답은커녕, 웃음은 더욱 커져만 갔다. 유자명이 화를 버럭 내며 소리를 지르자 여우가 갑자기 이렇게 대꾸했다.

"나는 그저 의형제는 후하게 대하고 친형제는 미워하며, 처가 데려온 전 남편의 자식은 잘 대해주고, 전처의 자식을 미워하는 사람을 보고 웃었을 뿐입니다. 그것이 그대와 무슨 상관이기에 이렇게 화를 내십니까?"

유자명은 몹시 부끄러워 아무 말도 하지 못했다. 잠시 뒤에 옥상에서 『논어』를 읊는 소리가 낭랑하게 들려왔다.

"올바른 말을 따르지 않을 수 있겠는가? 그러나 중요한 것은 실제로 잘못을 고치는 것이다. 은근하게 타이르는 말에 기뻐하지 않을 수 있겠는가? 그러나 중요한 것은 그 참뜻을 찾아 실천하는 것이다."[178]

여우는 다 읊고 나서 몇 번 길게 탄식하더니 이내 조용해졌다. 유자명은 이후로 자신의 행동을 조금씩 고쳐나갔다.

후에 내가 이 이야기를 소암곡(邵闇谷)[179]에게 해 주었더니, 소암곡이 말했다.

"이 말은 가까운 친척이나 친한 친구라도 하기 어려운 것이지만, 여우니까 그냥 말할 수 있었던 것이오. 이 말을 바른 말로 단호히 말하거나, 엄정한 논리로 폈더라면 받아들이기 어려웠을 것인데, 여우가 익살스럽게 이야기했기 때문에 그가 깨달은 것입니다. 동방삭(東方朔)[180]이라 하더라도 어찌 이 여우의 풍류에 비할 수 있겠소? 그대가 혹 유씨 집 창고에 가게 된다면 마땅히 문을 향해 세 번 절을 올려야 할 것이오."

從舅安公介然言. 佃戶劉子明, 家粗裕, 有狐居其倉屋中, 數十年一無所擾. 惟歲時祭以酒五盞, 鷄子數枚而已. 或遇火盜, 輒叩門窗作聲, 使主人知之. 相安已久. 一日, 忽聞吃吃笑不止. 問之不答, 笑彌甚. 怒而詬之, 忽應曰: "吾自笑厚

---

178 올바른 말을…실천하는 것이다: 『논어』「자한(子罕)」에 나오는 말이다.

179 소암곡(邵闇谷): 소제연(邵齊然)이다. 소제연(1728~1779)은 자가 암곡이고, 호는 연안(緣安)이며, 강소성 상숙(常熟) 사람이다. 건륭 13년(1748)의 진사로, 형부주사(刑部主事)로 관직에 진출했으며, 승진을 거듭해 절강성 영소대 병비도(浙江寧紹臺兵備道)를 역임했다.

180 동방삭(東方朔): 원문은 '동방만천(東方曼倩)'이다. 동방삭(B.C.154~B.C.92)은 자가 만천이고, 평원(平原) 염차(厭次) 사람이다. 농담과 해학에 뛰어났다. 무제 때 금마문시중(金馬門侍中)을 지냈고, 여러 차례 풍간의 글을 올렸는데, 그때마다 무제가 받아들였다.

結盟之兄弟, 而疾其親兄弟者也, 吾自笑厚其妻前夫之子, 而疾其前妻之子者也. 何預於君, 而見怒如是?" 劉大慚, 無以應. 俄聞屋上朗誦『論語』曰: "法語之言, 能無從乎? 改之爲貴. 巽語之言, 能無悅乎? 繹之爲貴." 太息數聲而寂. 劉自是稍改其所爲.

後余以告邵闇谷, 闇谷曰: "此至親密友所難言, 而狐能言之. 此正言莊論所難入, 而狐以詼諧悟之. 東方曼倩何加焉? 子儻到劉氏倉屋, 當向門三揖之."

57.

죽다 살아난 여자

마나스(Manasi)[181]에 사는 유배 온 한 죄수의 아내가 산에 들어가 땔감을 하다가 뜻밖에 마합심(瑪哈沁)[182]에게 사로잡혔다. 마합심은 오이라트(Oyrat)[183]의 유민으로, 군장도 없고 부족도 없다. 때로는 수십 명이 무리를 이루고, 때로는 몇 명씩 짝을 지어 깊은 산중을 떠돌아다녔다. 날짐승을 만나면 날짐승을 잡아먹고, 길짐승을 만나면 길짐승을 잡아먹고, 사람을 만나면 사람을 잡아먹었다. 여자는 그들에게 사로잡혀 나무에 나체로 묶였고, 그 옆에서는 불이 타고 있었다. 막 왼쪽 허벅지를 자르려고 하는 순간, 갑자기 총성이 울려 퍼지고, 사람들의 소란스러운 말소리와 말발굽 소리가 숲속을 뒤흔들었다. 마합심은 관군이 습격해 온 것으로 생각하고 여자를 내버려둔 채 달아났다. 알고 보니 말을 돌보던 군졸이 우연히 총으로 꿩

181 마나스(Manasi): 원문은 '마납사(瑪納斯)'로, 지금의 중국 신강 위구르자치구 내에 위치한다.

182 마합심(瑪哈沁): 『난양소하록(5)』과 『고망청지(1)』의 원주에 따르면, 서역사람들은 도적을 협파(夾垻)라고 했는데, 오이라트어로 도적을 의미한다.

183 오이라트(Oyrat): 원문은 '액노특(額魯特)'이다. 몽골의 서북에서 일어나 서몽골이라고도 하는데, 청대에는 와랄(瓦剌)이라 불렸다. 오이라트는 토르구트부, 코슈트부, 도르베트부 등 많은 부족의 연맹체로 이루어져 있었다.

을 잡으려다 실수로 말꼬리를 맞혔다. 말 한 마리가 깜짝 놀라 뛰어오르자, 다른 말들도 놀라서 뒤따라 산속으로 달아나는 바람에 모두 떠들썩대며 뒤쫓아 왔다. 조금이라도 늦었더라면, 그녀의 육신은 피범벅이 되었을 것이다. 설마 누가 이렇게 시킨 것은 아니겠지? 여자는 이로부터 오랫동안 재계했다. 또한 일찍이 사람들에게 이렇게 말했다.

"나는 부처께 아첨하거나 복을 빌지는 않습니다. 세상의 고통 중에 살점을 베이는 것보다 더 아픈 것은 없고, 세상의 공포 중에 묶인 채 살점이 베이기를 기다리는 것보다 더 무서운 일도 없습니다. 나는 가축을 도살하는 것을 볼 때마다 번번이 그날 내가 당한 고통의 순간을 떠올리게 됩니다. 나는 저들 생명들 또한 나처럼 고통과 두려움을 느낄 것이라는 생각에, 정말이지 고기를 삼킬 수가 없습니다."

이 말 역시 음식을 탐하는[184] 세상 사람에게 들려줄 만하다.

瑪納斯有遣犯之婦, 入山採樵, 突爲瑪哈沁所執. 瑪哈沁者, 額魯特之流民, 無君長, 無部族. 或數十人爲隊, 或數人爲隊, 出没深山中. 遇禽食禽, 遇獸食獸, 遇人即食人. 婦爲所得, 已褫衣縛樹上, 熾火於旁. 甫割左股一臠, 忽聞火器一震, 人語喧闐, 馬蹄聲殷動林谷. 以爲官軍掩至, 棄而遁. 蓋營卒牧馬, 偶以鳥槍擊雉子, 誤中馬尾. 一馬跳擲, 群馬皆驚, 相隨逸入萬山中, 共噪而追之也. 使少遲須臾, 則此婦血肉狼藉矣. 岂非若或使之哉? 婦自此遂持長齋. 嘗謂人曰: "吾非佞佛求福也. 天下之痛苦無過於臠割者, 天下之恐怖, 亦無過於束縛以待臠割

184 음식을 탐하는: 원문은 '도철(饕餮)'이다. 『좌전』에 보면, "재물을 탐하는 것을 도(饕), 음식을 탐하는 것을 철(餮)이라 한다(貪財爲饕, 貪食爲餮)."라고 되어 있다. 오늘날에는 단지 음식을 탐하는 것을 도철이라고 한다.

者. 吾每見屠宰, 輒憶自受楚毒時. 思彼衆生, 其痛苦恐怖亦必如我, 固不能下咽耳." 此言亦可告世之饕餮者也.

58.

전생의 원수

하인 유기(劉琪)는 개 한 마리와 소 한 마리를 키웠다. 소는 개만 보면 곧바로 들이받았고, 개는 소만 보면 물어뜯어, 매번 피가 날 때까지 물어뜯고 싸웠다. 그런데 소는 유독 이 개만 들이받을 뿐, 다른 개에게는 전혀 그렇지 않았다. 개 역시 이 소만 물어뜯을 뿐, 다른 소에게는 그러지 않았다. 후에 서로 다른 곳에 묶어 두었는데, 소는 가끔 개 짖는 소리가 들리면 머리를 들어 주시하고, 개도 가끔 소 울음소리가 들리면 역시 머리를 들어 바라보았다. 후에 돌아가신 아버지 요안공이 호부에서 일하게 되어 아버지를 따라 도성으로 와서, 그 후 소와 개가 어떻게 되었는지는 알 수 없었다.

어떤 사람이 말했다.

"금수는 말을 할 수 없지만 모두 전생을 기억한다고 합니다. 이 개와 소는 『불경』에서 말하는 숙원(夙怨)지간이어서, 지금도 알아보는 것이 아닐까요?"

나는 숙원설이 틀림없이 있다고 생각한다. 그러나 전생을 기억한다는 것은 반드시 그렇다고 생각하지 않는다. 우리 친척 중에도 서로 미워하는 올케와 시누이가 있다. 올케는 다른 시누이들과는 사이가 좋았지만, 유독 이 시누이만은 마치 원수처럼 대했다. 시누이도 다른 올케들과는 화목했으나, 이 올케만은 마치 원수처럼 대했다. 과연 이것이 전생을 기억해서인가? 대개 원한의 감정은 각자의 성정에서 비롯된다. [성정이 다른 두 사람이] 하루아침에 마주치면 서로 상반되는 약재처럼 작용하고, 마른 뿌리와 썩은 풀이 본래 지각이 없다 하더라도, 그 기운과 맛은 서로 충돌하게 마련이다. 원인과 결과가 서로 얽혀 있어도 서로 행하지 않으면 응답하지 않으며, 전생·현생·후생[185]도 한순간인데, 하필 눈 한 번 흘긴 그런 사소한 원한[186]에 쾌재를 부르는가?

奴子劉琪, 畜一牛一犬. 牛見犬輒觸, 犬見牛輒噬, 每鬪至血流不止. 然牛惟觸此犬, 見他犬則否. 犬亦惟噬此牛, 見他牛則否. 後繫至兩處, 牛或聞犬聲, 犬或聞牛聲, 皆昂首瞑視. 後先姚安公官戶部, 余隨至京師, 不知二物究竟如何也. 或曰: "獸不能言者, 皆能記前生. 此牛此犬, 殆『佛經』所謂夙冤, 今尚相識歟?" 余謂夙冤之說, 鑿然無疑. 謂能記前生, 則似乎未必. 親串中有姑嫂相惡者. 嫂與諸小姑皆睦, 惟此小姑則如讎. 姑與諸嫂皆睦, 惟此嫂則如讎. 是豈能記前生乎? 蓋怨毒之念, 根於性識. 一朝相遇, 如相反之藥, 雖枯根朽草, 本自無知, 其氣味自能激鬪耳. 因果牽纏, 無施不報, 三生一瞬, 可快意於睚眦哉?

185 전생·현생·후생: 원문은 '삼생(三生)'이다.

186 눈 한 번 흘긴 그런 사소한 원한: 원문은 '애자(睚眦)'이다. 『사기』「범수채택열전(范睢蔡澤列傳)」에 보면, "밥 한 끼의 은덕이라도 반드시 보답하고, 눈만 째려봐도 반드시 갚는다(一飯之德必償, 睚眦之怨必報)."라는 문장이 있다. 애자는 눈만 째려보는 즉 사소한 원한을 의미한다.

59.

소송의 뒤끝

종백부 기군장(紀君章)[187]이 해준 이야기이다.

명나라 때 청현(靑縣)에 살았던 장공(張公)은 집안의 10대조인 기찬기(紀贊祁)[188]공의 장인이었다고 한다. 그는 예전에 마을 사람들과 함께 이름을 연명해 현의 하급관리들을 고발하기로 약속했었다. 말을 타고 가던 중, 조상의 묘소 앞을 지날 때 갑자기 회오리바람이 말머리를 덮쳤다. 그는 깜짝 놀라 말에서 떨어졌고, 같이 가던 사람들이 그를 부축해 집으로 돌아왔다. 갑자기 한열이 번갈아 들며 정신이 오락가락하더니, 어지럽고 흐릿한 가운데 귀신이 어른거리는 듯하였다. 무당을 불러 푸닥거리하려던 찰나, 갑자기 장공이 일어나 앉더니 돌아가신 부친의 말투로 이렇게 말했다.

"제를 올리지 말거라. 말을 덮친 회오리바람은 바로 나다. 송사란 본래 득 될 것이 없다. 만약 너희의 말이 이치에 어긋난다면 무슨 수로 그것을 입증하겠느냐? 반대로 그 말이 이치에 맞고 여론이 형성되어 사람들이 팔

---

187 기군장(紀君章): 기윤의 종백 기책(紀策)이다. 기책(1685~1737)은 자는 군장으로, 감생과 고직현승(考職縣丞)을 지냈다.

188 기찬기(紀贊祁): 기윤의 10대조 기요경(紀堯卿)이다. 기요경은 자가 찬기로, 명나라 때의 늠선생원(廩膳生員)이었다. 청현의 장씨(張氏)에게 장가들어, 기곤(紀坤) 등 네 아들을 두었다.

을 걷어붙이고 나선다면 그 자체가 이미 이긴 셈이니, 굳이 송사를 할 필요가 있겠느냐? 더구나 하급관리와 송사를 벌이는 일은 그 자체가 화를 불러오기 쉽다. 소송에서 이기지 못하고 패소한다면 화는 눈앞에 있다. 요행히 이긴다 하여도 벼슬은 늘 오고가는 법이라, 그들의 자손들이 자라면 틀림없이 보복하려 할 터. 이는 훗날의 위험을 남겨두는 것과 다를 바 없다. 그래서 내가 너의 길을 막은 것이다."

말을 다 하고 그는 그대로 침상에 드러누워 비 오듯 땀을 흘렸고, 잠에서 깬 뒤 병이 말끔히 나았다. 뒤에 연명하여 송사를 벌인 자들이 모두 패하고 나서야 부친의 말이 허튼 소리가 아니었음을 믿게 되었다. 이 이야기는 군장공이 그의 큰할아버지 기잠원(紀湛元)[189]공에게서 들은 것으로, 잠원공은 평생 누구와도 송사를 벌이지 않았는데, 아마도 이 말씀을 지킨 것 같다.

從伯君章公言. 前明清縣張公, 十世祖贊祁公之外舅也. 嘗與邑人約連名訟縣吏. 乘馬而往, 經祖墓前, 有旋風撲馬首. 驚而墮, 從者舁以歸. 寒熱陡作, 忽迷忽醒, 恍惚中似睹鬼物. 將延巫禳解, 忽起坐作其亡父語曰: "爾忽祈禱. 撲爾馬者我也. 凡訟無益. 使理曲, 何可證? 使理直公論具在, 人人爲扼腕, 是即勝矣, 何必訟? 且訟役訟吏, 爲患尤大. 訟不勝, 患在目前. 幸而勝, 官有來去, 此輩長子孫, 必相報復. 患在後日. 吾是以阻爾行也." 言訖, 仍就枕, 汗出如雨, 比睡醒, 則霍然矣. 既而連名者皆敗, 始信非譫語也. 此公聞於伯祖湛元公者, 湛元公一生未與人涉訟, 蓋守此戒云.

---

189 기잠원(紀湛元): 기윤의 백부 기천징(紀天澄)이다. 기천징은 자는 잠원으로, 감생, 고직주동(考職州同)을 지냈다.

60.

원광술과 방두추

세상에는 원광술(圓光術)이라는 술법이 있다. 흰 종이를 벽에 붙이고 부적을 태워 신령을 부른 다음, 대여섯 살 된 아이를 시켜 종이를 살펴보게 한다. 아이의 말에 따르면 종이 위에 갑자기 커다란 둥근 거울이 나타나고, 그 거울 속에 인물과 장면이 뚜렷이 나타나 미래의 일을 비춰 주는데, 이것은 고대의 괘영술(卦影術)[190]과 같다. 그러나 괘영술이 암시적이고 흐릿한 형상을 보이는 데 비해, 이 원광술은 형상이 또렷이 드러낸다는 점이 다르다.

도사 방두추는 이 술법에 능했다. 평소 그와 가까이 지내던 아무개 생이 한번은 아리따운 부인을 넘보고[191] 몰래 방두추에게 그 여인과 잘 될 수 있을지를 점쳐 보아 달라고 하였다. 방두추가 깜짝 놀라며 "어찌 그런 일로 귀신을 모독하려 하십니까?"라고 했다. 그러나 아무개 생이 한사코 고집을 부리는 바람에 마지못해 부적을 태웠다. 아이가 한참을 들여다보더

190 괘영술(卦影術): 고대 점술의 하나로, 궤혁(軌革)이라고도 한다. 술사들이 괘를 통해 나타난 상(象)을 보고 미래나 상황을 점치는 술법을 말한다.

191 넘보고: 원문은 '기유(覬覦)'이다. 『좌전』「환공(桓公)」 2년에 보면, "그런 까닭에 백성은 마음을 다해 윗사람을 섬기고, 아랫사람은 분에 넘치는 바람을 가지지 않는 것이다(是以民服事其上, 而下無覬覦)."라는 구절이 있다.

니, 이렇게 말했다.

"한 정자가 보이고, 정자에 평상이 하나 놓여 있는데, 세 명의 여인이 한 젊은이와 함께 앉아 있습니다."

그 세 여인은 아무개 생의 죽은 첩들이었다. 아무개 생이 아이가 헛소리를 한다며 화를 내자, 방두추가 크게 웃으며 말했다.

"나도 보았습니다. 정자에 편액이 하나 걸려 있는데, 아이는 글을 몰라 그것을 보지 못한 모양입니다."

아무개 생이 화를 내며 "뭐라 적혀 있습니까?"라고 묻자, 방두추가 대답했다.

"자기가 하기 싫은 일은 남에게도 시키지 말라(己所不欲)는 네 글자였습니다."

아무개 생은 말없이 소매를 털며 자리를 떴다.

누군가 "방두추가 태운 것은 사실 부적이 아니며, 사전에 떡을 주고 아이에게 저 말을 하도록 시킨 것입니다."라고 했는데, 이 말이 맞는 것 같다. 비록 짓궂은 장난이기는 하지만, 결국은 벗의 잘못을 돌려서 타이르려는 뜻에서 벗어나지 않았다.

世有圓光術. 張素紙於壁, 焚符召神, 使五六歲童子視之. 童子必見紙上突現大圓鏡, 鏡中人物歷歷, 示未來之事, 猶卦影也. 但卦影隱示其象, 此則明著其形耳.

龐斗樞能此術. 某生素與斗樞狎, 嘗覬覦一婦, 密祈斗樞圓光, 觀諧否. 斗樞駭曰: "此事豈可瀆鬼神?" 固强之, 不得已勉爲焚符. 童子注視良久, 曰: "見一亭子, 中設一榻, 三娘子與一少年坐其上." 三娘子者, 某生之亡妾也. 方詬責童子妄語, 斗樞大笑曰: "吾亦見之. 亭中尙有一匾, 童子不識字耳." 怒問: "何字?" 曰: "己所不欲四字也." 某生默然拂衣去. 或曰: "斗樞所焚實非符, 先以餠餌誘童子, 教作是語." 是殆近之. 雖曰惡謔, 要未失朋友規過之義也.

61.

은빛 장난감 배의 비밀

돌아가신 어머니께서 해주신 이야기이다.

외조부의 집에서는 밤마다 누각 앞에서 춤추는 괴물을 볼 수 있는데, 사람이 보이면 괴물은 재빨리 달아났다고 한다. 달빛 아래 창틈으로 살펴보니, 짙은 녹색[192] 적삼을 입고 큰 자라처럼 꿈틀거렸다. 또한 손과 발은 볼 수 있으나, 머리는 볼 수 없어서 어떤 괴물인지 알 수 없었다. 외숙조(外叔祖)인 장자형(張紫衡)[193] 공은 건장한 하인 몇 명을 보내 칼과 몽둥이, 노끈을 들고 문 밖에 숨어 있다가 괴물이 나타나기를 기다려 잡게 했다. 괴물은 누각 계단 쪽으로 허둥지둥 달아났다. 사람들이 불을 들고 쫓아가 비추어보니 담장 모퉁이에 녹색 비단 보자기가 있는데, 보자기 안에는 은으로 만든 배가 있었다. 그 배에는 좌우에 바퀴 네 개가 달려 있었는데, 이는 외가가 번성하던 시절 아이들이 가지고 놀던 물건이었다. 사람들은 그제야 녹색

---

192 짙은 녹색: 원문은 '참록(慘綠)'이다. 색깔이 어두운 것을 참(慘)이라 한다. 『유한고취(幽閒鼓吹)』에 보면, 반염(潘炎)이 시랑에 임명될 때 같은 반열에 있는 사람들이 모였다고 한다. 그의 처가 문발 아래로 훔쳐보고는 "말석에 앉아 있는 짙은 녹색 옷을 입는 사람은 누구입니까?"라고 물었다고 한다.

193 장자형(張紫衡): 기윤의 외조부인 장설봉(張雪峰)의 사촌 동생이다.

적삼이 보자기이고, 손과 발이 바퀴 네 개임을 깨달았다. 자형공은 그것을 녹여 은 30냥 정도를 얻었다. 한 할멈이 말했다.

"내가 하녀였을 때 방 안에서 이 물건이 사라져 하녀들이 엄청나게 매를 맞았지. 누가 훔쳐서 여기에 두었는지는 모르겠지만, 그게 이렇게 요물로 변했구나!"

『수신기(搜神記)』에 공자의 다음 말이 실려 있다.

"무릇 육축과 거북·뱀·자라·초목 같은 것들은 오래되면 모두 신령해져 요사스런 짓을 할 수 있기 때문에, 이를 오유(五酉)라고 불렀다. 오행[194]의 방위마다 모두 이런 사물이 있다. 유(酉)가 오래되다[老]의 뜻이기 때문에, 사물이 오래되면 요물이 될 수 있다. 그것은 죽이면 그뿐이니, 걱정할 것이 뭐가 있는가?"[195]

이처럼 사물이 오래되면 형상을 바꾸는 일은 흔히 있는 자연스러운 이치이다.

先太夫人言. 外祖家恒夜見一物, 舞蹈於樓前, 見人則竄避. 月下循窗隙窺之, 衣慘綠衫, 形蠢蠢如巨鼈. 見其手足而不見其首, 不知何怪. 外叔祖紫衡公遣健僕數人, 持刀杖繩索伏門外, 伺其出, 突掩之. 踉蹌逃入樓梯下. 秉火照視, 則墻隅綠錦袱包一銀船. 左右有四輪, 蓋外祖家全盛時兒童戲劇之物. 乃悟綠衫其袱, 手足其四輪也. 鎔之得三十餘金. 一老嫗曰: "吾爲婢時, 房中失此物, 同輩皆大遭棰楚. 不知何人竊置此間, 成此魅也!" 『搜神記』載孔子之言曰: "夫六畜之

194 오행: 금(西), 목(東), 수(北), 화(南), 토(中)이다.

195 무릇…뭐가 있는가: 이상은 모두 『수신기』 권19에 실려 있다.

物, 龜蛇魚鼈草木之屬, 神皆能爲妖怪, 故謂之五酉. 五行之方, 皆有其物. 酉者老也, 故物老則爲怪矣. 殺之則已, 夫何患焉?" 然則物久而幻形, 固事理之常耳.

62.

두 생에 걸친 인연

위고(韋皐)와 옥소(玉簫)[196]처럼 두 생에 걸쳐 부부가 된 사람이 있다. 경주(景州) 사람 이서애(李西崖)가 을축년(1745)에 회시를 보러 갔다가 그곳에서 귀주(貴州)의 한 수재를 만났는데, 그 수재가 해준 이야기라며 해주었다. 그의 고향 한 민가에서 아들이 태어났는데, 막 말을 할 수 있게 되자 이렇게 말했다고 한다.

"저는 전생에 아무개의 딸이자 아무개의 처였습니다. 남편의 이름은

196 위고(韋皐)와 옥소(玉簫): 원문은 '위고옥소(韋皐玉簫)'이다. 『운계우의(雲谿友議)』에 따르면, 위고가 젊은 시절 강하(江夏)의 강사군(姜使君)의 집에 놀러갔다고 한다. 그곳에 '옥소(玉簫)'라는 계집종이 있었는데, 그녀에게 위고를 모시게 했다. 얼마 뒤에 두 사람은 정이 싹텄다. 후에 위고는 집으로 돌아가면서 짧으면 5년, 길면 7년 뒤에 와서 데려가겠다고 약속했다. 그로부터 8년째 되던 해 봄 옥소는 곡기를 끊고 죽었다. 후에 위고는 촉지방의 절도사로 갔다가 그 소문을 듣게 되었다. 『불경』을 손으로 쓰고 불상을 만듦으로써 옥소의 일편단심에 보답했다. 조산인(祖山人)이라는 사람은 법술을 부려 죽은 이를 불러내는 이소옹(李少翁)의 법술을 가지고 있었다. 그는 위고에게 이레 동안 목욕재계하게 했다. 바람 한 점 없는 밤에 옥소가 와서 감사를 표하며 말했다. "복야님께서 『불경』을 쓰시고 불상을 만들어 주신 덕분에 열흘 후면 다시 다른 몸을 빌려 환생하게 되었습니다. 13년 뒤에 다시 시첩이 되어 베풀어주신 은혜를 갚을 것입니다." 후에 동천(東川)의 노팔좌(盧八座: 육부상서와 좌우복야左右僕射를 합해 팔좌八座라 했음)가 가희를 보내왔는데, 역시 옥소라 불리었다. 직접 만나보니 정말 강씨(姜氏)의 집에서 본 그 옥소였다고 한다.

아무개이고, 자는 아무개입니다. 제가 세상을 떠날 때 남편은 몇 살이었으니, 지금은 몇 살이 되었을 것입니다. 남편이 사는 곳은 여기서 사오일 거리밖에 안 됩니다."

이 말은 점점 퍼져나갔다. 아들이 열네다섯 살쯤 되었을 때, 전생의 남편이라는 이가 이 소문을 듣고 곧장 찾아왔다. 두 사람은 만나자마자 눈물을 흘리며 전생의 일을 이야기하였는데, 모두 정확히 들어맞았다. 그날 밤 두 사람은 이불을 덮고 함께 잠자리에 들었고, 어머니는 이를 막을 수 없었다. 의심이 들어 몰래 엿들었는데, 등불을 끈 뒤에는 이미 아녀자의 말로 속삭였다.[197] 어머니는 분노하여 그 옛 남편을 쫓아버렸다. 그러자 아들은 화를 내며 음식도 먹지 않고, 옛 남편 역시 여관에서 머물며 떠나려 하지 않았다. 어느 날 두 사람은 감시가 허술해진 틈을 타 함께 달아났는데, 어떻게 되었는지 알 수 없었다.

이 일은 정말로 기이하다. 예로부터 이런 이야기는 들어본 적이 없었는데, 이 일은 정(情)에서 비롯되어 예(禮)에서 멈추지 않은 것이라 하겠다.[198]

兩世夫婦如韋皐·玉簫者, 蓋有之矣. 景州李西崖言, 乙丑會試, 見貴州一孝廉. 述其鄉民家生一子, 甫能言, 即云: "我前生某氏之女, 某氏之妻. 夫名某字

---

197 속삭였다: 원문은 '닐닐(昵昵)'이다. 한유의 「영스님의 금타는 소리를 듣다(聽穎師彈琴)」에 보면, "속삭이는 아녀자의 말, 사랑이니 원망이니 하며 나 당신 하네. 그러다 휙 하고 기세가 드높게 바뀌어 용맹한 선비가 적진으로 뛰어드는 듯하네(昵昵兒女語, 恩怨相爾汝. 劃然變軒昂, 勇士赴敵場)."라는 시구가 있다.

198 예로부터…것이라 하겠다: 『시경』「서」에 보면 다음 시구가 있다. "변풍은 정에서 움직이고 예의에서 그친다. 정에서 나옴은 백성의 성(性)이요, 예의에서 그침은 선왕의 유택(遺澤)이다(變風發乎情, 止乎禮義. 發乎情, 民之性也, 止乎禮義, 先王之澤也)." 변풍은 그래도 예의에서 그쳤지만, 이 이야기는 예의에서 그치지 않았음을 비유하고 있다.

某. 吾卒時夫年若干, 今年當若干. 所居之地, 距民家四五日程耳." 此語漸聞. 至十四五歲時, 其故夫知有是說, 徑來尋問. 相見涕泗, 述前生事悉相符. 是夕竟抱被同寢, 其母不能禁. 疑而竊聽, 滅燭以後, 已昵昵兒女語矣. 母怒, 逐其故夫去. 此子憤悒不食, 其故夫亦栖遲旅舍不肯行. 一日防範偶疏, 竟相偕遁去, 莫知所終. 異哉此事. 古所未聞也, 此謂發乎情而不止乎禮矣.

63.

복수

동광(東光) 사람 곽종점(霍從占)이 해준 이야기이다.

어느 부잣집 딸이 대여섯 살 때 밤에 연극을 보러 나갔다가 어떤 사람에게 납치되어 팔려갔다. 그로부터 5~6년 뒤에 아이를 납치하여 팔아넘겼던 자는 일이 잘못되자 약으로 이 딸의 정신을 흐려놓았다고 진술했다. 관부에서 [딸의 고향으로] 공문을 보내 이것저것 물어보고 나서야 딸은 겨우 집으로 돌아올 수 있었다. 딸이 집에 돌아온 뒤 피부를 살펴보니, 온 몸에 채찍 맞은 자국, 매 맞는 자국, 가위에 찔린 자국, 못에 찔린 자국, 낙인찍힌 자국, 물에 덴 자국, 손톱자국, 이빨에 물린 자국까지 선명하게 남아 있었다. 어머니는 이를 보고는 딸을 껴안고 며칠을 울었으며, 이 일을 말만 꺼내도 눈물로 옷깃을 적셨다. 어머니가 딸의 상태를 살피기 전에 딸이 말했다.

"여주인은 잔인하고 인정이라곤 없었어요. 어릴 때는 어떻게 해야 할지 몰라 벌벌 떨면서 죽음만을 기다렸어요. 점점 자라면서는 고통을 참지 못해 스스로 목숨을 끊을 생각을 했어요. 그런데 꿈에 한 노인이 나타나 '자살 같은 어리석은 생각은 하지 말거라. 낙인 두 번과 채찍 백 대만 더 견디면 네 업보가 끝날 것이다.'라고 했는데, 정말 어느 날 나무에 묶여 채찍을 맞다가 100대를 채웠을 때 현의 하급관리가 문서를 가지고 왔어요."

그 딸의 어머니는 계집종을 아주 잔인하게 대해서, 하녀들은 덜덜 떨며[199] 시중을 들었고, 몸에 피멍이 없는 사람이 드물 정도였다. 또한 그녀가 한 번 돌아보면 모두 얼굴에 핏기가 없어졌다. 그래서 신령이 그 딸에게 응보를 보인 것이다. 그러나 그 어머니는 뉘우쳐 고칠 생각을 하지 않다가 결국 목에 종기가 나 터져서 죽었고 자손들도 지금 가난하게 살고 있다.[200]

곽종점이 또 해준 이야기이다.

어떤 벼슬아치의 부인은 계집종이 잘못을 하면 매질은 하지 않고 아랫도리를 벗긴 다음 벌거벗은 몸으로 땅에 엎드려 있게 했다. 그리고는 "이것은 부들 회초리로 때려 수치심만 느끼게 하는 것과 같다."[201]고 말했다. 이 부인은 후에 지랄병에 걸렸는데, 약간이라도 소홀하게 지키면, 그때마다 발가벗고 춤을 추었다고 한다.

東光霍從占言. 一富室女, 五六歲時, 因夜出觀劇, 爲人所掠賣. 越五六年, 掠賣者事敗, 供曾以藥迷此女. 移檄來問, 始得歸. 歸時視其肌膚, 鞭痕, 杖痕, 翦痕, 錐痕, 烙痕, 燙痕, 爪痕, 齒痕, 徧體如刻畫. 其母抱之泣數日, 每言及, 輒霑襟. 先是, 女自言: "主母酷暴無人理. 幼時不知所爲, 戰慄待死而已. 年漸長, 不

---

199 덜덜 떨며: 원문은 '곡속(觳觫)'이다.

200 가난하게 살고 있다: 원문은 '식미(式微)'이다. 『시경』「패풍(邶風)」에 보면, "쇠미하고 쇠미하거늘 어찌 돌아가지 않는고(式微式微, 胡不歸)?"라는 시구가 있는데, 여기서 식(式)은 발어사이다.

201 부들 회초리…같다: 『후한서』「유관전(劉寬傳)」에 보면, "삼군(三郡)을 관장할 때, 사람이 온화하고 어질어 잘못을 용서하는 경우가 많았다.…하급관리들이 잘못했을 때는 그저 부들 회초리로 벌주어 수치만 느끼게 할 따름이다(典歷三郡, 溫仁多恕.…吏人有過, 但用蒲鞭罰之, 示辱而已)."라는 구절이 있다.

勝其楚, 思自裁. 夜夢老人曰: '爾勿短見. 再烙兩次, 鞭一百, 業報滿矣.' 果一日縛樹受鞭, 甫及百, 而縣吏持符到." 蓋其母御婢極殘忍, 凡觳觫而侍立者, 鮮不帶血痕. 回眸一視, 則左右無人色. 故神示報於其女也. 然竟不悛改, 後疽發於項死, 子孫今亦式微.

從占又云. 一宦家婦遇婢女有過, 不加鞭箠, 但褫下衣使露體伏地. 自云: "如蒲鞭之示辱也." 後患顛癇, 每防守稍疏, 輒裸而舞蹈云.

64.

귀신의 보은

급유애(及孺愛) 선생이 해준 이야기이다.

그의 하인이 인근 마을에서 술을 마시고 돌아오는 길에 술에 취해 길가에 쓰러져 잠들었다고 한다. 깨어보니 옷은 이슬에 젖어 있었고, 달은 이미 중천에 떠 있었다. 기지개를 켜던[202] 그는 나무 뒤에 몸을 움츠린 채 서 있는 사람을 보고 "누구시오?" 하고 물었다.

그러자 그 사람이 말했다.

"두려워 마시오. 나는 귀신입니다. 이곳의 귀신들이 술 취한 사람에게 장난치기를[203] 좋아해서, 당신을 지키러 온 겁니다."

노복이 물었다.

"평소 서로 만난 일도 없는데, 무슨 이유로 나를 보호하십니까?"

귀신이 말했다.

---

202 기지개를 켜던: 원문은 '흠신(欠伸)'이다. 사람은 기가 부족하면 하품을 하고, 육신이 피곤하면 기지개를 편다. 『예기』「곡례」(상)에 보면 "군자를 모시고 있다가 군자가 하품을 하면,…모시고 있는 사람은 나오기를 청한다(侍坐於君子, 君子欠伸,…侍坐者請出矣)."라는 문장이 있다.

203 장난치기를: 원문은 '뇨(嬲)'이다.

"잊으셨습니까? 내가 죽은 뒤 어떤 자가 내 아내를 두고 험담을 퍼뜨렸을 때, 당신은 그 말이 부당하다고 여겨 그녀의 결백을 밝혀 주었습니다. 구천에 있는 몸이지만, 그 은혜에 깊이 감동했습니다."

이렇게 말하고 귀신은 사라졌다. 결국 하인은 그가 누구인지 물어보지 못했고, 스스로도 그런 일이 있었는지조차 기억하지 못했다. 아마도 무심코 던진 말 한마디가 황천까지 들렸던 모양이다. 그런 즉 고의로 헛된 말을 지어내는 자가 어찌 저승의 주먹다짐과 분노를 피할 수 있겠는가!

及孺愛先生言. 其僕自鄰村飮酒歸, 醉卧於路. 醒則草露沾衣, 月向午矣. 欠伸之頃, 見一人瑟縮立樹後, 呼問爲誰? 曰: "君勿怖. 身乃鬼也. 此間群鬼喜嬲醉人, 來爲君防守耳." 問: "素昧生平, 何以見護?" 曰: "君忘之耶? 我歿之後, 有人爲我婦造蜚語, 君不平而白其誣. 故九泉銜感也." 言訖而滅. 竟不及問其爲誰, 亦不自記有此事. 蓋無心一語, 黃壤已聞. 然則有意造言者, 冥冥之中甯免握拳嚙齒耶!

65.

하간헌왕의 묘

하간헌왕(河間獻王)[204]의 묘는 헌현성(獻縣城) 동쪽 8리에 있다. 묘 앞에 사당이 있고, 사당 앞에는 두 그루의 측백나무가 서 있다. 전해지기로는 한나라 시대에 심은 것이라 하나, 정확한 것은 알 수 없으며, 후세의 사람이 심었을 수도 있다. 무덤 좌우에 각각 부장묘가 있는데, 『헌현지(獻縣志)』에 따르면, 좌측에 있는 것은 모장(毛萇)[205]의 묘이고, 우측에 있는 것은 관장경(貫長卿)[206]의 묘라고 한다. 그런데 임구현(任丘縣)[207]에도 모장의 묘가 있으니, 어느 것이 진짜인지 알기 어렵다. 어떤 사람이 말했다.

"모장은 송나라 때 악수백(樂壽伯)에 추증되었는데, 헌현이 바로 옛 악

---

204 하간헌왕(河間獻王): 유덕(劉德)이다. 유덕은 한나라 경제(景帝)의 아들로, 옛것을 좋아해 옛날 글이나 선진시대의 서적을 많이 읽고 보았다. 유술(儒術)에 빠져 다급할 때도 반드시 유술을 따랐으며 하간(河間)에 봉해졌다. 사후 헌(獻)이라는 시호가 내려졌다. 청대의 직례성(直隸省) 헌현은 바로 한나라 하간헌왕의 봉지였다.

205 모장(毛萇): 한대 조(趙) 땅 사람으로, 하간헌왕의 박사이다. 모형에게서 시경을 전수 받았는데, 당시의 사람들은 모형을 대모공(大毛公), 모장을 소모공(小毛公)이라 불렀다.

206 관장경(貫長卿): 한대 조 땅 사람으로, 모공을 좇아 『모시』를 전수했다.

207 임구현(任丘縣): 지금의 하북성 창주시(滄州市) 관할 현으로, 청나라 때는 헌현과 마찬가지로 직례성에 속했다.

수 땅입니다. 임구현에 있는 모장의 묘는 바로 묘형(毛亨)[208]의 묘입니다."

이치상 그럴 법도 하다.

외종숙 안오점(安五占)이 해준 이야기이다.

강희(康熙)[209] 연간에 도적떼가 묘의 순장품[210]을 넘보고, 묘 옆에 수박밭을 일구고, 초막[211]안에서 몰래 묘도를 팠다고 한다. 묘에 접근해서 긴 송곳으로 찌르자 묘에서 하얀 연기가 송곳을 따라 뿜어져 나왔다. 천둥 같은 소리와 함께 하얀 기운이 뿜어져 나오자, 도적들이 모두 나자빠져 더 이상 묘를 팔 수 없었다.

논자들이 말했다.

"하간헌왕의 묘가 2천년 동안 굳게 닫혀 땅기운이 오랫동안 쌓여 있었기 때문에, 틈이 생기자 그 기운이 한꺼번에 분출된 것일 뿐, 신령한 현상은 아니다."

내가 생각건대 하간헌왕의 공이 육경(六經)에 있기 때문에 귀신의 가호가 있는 것도 당연하다. 옛날부터 도굴된 무덤이 많은데, 그렇다면 어찌하여 다른 고분들에서는 땅기운이 그처럼 뭉쳐 터져 나오지 않는가?

---

208 모형(毛亨): 한대 노(盧) 땅 사람이다. 『시경』에 훈고를 달아 모장에게 전수하자, 모장이 소서를 썼다. 당시 사람들은 모형을 대모공, 모장을 소모공이라 불렀다.

209 강희(康熙): 청나라 제4대 황제 애신각라현엽(愛新覺羅玄燁)의 연호(1661~1722)이다.

210 순장품: 원문은 '옥어(玉魚)'이다. 두보의 「여러 장수들 5수(諸將五首)」에 보면, "어제 옥어가 장지에 묻히더니, 일찍 감치 금주발이 세상에 나와 버렸네(昨日玉魚蒙葬地, 早時金盌出人間)."라는 시구가 있다. 옥어는 옥으로 만든 물고기 모양의 장신구를 가리키나, 여기서는 순장품을 의미한다.

211 초막: 원문은 '단초(團焦)'이다. 『북제서(北齊書)』「신무제기(神武帝紀)」에 보면, "읍 사람 방창용이 초막에서 머물렀다(邑人龐蒼鷹止團草中)."라는 구절이 있다.

河間獻王墓, 在獻縣城東八里. 墓前有祠, 祠前二柏樹. 傳爲漢物, 未知其審, 疑後人所補種. 左右陪葬二墓,『縣志』稱左毛萇, 右貫長卿. 然任邱又有毛萇墓, 亦莫能詳也. 或曰: “萇宋代追封樂壽伯, 獻縣正古樂壽地. 任邱毛公墓, 乃毛亨也.” 理或然歟.

從舅安公五占言. 康熙中, 有群盜覬覦玉魚之藏, 乃種瓜墓旁, 陰於團焦, 中穿地道. 將近墓, 探以長錐, 有白氣隨錐射出. 聲若雷霆, 衝諸盜皆仆, 乃不敢掘. 論者謂: “王墓封閉二千載, 地氣久鬱, 故遇隙湧出, 非有神靈.” 余謂王功在六經, 自當有鬼神呵護. 穿古冢者多矣, 何他處地氣不久鬱而湧乎?

66.

복중귀(腹中鬼)

귀신이 사람의 배 속에 들어가 말을 한 사례는 내가 보고 들은 것만도 세 가지이다.

첫 번째 이야기는 다음과 같다.

운남(雲南) 사람 한림원 편수 이의산(李衣山)은 부계점을 칠 때 호녀(狐女)와 함께 시를 주고받았는데, 그때 호녀 자매가 함께 그의 뱃속으로 들어가 수시로 말을 주고받았다. 정일진인을 불러 호녀들을 내쫓으려 했으나 끝내 쫓아내지 못했다. 이의산은 결국 평생 간질병에 시달리다 죽었다. 이 일은 내가 한림원에 있을 때 직접 본 것이다.

두 번째 이야기는 다음과 같다.

완평(宛平) 사람 장문학(張文鶴)의 친구가 남여광도(南汝光道)[212]에서 벼슬살이할 때, 사씨(史氏) 성의 막료와 역관에 머물렀다. 어떤 손님이 명함을 보내어 사씨를 찾아왔고, 두 사람은 밤새도록 마주앉아 이야기를 나누었다. 그러나 날이 밝을 무렵 손님과 그의 노복이 보이지 않았다. 그런데 갑자기 사씨의 뱃속에서 손님의 목소리가 들렸다. 이후 사씨는 북두성에 절

212 남여광도(南汝光道): 지금의 하남성 신양시(信陽市)를 말한다.

을 올려 그들을 쫓아냈지만, 잠시 후 다시 그의 배 속으로 돌아왔다. 결국 사씨가 죽은 뒤에야 이 일이 멈추었다. 아마도 둘 사이에 전생의 원한이 있었던 듯하다. 이 이야기는 이부시랑 김청도(金聽濤)에게 들은 것이다.

세 번째 이야기는 다음과 같다.

절강(浙江) 평호(平湖)에 있는 한 비구니의 뱃속에 귀신이 깃들어 있었다. 그 귀신이 비구니의 입을 빌어 길흉을 말하면 아주 잘 들어맞았기에, 보시[213]하러 오는 이들이 구름처럼 몰려들었다.

귀신이 말했다.

"내가 전생에 이 비구니에게 빚을 졌기에, 이렇게 갚는 것이다."

이 일은 『북몽쇄언(北夢瑣言)』에 기록된 전포(田布)의 일화[214]와 유사하

---

213 보시: 원문은 '단시(檀施)'이다.

214 전포(田布)의 일화: 『북몽쇄언』에 따르면, 당나라 때 재상 최현(崔鉉)이 회남(淮南)을 진수할 때의 일이었다고 한다. 어느 한가한 날에 손님과 장기를 두고 있는데 관리가 들어와 여자 무당과 옛 위박절도사(魏博節度使) 전포가 함께 이곳으로 왔다고 알려 왔다. 최현이 이상하게 생각해 사람을 보내 그 무당을 불러오게 했다. 이윽고 무당이 신(神: 田布)과 함께 와서 번갈아가며 절을 올리고는 "상공(相公: 崔鉉)께 감사 올립니다."라고 말했다. 최현이 말했다. "무얼 감사한단 말이오?" 신이 대답했다. "제게 못난 자식 놈이 하나 있는데, 탐욕스럽게 부정을 저지르고 공무는 돌보지 않았기 때문에 사형에 처해져야 마땅했습니다. 그런데 상공의 음덕을 입어 벌을 면하게 되어 저의 집안 사당에 제사 밥이 끊어지지 않을 수 있게 되었으니 이는 모두 상공의 덕택입니다." 최현이 깜짝 놀라하며 말했다. "참 이상한 일이로다! 내가 재상으로 있을 때 은주자사(銀州刺史) 전회(田鐬)가 뇌물수수죄를 범하고 사사로이 갑옷과 무기를 제조한 다음 변방의 시장에 내다 팔아 말이나 베, 비단 등과 바꾸는 일이 있었소. 천자께서 이 이야기를 들으시고는 그 일족을 몰살하게 하셨소. 그래서 내가 천자께 조용히 아뢰었소. '전회는 전홍정(田弘正)의 손자이고 전포의 아들입니다. 전홍정은 하삭(河朔)에서 처음으로 [저희 조정으로 들어와] 폐하를 알현하고서 관직을 받았고, 전포는 그 부친의 뜻을 이루고 충효의 정신을 이어받아 전쟁터에서 싸우다 죽었습니다. 지금 만약 폐하께서 법을 집행하여 [그를 처형함으로써] 변방을 튼튼히 하시려 한다면 이는 너그러이 그의 죄를 용서해 주시어 충성심을 고무시키심만 못할 것입니다.' 천자께서는 그제야 마음을 푸시고 그를 군(郡)의 사마(司馬)로 쫓아내는 데 그치셨소. 하지만 나는

다. 사람들이 비구니의 겨드랑이에 귀를 가까이 대면 실제로 그 목소리를 들을 수 있었기에, 사람들은 혹시 장류신(樟柳神)[215]이 씌인 것이 아닐까 의심하였다. 이 이야기는 이부시랑 심운초(沈雲椒)에게서 들었다.

鬼魅在人腹中語, 余所見聞凡三事. 一爲雲南李編修衣山, 因扶乩與狐女唱和, 狐女姊妹數輩, 并入居其腹中, 時時與語. 正一眞人劾治弗能遣. 竟顚癎終身. 余在翰林目見之.

一爲宛平張文鶴友, 官南汝光道時, 與史姓幕友宿驛舍. 有客投刺謁史, 對語徹夜. 比曉, 客及僕皆不見. 忽聞語出史腹中. 後拜斗, 祛之去, 俄仍歸腹中. 至史死乃已. 疑其夙冤也. 聞金聽濤少宰言之.

一爲平湖一尼, 有鬼在腹中. 談休咎多驗, 檀施鱗集. 鬼自云: "夙生負此尼錢, 以此爲償." 如『北夢瑣言』所記田布事. 人側耳尼腋下, 亦聞其語, 疑爲樟柳神也. 聞沈雲椒少宰言之.

지금껏 이 일을 한 번도 발설한 적이 없었소. 거의 다 잊고 지냈는데, 지금 신께서 하신 말은 바로 그 일을 두고 하는 것이구려." 최현은 또 이렇게 말했다. "당신은 의롭게 죽은 사람인데, 어째서 이 어리석은 부인에게 구차하게도 부림을 당하고 있는 것이오?" 신이 말했다. "제가 일찍이 이 노파에게 80만 냥을 빚진 일이 있기에 지금 수치스러움을 참아가며 빚을 갚고 있는 중입니다." 최현이 그 돈을 갚아주자 신은 인사를 올리고 떠나갔다. 그 때부터 이 무당은 하는 말마다 전혀 들어맞지 않았다고 한다.

215 장류신(樟柳神): 과거 점성술사가 사용했던 점복도구이다. 민간에서는 예언능력을 갖춘 귀신으로 보고 있는데, 주로 녹나무와 버드나무에 어린 아이의 형상을 조각한 데서 장류신이라 부르게 되었다. 명나라 때 장씨(章氏)와 유씨(柳氏) 집안의 아이가 죽은 뒤에 나무 아래에 함께 묻었는데, 시간이 흐른 뒤에 이들 나무에 영성이 붙어 장류신이 되었다고 한다. 길흉예측에 뛰어나서 민간에 전해지게 되었다.

67.

환혼한 하인 장천석

진(晉)나라에서 진(秦)의 첩자를 사형에 처했는데, 엿새 만에 다시 살아났다.[216] 누군가가 "목을 매거나 곤장형으로 죽은 자는 다시 살아나는 일이 있다. 다만 소생하기 전의 상황이 어떠했는지는 알지 못한다"고 했다. 『좌전』과 같은 경서는 일정한 체재가 있으므로, 소설이나 잡록과 같을 수는 없다.

소작농 장천석(張天錫)은 예전에 7일간 죽어 있었다고 한다. 그의 어머니가 관 속에서 무언가 부딪히는 소리를 듣고 열어보니, 그가 다시 살아나 있었다. 어떤 사람이 그에게 "죽은 뒤에 무엇을 보았소?"라고 묻자 이렇게 대답했다.

"아무것도 보지 못했습니다. 또 이레가 지났다는 것도 몰랐습니다. 문득 잠이 들었다가, 어느 순간 깨어난 듯한 느낌뿐이었습니다."

그때 우리 집의 사숙으로 있던 한 늙은 유생이 있었는데, 이 이야기를

---

216 진(晉)나라에서…살아났다: 『좌전』「선공(宣公)」 8년에 보면, 진나라 사람들이 진(秦)의 첩자를 잡아 도성인 강(絳)의 저자에서 죽였는데, 엿새 만에 다시 살아났다(晉人獲秦諜, 殺諸絳市, 六日而蘇)."라는 문장이 있다.

듣고는 무릎을 치며 기뻐서 소리쳤다.[217]

"정주(程朱)[218]는 참으로 성인이로세! 귀신에 관한 일은 공자와 맹자조차도 그것이 없다고 단정하지 못했는데, 오직 이 두 선생만은 없다고 잘라 말씀하셨지. 지금 죽었다가 다시 살아난 장천석의 말이 과연 그들의 주장에 꼭 들어맞으니, 어찌 성인이 아니고서야 가능한 일이랴!"

나는 이렇게 생각한다.

"장천석은 그저 기가 막혀 피가 머리로 치솟아 일시적으로 정신이 혼미해져[219] 사람을 알아보지 못했던 것뿐인데, 그 집 사람들이 그것을 죽은 줄로 착각한 것이다. 그러니 정말로 죽은 것이 아니다. 괵(虢)나라 태자가 죽었다가 살아난 일도 『사기』에 실려 있는데,[220] 저 유생은 그것을 보지 못

---

217 무릎을 치며 기뻐서 소리쳤다: 원문은 '부비작약(拊髀雀躍)'이다. 『장자』「재유(在宥)」에 보면, "홍몽은 줄곧 허벅지를 치면서 기뻐했다(鴻蒙拊髀雀躍不輟)."라는 문장이 있다. 즉 상대방의 말에 몹시 기뻐 허벅지를 쳐 기쁨을 드러내는데, 그 모습이 너무 기뻐 날뛰는 참새(雀躍)와 같다는 뜻이다.

218 정주(程朱): 송나라 정호(程顥)는 자가 백순(伯醇)이고 낙양(洛陽) 사람이며, 그의 동생 정이(程頤)는 자가 정숙(正叔)이다. 주희(朱熹)는 자가 원회(元晦)이고 무원(婺源) 사람이다. 모두 도학자로서 선비들이 그들을 정종(正宗)으로 받들었기에 세상에서는 이들을 정주라 불렀다.

219 피가…정신이 혼미해져: 원문은 '시궐(尸厥)'이다. 『사기』에는 궐(厥)이 궐(蹶)로 되어 있다. 이는 기가 머리로 치솟아 정신이 혼미해져 가사 상태에 빠지는 병을 말한다.

220 괵(虢)나라 태자가…실려 있는데: 『사기』「편작전(扁鵲傳)」에 보면, 편작이 괵나라를 지나가는데, 괵태자가 죽었다고 한다. 편작은 궁궐 문 앞으로 가서 방술을 좋아하는 중서자(中庶子, 태자의 교육 담당)에게 태자를 살릴 수 있다고 했다. 중서자는 궁에 들어가 임금에게 이 소식을 알렸다. 임금은 이 소식을 듣고 편작을 보려고 나왔다. 편작은 "태자의 병과 같은 것을 시궐이라 합니다. 마치 죽은 것 같지만, 태자께서는 아직 죽지 않았습니다."라고 했다. 편작은 바로 제자 자양(子陽)을 시켜 숫돌에 침을 갈게 한 뒤 몸의 살갗에 있는 삼양(三陽)와 오회(五會)를 찔렀다. 그로부터 얼마 뒤에 태자가 깨어났다. 다시 20일 동안 탕약을 먹게 했더니 원래대로 회복되었다고 한다. 삼양은 사람의 손발에 있는 태양(太陽), 소양(少揚), 양명(陽明)을 말하고, 오회는 사람의 질병이 숨어 있다는 다섯 곳으로 백회(百會)·흉회

했단 말인가?"

晉殺秦諜, 六日而蘇. 或由縊殺杖殺, 故能復活. 但不識未蘇以前作何情狀. 詁經有體, 不能如小說瑣記也. 佃戶張天錫, 嘗死七日. 其母聞棺中擊觸聲, 開視, 已復生. 問其死後何所見, 曰: "無所見. 亦不知經七日. 但倏如睡去, 倏如夢覺耳." 時有老儒館余家, 聞之拊髀雀躍曰: "程朱聖人哉! 鬼神之事, 孔孟猶未敢斷其無, 惟二先生敢斷之. 今死者復生, 果如所論, 非聖人能之哉!" 余謂天錫自氣結尸厥, 瞀不知人, 其家誤以爲死耳. 非眞死也. 虢太子事載於『史記』, 此翁未見耶?

(胸會)·청회(聽會)·기회(氣會)·노회(臑會)를 말한다.

68.

혈분경

제왕은 형벌과 상(刑賞)으로 백성에게 선을 권하고, 성인은 포상과 비판(褒貶)으로 사람에게 선을 권한다. 그러나 상벌이 미치지 못하는 바가 있고 포폄으로도 보살피지 못하는 경우가 있으면, 불가에서는 인과응보의 이치로 사람에게 선을 권한다. 사람들에게 선을 권하는 방식은 다르나, 뜻하는 바는 같다. 승려[221]는 인과응보설로 어리석은 백성들을 유인하고 위협하며, 인품의 바름과 사악함으로 선악을 나누지 않고, 보시의 유무로 선악을 판단한다. 이리하여 복전설(福田說)[222]이 생겨났는데, 이는 불교[223]의 본뜻을 흐린 것이다.

221 승려: 원문은 '치도(緇徒)'이다. 승려들이 검은 옷을 입은 데서 치도라고 부른다.

222 복전설(福田說): 『법원주림(法苑珠林)』에 보면, 불가에서는 세상에 세 종류의 복전인 보은전(報恩田), 공덕전(功德田), 빈궁전(貧窮田)이 있다고 한다.

223 불교: 원문은 '구담씨(瞿曇氏)'이다. 구담은 산스크리트어 고타마(Gotama)의 음역으로, 석가모니의 성이다. 『석가방지(釋迦方志)』에 보면, 정반원조(淨飯遠祖)가 나라를 버리고 수행하면서 구담이라는 성을 받았기에 구담이라 불리게 되었다고 한다. 또 불가에는 여섯 개의 성씨가 있는데, 그 가운데의 하나가 구담이다.

듣자하니 한 주무상(走無常)[224]이 "『혈분경(血盆經)』[225]을 염송하는 것이 참회에 보탬이 됩니까?"라고 묻자, 저승 관리가 대답했다.

"그런 일은 없습니다. 무릇 남녀가 정을 맺어 모든 생명이 잉태되는 것은[226] 천지자연의 이치이며, 음양이 쉬지 않고 운행하는 원리입니다. 생명이 잉태되면 분만이 따르기 마련이고, 분만을 하면 피와 오물이 나오기 마련입니다. 아무리 품위 있고 현명한 어머니라 하여도 이를 피할 수 없기에, 이는 스스로 지은 죄라 할 수 없습니다. 이것을 죄라고 한다면, 사람이 음식을 먹는 이상 변을 보지 않을 수 없고, 입과 코에서 침과 콧물이 나오는 것 역시 피할 수 없는데, 이것도 더럽다하여 죄라 하겠습니까? 이런 말을 하는 자들이 가장 쉽게 유혹할 수 있는 사람들은 여인들뿐인데, 그것은 여인들이 결코 출산에서 벗어날 수 없기 때문입니다. 출산을 죄라 하고, 그 죄는 반드시 참회하지 않으면 안 된다고 말함으로써, 결국 규방의 재물이 공덕비로 바쳐지는 것입니다. 당신은 저승을 드나드는 사람이라 하니 반드시 보고 들은 바가 있을 터인데, 혈지(血池)가 도대체 어디에 있습니까?

---

224 주무상(走無常): 축윤명(祝允明)의 『어괴(語怪)』에 보면, 풍도(酆都)의 주무상에 대한 사건이 적혀 있다. 어떤 주무상은 길을 가다가 갑자기 혼절한 뒤 몇 시간 혹은 하루 심지어는 밤을 보내고 난 뒤에 깨어난다고 한다. 깨어나서 하는 말을 들어보면 모두 저승에 관련된 것들이다. 저승에 귀신이 모자라 바쁠 때는 살아 있는 사람의 도움을 받아 일을 처리한다고 한다. 그래서 그 사람을 주무상이라 부르게 되었다고 한다.

225 『혈분경(血盆經)』: 『목련정교혈분경(目蓮正教血盆經)』의 줄인 말로, 『여인혈분경(女人血盆經)』이라고도 한다. 여성의 피가 가득 찬 연못이란 뜻으로, 여성이 출산 때 흘린 피가 땅을 오염시켰다는 이유로 여인은 죽은 후에도 지옥에서 더러운 피를 마셔야 하고, 이를 마셔야만 부처가 구원해준다는 내용을 담고 있다.

226 무릇…잉태되는 것은: 『주역』「계사(繫辭)」에 보면, "하늘과 땅의 기운이 서로 감응하고 합하여 만물이 만들어지고 번성하며, 남자와 여자의 정기가 합하여 모든 생명이 시작된다(天地絪縕, 萬物化醇, 男女構精, 萬物化生)."라는 구절이 있다.

그곳에 떨어진 이가 정말 있기는 합니까? 아직도 의심하며 이런 것을 묻는단 말입니까?"

주무상은 후에 사람들에게 이 말을 들려주었으나, 그 말을 믿는 이는 아무도 없었다. 죄가 오래 쌓이면 되돌릴 수 없다는 말은 바로 이런 경우를 두고 한 말이다.

帝王以刑賞勸人善, 聖人以褒貶勸人善. 刑賞有所不及, 褒貶有所弗恤者, 則佛以因果勸人善. 其事殊, 其意同也. 緇徒執罪福之說, 誘脇愚民, 不以人品邪正分善惡, 而以布施有無分善惡. 福田之說興, 瞿曇氏之本旨晦矣. 聞有走無常者, 以『血盆經』懺有無利益問冥吏, 冥吏曰: "無是事也. 夫男女搆精, 萬物化生, 是天地自然之氣, 陰陽不息之機也. 化生必產育, 產育必穢汚. 雖淑媛賢母亦不得不然, 非自作之罪也. 如以爲罪, 則飮食不能不便溺, 口鼻不能不涕唾, 是亦穢汚, 是亦當有罪乎? 爲是說者, 蓋以最易惑者惟婦女, 婦女所必不免者惟產育. 以是爲有罪, 以是罪爲非懺不可, 而閨閣之財, 無不充功德之費矣. 爾出入冥司, 宜有聞見, 血池果在何處? 墮血池者果有何人? 乃猶疑而問之歟?" 走無常後以告人, 人訖無信其言者. 積重不返, 此之謂矣.

69.

욕심 낸 스님

명옥(明玉) 스님이 해준 이야기이다.

서산(西山)[227]에 한 스님이 있었는데, 어느 청명절 날에 봄놀이[228] 온 여자들을 보고 우연히 사심이 일었다고 한다. 정신이 팔려 배회하던 중, 한 젊은 여인이 갑자기 눈짓을 하며 점점 부드러운 말로 말했다.

"제 집은 여기서 멀지 않고, 남편은 집 나간 지 한참 되었습니다. 오늘 밤, 숲 밖에서 등불을 들고 당신을 기다리겠습니다."

그렇게 다정하게 당부하며 떠났다.

스님은 약속한 대로 그곳으로 갔다. 그가 서 있는 곳에서 반리 정도 떨어진 곳에 정말 작은 불빛 하나가 반짝이고 있었다. 스님은 숲을 헤치고 시내를 건너며 그 불빛을 따라 갔지만 끝내 다가갈 수 없었다. 잠시 후 불빛이 사라졌다 나타났다 하며, 돌연 오른쪽에서 나타나기도 하고 왼쪽에서

227 서산(西山): 도성에서 서쪽 30리에 위치해 있는데, 태항산(太行山)의 다른 언덕이다. 산이 높고 경치가 빼어나며 도성의 우측을 감싸고 있어 명승지로 불렸다. 명승지로 이름난 곳만 해도 수십 곳은 된다.

228 봄놀이: 원문은 '답청(踏青)'이다. 청명절에 남녀노소 할 것 없이 교외로 놀러 나갔는데, 이를 답청이라 했다.

나타나기도 했다. 스님은 불빛을 좇아 이리저리 뛰고 돌고 돌았지만, 결국 길을 잃고 말았다. 스님은 지치고 피곤해 더 이상 갈 수 없어 큰 나무 아래에 쓰러졌다.

날이 밝은 뒤 자세히 살펴보고 나서야, 스님은 자신이 처음 불빛을 보았던 바로 그 자리에 그대로 있었음을 발견했다. 다시 숲속으로 가보니, 푸른 이끼와 풀 사이로 숱한 발자국이 남아 있었다. 그때 스님은 밤새도록 자신이 소가 맷돌을 돌리듯 이 나무 주위를 빙빙 돌았음을 깨달았다. 이에 스스로 마음이 움직여 마귀가 생겨났음을 알고 급히 큰 스님[229]을 찾아가 참회한 뒤, 이후로는 더 이상 다른 곳에 마음을 두지 않았다.

또 명옥 스님이 해준 이야기로, 산동의 한 스님은 늘 장경각 위의 아름다운 여인이 아래로 내려와 살피는 것을 보고 속으로 요괴임을 알아차렸다고 한다. 그러나 그 귀신을 진실로 얻고 싶다는 생각에 곧장 그곳으로 가서 찾아보았지만, 여인은 보이지 않았고 불러도 나오지 않았다. 이와 같은 일이 백여 차례나 반복되자, 결국 마음의 병을 얻어 죽음에까지 이르렀다. 죽음 직전에 스님은 스스로 이렇게 말했다.

"혹여 전생의 원한 때문에 이런 방법으로 내 목숨을 요구하는 것은 아닐까?"

하지만 두 스님은 결국 [자신들의 마음을 다스리지 못해] 스스로 화를 자초한 것이지, 마귀나 귀신이 그들을 무너뜨린 것은 아니다.

---

229 큰 스님: 원문은 '본사(本師)'이다. 『사기』「악의전(樂毅傳)」에 보면, 악신공(樂臣公)은 황제(黃帝)와 노자(老子)의 학문을 배웠다고 한다. 그의 원래 스승은 '하상장인(河上丈人)'이었다고 한다.

釋明玉言. 西山有僧, 見遊女踏青, 偶動一念. 方徙倚凝思間, 有少婦忽與目, 漸相軟語, 云: "家去此不遠, 夫久外出. 今夕當以一燈在林外相引". 叮嚀而別. 僧如期往. 果熒熒一燈, 相距不半里. 穿林渡澗, 隨之以行, 終不能追及. 既而或隱或現, 倏左倏右. 奔馳轉輾, 道路遂迷. 困不能行, 踣卧老樹之下.

天曉諦觀, 仍在故處. 再往林中, 則蒼蘚綠莎, 履痕重疊. 乃悟徹夜繞此樹旁, 如牛旋磨也. 自知心動生魔, 急投本師懺悔, 後亦無他.

又言山東一僧, 恒見經閣上有艷女下窺, 心知是魅. 然思念魅亦良得, 徑往就之, 則一無所睹, 呼之亦不出. 如是者凡百餘度, 遂惘惘得心疾, 以至於死. 臨死乃自言之. "此或夙世冤愆, 借以索命歟?" 然二僧究皆自敗, 非魔與魅敗之也.

70.

이(理)에 사로잡힌 의원

오혜숙(吳惠叔)이 해준 이야기이다.

의원 아무개는 사람됨이 신중하고 너그러웠다고 한다. 어느 날 밤 한 나이 든 여인이 금팔찌 한 쌍을 가지고 와서 낙태약을 사려 했다. 의원은 크게 놀라며 단호히 거절했다. 다음날 저녁에 그 여인이 또 왔는데, 이번에는 금팔찌에다 진주 꽃 장식 머리꾸미개 두 개를 더 가지고 왔다. 의원은 더욱 경악하며 팔을 휘저어 내쫓았다. 반년 남짓 뒤에 의원은 꿈에 저승사자에게 끌려가게 되었는데, 누군가가 의원이 사람을 죽였다고 고소했다는 것이었다. 저승에 가서 보니, 산발한 머리에 붉은 천을 목에 두른 여인이 눈물을 흘리면서 약을 구하러 갔으나 의원이 약을 주지 않았다고 진술하고 있었다. 의원이 말했다.

"약이란 본래 사람을 살리는데 쓰는 것인데, 어찌 감히 사람을 죽여 이익을 취하겠소? 당신이 간통을 저지르다 이렇게 된 것이거늘, 내가 무슨 잘못을 했단 말이오?"

그러자 여인이 말했다.

"내가 낙태약을 구하러 갔을 때는 태아가 아직 제 모습도 갖추지 않았습니다. 그때 만약 낙태약을 구해 아이를 뗐다면 나는 결코 죽지 않았을 거예요. 이는 무지한 핏덩이 하나를 없애, 죽을 위기에 놓인 한 사람을 살리는 것이었지요. 그러나 약을 구하지 못해 나는 아이를 낳을 수밖에 없었고, 그 아이는 결국 온갖 고통을 받으며 교살당하고 나 또한 핍박에 못 이겨 목을 매야 했습니다. 이는 한 생명을 지키려다가 되레 두 생명을 죽게 만든 꼴이니, 그 죄가 당신에게 있지 않다면, 누구에게 있다고 하겠습니까?"

그 말을 들은 저승 관리가 탄식하며 말했다.

"그대의 말은 사건의 정황에 따라 나온 것으로 이해는 가지만, 저기 잡혀온 의원은 '이치(理)'에 따라 행동한 것이네. 송대(宋代) 이래로 '이(理)'자 한 글자만을 고집하고, 일이 돌아가는 형편의 이해득실을 고려하지 않는 자가 어찌 이 사람 뿐이겠는가? 자네는 그만 두게나!"

의원은 저승 관리가 탁자를 치는 소리에 놀라 꿈에서 깨어났다.

吳惠叔言. 醫者某生, 素謹厚. 一夜, 有老媼持金釧一雙就買墮胎藥. 醫者大駭, 峻拒之. 次夕, 又添持珠花兩枝來. 醫者益駭, 力揮去. 越半載餘, 忽夢爲冥司所拘, 言有訴其殺人者. 至則一披髮女子, 項勒紅巾, 泣陳乞藥不與狀. 醫者曰: "藥醫活人, 豈敢殺人以漁利? 汝自以姦敗, 於我何尤?" 女子曰: "我乞藥時, 孕未成形. 儻得墮之, 我可不死. 是破一無知之血塊, 而全一待盡之命也. 既不得藥, 不能不産, 以致子遭扼殺, 受諸痛苦, 我亦見逼而就縊. 是汝欲全一命, 反戕兩命矣, 罪不歸汝, 反歸誰乎?" 冥官喟然曰: "汝之所言酌乎事勢, 彼所執者, 則理也. 宋以來固執一理, 而不揆事勢之利害者, 獨此人也哉? 汝且休矣!" 拊几有聲, 醫者悚然而寤.

71.

저승의 부귀

오혜숙이 또 해준 이야기이다.

역병으로 죽었다가 다시 살아난 사람이 있다고 한다. 그는 저승에서 옛 친구를 만났는데, 누더기를 걸치고 머리에 칼을 쓰고 있었다.[230] 두 사람은 서로를 알아보고 반가움과 슬픔에 겨워, 자신도 모르게 옛 친구의 손을 잡고 길게 탄식했다.

"자네는 일평생 부귀를 누렸건만, 결국 그것을 이곳까지는 가져오지 못했나보이."

친구가 이맛살을 찌푸리며 말했다.

"부귀란 본래 다 가져 올 수 있는데, 다만 사람들이 기꺼이 가져오려 하지 않을 뿐이네. 살아생전에 공덕을 쌓은 자라면 이곳에 와서도 어찌 부귀를 누리지 못하겠는가? 자네 돌아가거든 세상 사람들에게 전해주게. 이승에 있을 때 미리 저승의 부귀를 준비하는 것이 좋다고."

이남간(李南澗)이 말했다.

---

230 머리에 칼을 쓰고 있었다: 원문은 '하교(荷校)'이다. 『주역』에 보면, "하교멸이(何校滅耳)"라는 구절이 있는데, 하(何)는 하(荷)와 같고, 지다[負]의 뜻이다. 교(校)는 나무로 만든 형틀이다. 여기서는 칼을 쓰고 형벌을 받는 것을 말한다.

"참으로 옳은 말일세! '부귀는 모두 부질없는 것이다'라고 말하는 것보다 이 말이 훨씬 낫네."

惠叔又言. 有疫死還魂者. 在冥司遇其故人, 襤褸荷校. 相見悲喜, 不覺握手太息曰: "君一生富貴, 竟不能帶至此耶." 其人蹙然曰: "富貴皆可帶至此, 但人不肯帶爾. 生前有功德者, 至此何嘗不富貴耶? 寄語世人. 早作帶來計可也." 李南澗曰: "善哉! 斯言勝於謂富貴皆空也."

여시아문
如 是 我 聞
4

관혁도인(觀奕道人) 찬(撰)

1.

여우가 여우인 까닭

장산(長山) 사람 섭송암(聶松岩)이 해준 이야기이다.

안구(安丘) 사람 장묘군(張卯君) 선생 집에 서재가 있는데, 여우에게 빼앗겼다고 한다. 여우는 사람들과 이야기할 때마다 계집종과 할멈, 노복들에게 비밀이 생기면 반드시 모두 앞에서 폭로했다. 그래서 집안사람들은 여우를 신명처럼 경외하며 감히 나쁜 짓을 하지 않았다. 이 여우 역시 말할 줄 아는 규범[1]이자 무형의 감독자[2]라 할 수 있다. 그런데 교활한 사람이 간혹 여우를 공경해 받들면, 여우는 그들의 단점을 언급하기를 회피하고, 딱 잘라 말하려 하지 않는데, 이것은 아마도 여우가 총명함은 넘치나 정직함은 부족하기 때문일 것이다. 이것이 바로 여우가 여우인 까닭이다.

長山聶松岩言. 安邱張卯君先生家有書樓, 爲狐所據. 每與人對語, 媼婢僮僕, 凡有隱匿, 必對衆暴之. 一家畏若神明, 惕惕然不敢作過. 斯亦能語之繩規,

---

1 규범: 원문은 '승규(繩規)'이다. 승은 직선을 그리는 도구이고, 규는 원형을 그리는 도구이다.

2 감독자: 원문은 '감사(監史)'이다 『시경(詩經)』「소아(小雅)」에 보면, "그래서 감시자를 세우고 기록자를 두어 그를 돕게 했으니(旣立之監, 或佐之史)."라는 시구가 있다.

無形之監史矣. 然奸黠者, 或敬事之, 則諱其所短, 不肯質言, 蓋聰明有餘, 正直則不足也. 斯狐之所以爲狐歟.

2.

귀신의 당부

창주(滄州) 삽화묘(揷花廟)의 노비구니 동씨(董氏)가 해준 이야기이다.

그녀는 어느 날 밤에 잠결에 깨어나, 마치 누군가가 예불을 드리고 있는 것처럼 불전에서 경쇠를 치는 소리가 청아하게 울리는 것을 들었다고 한다. 이튿날 제자들에게 그 이야기를 하자 제자들이 "사부님께서 환청을 들으셨나 봅니다."라고 말했다. 그러나 그날 밤 다시 같은 소리가 들려오자, 동씨는 몰래 일어나 발소리를 죽이고 그곳을 살펴보았다. 불전 안의 등불[3]이 푸르스름하게 빛나고 있어 희미하게나마 사물을 알아볼 수 있었다. 그런데 경쇠를 치고 있는 사람은 다름 아닌 돌아가신 그녀의 스승이었다. 또 한 젊은 부인이 부처 앞에 무릎을 꿇고 앉아 중얼거리며 무엇인가를 빌고 있었다. 그러나 젊은 부인이 등을 보인 채 불상을 향해 있었기에 누구인지 알 길이 없었다. 자세히 들어보니 병든 남편의 복을 빌고 있었다. 놀라고 두려운 마음에 어떻게 해야 할지 몰라 하던 그녀가 그만 붉은 창살을 건드려 소리를 내고 말았다. 그러자 불전 안은 음기로 가득차고 불빛도 갑자기 어두워졌다. 잠시 후 다시 빛이 밝아졌을 때는 이미 사라지고 아무도

3 불전 안의 등불: 원문은 '불화(佛火)'이다.

없었다. 돌아가신 외조부 장설봉(張雪峰)께서 말씀하셨다.

"그 젊은 부인은 저승에 가서도 여전히 병든 남편을 걱정하고 있구나. 이 이야기를 들으니 부부의 정이 더욱 깊어지는 것 같다."

동씨 비구니가 또 해준 이야기이다.

삽화묘 근처에 꽃을 파는 한 할멈이 있었는데, 어느 날 밤에 아무개의 묘를 지나가다가 돌연 아무개 부인의 혼이 나무아래 서서 손짓하며 자신을 부르는 것을 보았다고 한다. 피할 길이 없던 할멈은 벌벌 떨며 절을 올렸다. 그러자 아무개 부인이 말했다.

"나는 밤마다 이곳에서 생전에 알고 지냈던 누군가가 지나가기를 눈빠지게 기다렸는데, 오늘에서야 자네를 만났네 그려. 집으로 돌아가 내 딸과 사위에게 전해주시게. 저들이 꾸미는 모든 음모는 귀신이 다 알고 있으니, 더 이상 헛된 짓은 말라고. 나는 저승에서 혹독한 매질을 받고 있고, 지하에 계신 조상들도 나로 인해 귀신들의 욕을 먹고 있네. 부끄러워 얼굴을 들 수 없어 날마다 이 나무 아래로 숨어들어 찬비와 매서운 바람을 맞으며 온갖 고초를 겪고 있네. 또한 이곳에서 몇 생을 더 떠돌아야 윤회하게 될 지도 모른다네. 얼핏 듣기로는 시동생에게서 빼앗은 재산이 다 소진되어야 비로소 살 길이 열린다고 하더군. 또한 사위가 몰래 숨긴 비밀 서찰이 몇 통 있는데, 내가 아플 때 나전(螺鈿)으로 장식된 작은 상자 안에 넣어 두었네. 훗날 화근이 되지 않도록 꼭 찾아내서 없애라고 해 주시게."

아무개 부인은 재삼 당부하며 흐느끼다가 이내 사라졌다. 꽃 파는 할멈은 그 딸에게 조용히 이 이야기를 전했지만, 딸은 화를 내며 말했다.

"우리 시동생을 위해 이런 말을 꾸며내다니!"

그러나 상자 안에서 서찰을 보고는 두려움에 떨기 시작했다. 그 후 딸의 집안은 날이 갈수록 쇠락했다. 이 일을 알고 있던 친척들은 모두 합장하며 말했다.

"아무개 부인이 이제 곧 윤회하겠구나."

滄州插花廟老尼董氏言. 嘗夜半睡醒, 聞佛殿磬聲鏗然, 如有人禮拜者. 次日告其徒, 曰: "師耳鳴." 至夜復然, 乃潛起躡足窺之. 佛光青熒, 依稀辨物. 見擊磬者, 乃其亡師. 一少婦對佛長跪, 喁喁絮祝. 回面向內, 不識爲誰. 細聽所祝, 則爲夫病求福也. 恐怖失措, 觸朱槅有聲. 陰氣冥濛, 燈光驟暗. 再明則已無睹矣. 先外祖雪峰張公曰: "此少婦已入黃壤, 猶憂夫病. 聞之使人增伉儷之情."

董尼又言. 近一賣花老媼, 夜經某氏墓, 突見某夫人魂立樹下, 以手招之. 無路可避, 因戰慄拜謁. 某夫人曰: "吾夜夜在此, 待一相識人寄信, 望眼幾穿, 今乃見爾. 歸告我女我婿. 一切陰謀, 鬼神皆已全知, 無更枉拋心力. 吾在冥府, 大受鞭笞, 地下先亡, 更人人唾詈. 無地自容, 惟日避此樹邊, 苦雨淒風, 酸辛萬狀. 尚不知沉淪幾輩, 得付轉輪. 似聞須所奪小郎資財, 耗散都盡, 始冀有生路也. 又婿有密札數紙, 病中置螺甸小篋中. 囑其檢出毀滅, 免得他日口實." 叮嚀再三, 嗚咽而滅. 媼潛告其女, 女怒曰: "爲小郎游說耶!" 迨於篋中見前札, 乃始悚然. 後女家日漸消敗. 親串中知其事者, 皆合掌曰: "某夫人生路近矣."

3.

죽은 자의 빚깔

우루무치(Ürümqii)[4]의 제독 파언필(巴彦弼)이 해준 이야기이다.

옛날에 그가 우츠투르판(Uqturpan)[5]으로 정벌 나갔을 때, 어느 날 꿈에서 한 산기슭에 이르렀다고 한다. 그곳에는 예닐곱 개의 장막이 쳐져 있었는데, 수비병은 보이지 않았다. 수십 명의 사람이 왔다 갔다 하는데, 모두 문관인 것 같았다. 가까이 다가가 한번 살펴보다가, 옛날 호군통령(護軍統領)[6]이었던 아무개 공을 우연히 만났다. 원주: 아무개 공의 이름은 다섯 글자인데, 파공이 권설음으로 빠르게 말해, 지금은 기억나지 않는다. 두 사람은 악수하고 서로의 안부를 물었다. 파공이 "공께서는 오래전에 돌아가셨는데, 무슨 일로 지금 이곳에 와 계십니까?"라고 묻자, 이렇게 대답했다.

---

4 우루무치(Ürümqii): 원문은 '오로목제(烏魯木齊)'로, 신강의 적화현(迪化縣)이다. 위구르어로 우룸치라고 부르는데, 좋은 사냥터의 뜻으로 번역되기도 하고 투쟁의 뜻도 있다고 한다. 옛날 몽고족과 회족이 이곳에서 자주 전쟁을 일으켰다고 해서 부쳐진 이름이다.

5 우츠투르판(Uqturpan): 원문은 '오십(烏什)'으로, 지금의 신강 위구르 자치구에 위치한다.

6 호군통령(護軍統領): 2천년이 넘은 관직명으로, 진대(秦代)에는 호군도위(護軍都尉)였다. 한대에는 군사업무를 맡아보았고, 위나라 때에도 존재했다. 청대 순치(順治) 16년(1660)에 정식으로 호군통령이라 명명하고 품계는 정2품으로, 기(旗)마다 한 명씩 두어 군영의 법령을 담당하게 했다.

"내가 살아생전 융통성이 없고 고지식한 덕분에, 저승에서 벼슬을 맡게 되었네. 지금은 군적(軍籍)에 따라 전사자를 기록하고 있는 중이라네."

파공은 책상위에 놓인 황색, 홍색, 자색, 흑색 등 몇 권의 책을 보았다. 파공이 "이것은 팔기군(八旗軍)의 깃발 색에 따라 분류한 것입니까?"라고 묻자, 아무개 공이 웃으며 말했다.

"팔기에 자색과 흑색이 어디 있나? 원주: 옛 제도에 따르면, 본래는 흑기가 있었는데, 밤에 구별하기가 어려워 남기(藍旗)로 바꾸었다. 아무개 공은 이를 몰랐던 듯하다. 이것은 단지 전사자의 성격에 따라 구분된 등급일 뿐이네."

"등급은 어떻게 정합니까?"

"충심으로 나라를 위하여 자신을 돌보지 않고 분연히 몸을 던진 자는 황색 책자에 올리네. 삼가 군령을 따르고 죽음 앞에서 두려워하지 않은 자는 홍색 책자에 올리네. 부대를 따라 이리저리 옮겨 다니다 전사한 자는 자색 책자에, 패주하다 살길을 잃고 적군들의 말발굽 아래에 짓밟혀 죽거나, 추격 끝에 참수된 자는 흑색 책자에 올리네."

파공이 다시 물었다.

"함께 명을 받고 피 흘리며 쓰러지는데, 어찌 그 차이를 일일이 가려내며, 오류 없이 기록할 수 있단 말입니까?"

"이것은 오직 저승 관리들만이 판별할 수 있네. 대체로 사람이 죽고 나면 혼이 남는데, 그 정기는 살아 있을 때와 똑같네. 황색 책자에 오를 자는 그 정기가 활활 타오르는 불처럼 왕성하네.[7] 홍색 책자에 오를 자는 봉홧

---

7 왕성하네: 원문은 '봉봉발발(蓬蓬勃勃)'이다. 『수서(隋書)』「천문지(天文志)」에 보면, "대개 기가 처음 나올 때는 시루의 수증기처럼 아주 왕성하다(凡氣初出, 蓬蓬勃勃, 如甑上氣)."라는 구절이 있다.

불[8]처럼 정기가 곧게 치솟아 바람에도 꺾이지 않네. 자색 책자에 오를 자는 정기가 구름 사이를 뚫고 오가는 번갯불처럼 번쩍이게 마련이네. 이 세 등급 가운데 가장 위에 드는 이는 신명이 되고, 가장 아래에 있는 자라도 선한 길(善道)로 돌아가게 되네. 그러나 흑색 책자에 오를 자는 그 정기가 꺼진 재처럼 식고 움츠러들며, 마치 불씨도 남지 않은 것 같네. 조정에서는 충성스럽고 의로운 자들을 예외 없이 애도하고 포상하지만,[9] 저승에서는 그들을 평범한 귀신으로 여겨, 더는 이름조차 거론하지 않는다네."

파공은 귀 기울여 경청하던 중, 두려움에 사로잡혀 기가 꺾였다. 막 자신의 미래를 물어보려던 순간, 갑작스런 대포 소리에 깜짝 놀라 꿈에서 깨어났다.

그 뒤로 그는 이 이야기를 늘 부하들에게 전하며 이렇게 말했다.

"내가 전장에 설 때마다 이 말을 떠올리면, 목숨을 던지는 일도 기러기 깃털처럼 가볍게 느껴진다네."

烏魯木齊提督巴公彦弼言. 昔從征烏什時, 夢至一處山麓. 有六七行幄, 而不見兵衛. 有數十人出入往來, 亦多似文吏. 試往窺視, 遇故護軍統領某公. 原註: 某名凡五字, 公以滚舌音急呼之, 今不能記. 握手相勞苦. 問: "公久逝, 今何事到此?" 曰: "吾以平生拙直, 得受冥官. 今隨軍籍記戰没者也." 見其几上諸册, 有黃色紅色,

---

8 봉홧불: 원문은 '봉연(烽煙)'이다. 『유양잡조』에 보면, 이리의 분을 태우면 불이 위로 치솟으며 타올라, 봉화를 올릴 때는 주로 이리의 분을 사용했다고 한다.

9 애도하고 포상하지만: 원문은 '애영(哀榮)'이다. 『논어(論語)』「자장(子張)」에 보면, "살아계실 때에는 영광을 받으시고 돌아가셨을 때에는 모두 애통해하니(其生也榮, 其死也哀)."라는 구절이 있다.

紫色黑色數種. 問: "此以旗分耶?" 微笑曰: "安有紫旗黑旗? 原註: 雖舊有黑旗, 以黑色夜中難辨, 乃改爲藍旗. 此公蓋偶未知也. 此別甲乙之次第耳." 問: "次第安在?" 曰: "赤心爲國, 奮不顧身者, 登黃册. 恪遵軍令, 甯死不撓者, 登紅册. 隨衆驅馳, 轉輾而殞者, 登紫册, 倉皇奔潰, 無路求生, 蹂踐裂尸, 追殲斷脰者, 登黑册." 問: "同時受命, 血濺尸橫, 豈能一一區分, 毫無舛誤?" 曰: "此惟冥官能辨矣. 大抵人亡魂在, 精氣如生. 應登黃册者, 其精氣如烈火熾騰, 蓬蓬勃勃. 應登紅册者, 其精氣如烽煙直上, 風不能搖. 應登紫册者, 其精氣如雲漏電光, 往來閃爍. 此三等中, 最上者爲神明, 最下者亦歸善道. 至應登黑册者, 其精氣瑟縮摧頹, 如死灰無焰. 在朝廷褒崇忠義, 自一例哀榮, 陰曹則以常鬼視之, 不復齒數矣." 巴公側耳敬聽, 悚然心折. 方欲自問將來, 忽砲聲驚覺. 後常以告麾下, 曰: "吾臨陣每憶斯語, 便覺捐身鋒鏑, 輕若鴻毛."

4.

죽은 가마꾼 왕이

『야등총록(夜燈叢錄)』에는 사매장(謝梅莊)[10]이 쓴 당자(戇子)에 대한 일화가 실려 있는데, 당자의 성이 노씨(盧氏)이고, 이름이 지인(志仁)이라는 사실은 기록되어 있지 않다. 이는 아마도 사매장이 지은 「당자전(戇子傳)」[11]을 보지 못하고 그저 전해오는 이야기만을 바탕으로 썼기 때문인 듯하다. 경조윤 곽이서(霍易書)가 규소도(葵蘇圖)에서 수자리를 설 때, 왕이(王二)라는 가마꾼이 있었는데, 그 인품이 당자와 비슷하였다.

그가 후에 변방에서 죽자 곽이서는 통곡하며 슬퍼했다. 어느 날 밤, 갑자기 장막 밖에서 "양을 도둑맞았으니, 얼른 서북쪽으로 쫓아가십시오."라는 말소리가 들렸다. 밖으로 나와 보니 과연 사실이었다. 곽이서는 그 음성이 왕이의 혼백이 틀림없다고 생각했다. 곽이서의 또 다른 하인이 고향으로 돌아가기 위해 인사를 하고 떠날 채비를 하고 있었는데, 그날 이 일을

10 사매장(謝梅莊): 사제세(謝濟世)이다. 사제세(1688? 1689~1755? 1756)는 문인이자 관료로, 자가 석림(石林)이고 호는 매장이며, 광서 전주(全州) 사람이다.

11 「당자전(戇子傳)」: 청대의 문인 사제세가 쓴 문장이다. 그는 일평생 충직하게 살았지만 불우하게 생활함으로써 울분으로 가득 찼다. 작품의 제목에 '당(戇)'자를 붙여 당시 조정의 언로와 인재선발에 대한 불만을 드러냈다.

목격하고는 행장을 풀고 떠나지 않았다. 그리고는 동료들에게 이렇게 말했다.

"저승에서 왕이가 나를 보고 비웃지는 않을까 두렵네."

『夜燈叢錄』載謝梅莊戇子事, 而不知戇子姓盧名志仁. 蓋未見梅莊自作「戇子傳」, 僅據傳聞也. 霍京兆易書, 戍癸蘇圖時, 轎夫王二與戇子事相類. 後歿於塞外, 京兆哭之慟. 一夕, 忽聞帳外語曰: "羊被盜矣, 可急向西北追." 出視果然. 聽其語音, 灼然王二之魂也. 京兆有一僕方辭歸, 是日睹此異, 遂解裝不行. 謂其曹曰: "恐冥冥王二笑人."

5.

구업(口業)의 경고

창주에 채(蔡) 아무개라는 소경이 있었다. 그가 늘 남산루(南山樓) 아래를 지나갈 때마다, 어떤 노인이 그를 불러 함께 노래를 연주하고 마주 앉아 술도 같이 마시곤 했다. 두 사람은 점점 친해졌고, 노인도 때때로 채 아무개의 집에 와서 함께 술을 마셨다. 노인은 자칭 포씨(蒲氏)라 하며, 강서(江西) 사람으로, 자기를 팔러 이곳까지 왔다고 했다. 시간이 흐르면서 채 아무개는 그가 여우라는 것을 알아차렸다. 그러나 두 사람은 사이가 워낙 돈돈해, 여우도 이를 숨기지 않았고 채 아무개도 그를 두려워하지 않았다.

마침 어느 집 안사람에 관한 풍문이 소송으로까지 이어지자, 사람들은 의견이 분분했다. 우연히 여우와 그 일에 대해 논하게 되었다.

"그대는 영에 통달하셨으니, 이 사건의 정황을 잘 알고 계시지요."

그 말에 여우는 발끈해 말했다.

"우리같이 도를 닦는 자가 어찌 남의 집 사사로운 일에 간여하겠소? 대개 침실은 은밀한 곳이고, 남녀의 밀회는 애매하여 밝히기 어려우니, 의심이 쉽게 생깁니다. 개 한 마리가 그림자를 보고 짖기 시작하면 다른 개들도 그 소리를 듣고 따라 짖지요.[12] 설령 그것이 사실이라 해도, 어찌 다른 사람의 일에 간여하겠소? 내 입은 하루 즐거울지 모르겠으나, 그 집안 자손은 몇 대를 부끄러워하게 됩니다. 이는 곧 천지의 조화를 상하게 하고, 귀신의 노여움을 사는 일이지요. 하물며 잔에 비친 뱀 그림자처럼[13] 실체도 없는 일을 마치 직접 본 것처럼 사실인 양 꾸며 말하고, 덧붙이고, 부풀려서, 결국 누군가를 참을 수도, 분별할 수도 없게 만들어, 그 결과 종종 말 못할 울분 끝에 목숨을 끊는 이도 생깁니다. 그 원한은 겁이 지나도 풀리지 않지요. 진실로 죽은 이의 넋이 있다면 어찌 업보가 없겠소? 그 사람을 위해 칼산과 칼 나무[14] 위에 자리를 마련할까 두렵소. 그대는 평소 진실하고 순박한 사람으로, 이런 이야기를 들었으면 귀를 막았어야 했소. 그런데도 도리어 진위를 따지고자 하니, 그 의도가 무엇이오? 두 눈을 잃은 것도 부족해, 혀까지 잘리고 싶은 것이오?"

---

12 개 한 마리가…따라 짖지요: 왕부(王符)의 『잠부론(潛夫論)』「현난(賢難)」에 보면, "개 한 마리가 사물을 보고 짖으면, 온갖 개들도 따라 짖는다. 세상이 이를 우려한 지 진실로 오래되었다. 나는 참과 거짓을 분별하지 못하는 세태가 애통할 따름이다(一犬吠形, 百犬吠聲. 世之疾此, 固久矣哉. 吾傷世之不察眞僞之情也)."라는 구절이 있다.

13 잔에 비친 뱀 그림자처럼: 원문은 '배궁사영(盃弓蛇影)'이다. 『진서(晉書)』「악광전(樂廣傳)」에 보면, 예전에 친구가 오랫동안 오지 않아 악광이 가서 그 까닭을 물어보았다고 한다. 그러자 "전에 자리에 앉아서 술을 마시려고 하는데, 술잔 안에 비친 뱀 그림자를 보았네. 속으로 몹시 두려웠는데, 술을 다 마시고 나서 병이 났네."라고 말했다. 하남청사의 벽 모퉁이에 뱀 그림이 그려져 있었다. 악광은 술잔 속에 비친 뱀 그림자가 바로 그것이라 생각하고, 다시 그 자리에서 술잔치를 열었다. 그리고는 친구에게 "전에 자네가 술잔 속에서 본 뱀이 바로 이것이 아닌가?" 하고 묻자, 그렇다고 했다. 악광은 그제야 사실대로 이야기를 했다. 친구는 바로 병이 나았다.

14 칼산과 칼 나무: 원문은 '도산검수(刀山劍樹)'이다. 지옥 혹형(酷刑)의 하나로, 나찰이 죄인들을 몰아 칼산과 칼 나무 위를 오르게 했는데, 그 위에 오르기도 전에 칼과 검이 죄인의 발에 상처를 냈고 심지어는 심장에까지 상처를 냈다고 한다.

여우는 술잔을 던지고 가버린 뒤, 그 뒤로는 발길을 끊었다. 채 아무개는 깊이 부끄러워하며 스스로 뺨을 때렸다. 그는 항상 사람들에게 이 이야기를 해주며 경계하게 하였고, 자신의 잘못을 숨기지 않았다.

滄州瞽者蔡某. 每過南山樓下, 卽有一叟邀之彈唱, 且對飮. 漸相狎, 亦時至蔡家共酌. 自云姓蒲, 江西人, 因販磁到此. 久而覺其爲狐. 然契合甚深, 狐不諱, 蔡亦不畏也. 會有以閨闥蜚語涉訟者, 衆議不一. 偶與言及曰: "君旣通靈, 必知其審." 狐艴然曰: "我輩修道人, 豈干預人家瑣事? 夫房幃秘地, 男女幽期, 曖昧難明, 嫌疑易起. 一犬吠影, 每至於百犬吠聲. 卽使果眞, 何關外人之事? 乃快一日之口, 爲人子孫數世之羞. 斯已傷天地之和, 召鬼神之忌矣. 況盃弓蛇影, 恍惚無憑, 而點綴鋪張, 宛如目睹, 使人忍之不可, 辨之不能, 往往致抑鬱難言, 含冤畢命. 其怨毒之氣, 尤歷劫難消. 苟有幽靈, 豈無業報? 恐刀山劍樹之上, 不能不爲是人設一座也. 汝素樸誠, 聞此事亦當掩耳. 乃考求眞僞, 意欲何爲? 豈以失明不足, 尙欲犁舌乎?" 投杯徑去, 從此遂絶. 蔡愧悔, 自批其頰. 恒述以戒人, 不自隱匿也.

6.

사람 같은 짐승, 짐승 같은 사람

외삼촌 장몽징(張夢徵)이 해준 이야기이다.

오가장(吳家莊)의 서쪽에 살 때 한 거지가 길에서 죽었는데, 그가 기르던 개가 주인의 시신 곁을 떠나지 않고 지켰다고 한다. 밤에 이리가 와서 시신을 뜯어먹으려 하자, 개는 온힘을 다해 맞서며 이리를 물어 시신에 다가가지 못하게 했다. 잠시 뒤 이리 떼가 몰려들자 개는 있는 힘을 다해 싸우다가 쓰러졌다. 결국 개는 주인과 함께 이리들에게 먹히고 머리만 남았는데, 이리를 물어뜯을 듯 여전히 두 눈을 부릅뜨고 있었다. 수박밭을 지키던 한 소작농이 직접 이 광경을 목격했다고 한다.

정이문(程易門)이 우루무치에 있을 때의 일이다. 어느 날 밤, 한 도둑이 집 안으로 들어와 물건을 훔치고는 담을 넘어 도망치려 했다. 그때 그 집에서 기르던 개가 뒤좇아 가 도둑의 발을 물었다. 도둑은 칼을 빼 들고 개를 내려쳐 죽였는데, 개는 숨이 끊어질 때까지도 도둑의 발을 놓지 않았다. 그 덕분에 도둑은 결국 붙잡혔다. 당시 정이문의 집에는 공기룡(龔起龍)이라는 하인이 있었는데, 마침 주인을 배신하고 물어뜯고 있었다. 그러자 사람들이 이렇게 말했다.

"정태수의 집에는 두 이물(異物)이 있는데, 한 이물은 사람의 얼굴에 짐승의 마음을 가지고 있고, 다른 이물은 짐승의 얼굴에 사람의 마음을 지녔다."

舅氏張公夢徵言. 所居吳家莊西, 一丐者死於路, 所畜犬守之不去. 夜有狼來啖其尸, 犬奮嚙不使前. 俄諸狼大集, 犬力盡踣. 遂并爲所啖, 惟存其首, 尙雙目怒張, 皆如欲裂. 有佃戶守瓜田者親見之.

又程易門在烏魯木齊. 一夕有盜入室, 已逾墻將出. 所畜犬追嚙其足. 盜抽刃斫之, 至死嚙終不釋. 因就擒. 時易門有僕曰龔起龍, 方負心反噬. 皆曰: "程太守家有二異, 一人面獸心, 一獸面人心."

7.

까마귀 소리와 한운

내가 우루무치에 있을 때 효기교(驍騎校)[15] 살음작극도(薩音綽克圖)[16]가 해준 이야기이다.

그가 예전에 홍산(紅山)[17] 입구의 초소[18]에서 수비로 있었을 때의 일이다. 하루는 동이 틀 무렵 까마귀 한 마리가 집 문 앞에서 까악까악 울었다. 불길한 그 소리를 꺼림칙하게 여겨 활[19]을 당겨 까마귀를 향해 쏘았다. 그 순간 화살이 소리를 내며 젖소의 등을 스치고 지나가자, 놀란 소가 그대로 달리기 시작했다. 이에 군졸 몇 명을 불러 급히 뒤쫓게 했다. 소는 산골짜기까지 달려가 그곳에서 밭을 갈던 농부 둘과 맞닥뜨렸는데, 그 중 한 사람을 들이받아 쓰러뜨렸다. 군졸이 농부를 일으켜 살펴보니 단지 다리를 절며 걷기 어려울 뿐, 큰 외상은 없었다. 집이 멀지 않다 하기에 군졸들이 함께 부축해 그를 집으로 데려다주었다. 방에 들어가 앉기도 전에, 아이가 '도둑

---

15 효기교(驍騎校): 청대 팔기군의 직책으로, 좌령(佐領) 아래에 속한다.

16 살음작극도(薩音綽克圖): 당시 살음작극도 역시 우루무치에 폄적되어 온 무관이었다.

17 홍산(紅山): 지금의 신강 위구르자치구 선선현(鄯善縣) 내에 위치한다.

18 초소: 원문은 '잡륜(卡倫)'이다. 멀리 바라보며 감시하는 초소로, 객륜(喀倫)·잡로(卡路)라고도 한다. 청나라 때 군사적 요충지에 세워둔 초소로, 대부분 변경지대에 두었다.

19 활: 원문은 '교시(骹矢)'로, 소리 나는 화살을 말한다. 통속문에서는 우는살을 교라 했다.

이야. 도둑' 하고 연거푸 외치는 소리가 들렸다. 군졸들과 함께 나가 잡고 보니, 변방에 유배되었던 도망 죄수 한운(韓雲)이었다. 마침 그는 담을 넘어 남의 집 수박을 훔쳐 먹고 있었기에, 그 자리에서 붙잡았다. 까마귀가 집 문 앞에서 울지 않았더라면, 살음작극도도 활을 쏘지 않았을 것이다. 그가 활을 쏘지 않았다면 소도 놀라 달아나지 않았을 것이다. 소가 달아나지 않았다면 사람을 들이받지도 않았을 것이며, 사람이 쓰러지지 않았다면 군졸들이 그 집에 갈 일도 없었을 것이다. 만일 아이 혼자 도둑이 수박을 훔치는 모습을 보았다면, 도적을 잡는 것은 불가능했을 것이다. 이렇듯 일이 얽히고 연결되어 끝내 도적을 붙잡고 벌을 주게 되었으니, 이 까마귀가 날아온 것이 어찌 어떤 존재가 그 몸에 붙어 그런 것이 아니겠는가?

한운은 본래 극악한 도적으로, 그가 겁탈하고 죽인 자가 많았다. 당시 사람들은 어떤 기이한 현상을 직접 보지는 못했으나, 이는 실로 유강(劉剛)이 귀신을 만났던 일[20]과 같은 인과응보의 이치라 하겠다.

余在烏魯木齊日, 驍騎校薩音綽克圖言. 曩守江山口卡倫. 一日將曙, 有烏啞啞對戶啼. 惡其不吉, 引骹矢射之. 嗷然有聲, 掠乳牛背上過, 牛駭而奔. 呼數卒急追. 入一山坳, 遇耕者二人, 觸一人仆. 扶視無大傷, 惟足跛難行. 問其家不遠, 共舁送歸. 入室坐未定, 聞小兒連呼有賊. 同出助捕, 則逃遣犯韓雲. 方逾垣盜食其瓜, 因共執焉. 使烏不對戶啼, 則薩音綽克圖不射. 薩音綽克圖不射, 則牛不驚逸. 牛不驚逸, 則不觸人仆, 不觸人仆, 則數卒不至其家. 徒一小兒見人盜瓜, 其勢必不能縶縛. 乃轉輾相引, 終使受縶伏誅, 此烏之來, 豈非有物憑之哉? 蓋雲本劇寇, 所劫殺者多矣. 爾時雖無所睹, 實與劉剛遇鬼因果相同也.

---

20 유강(劉剛)이 귀신을 만났던 일: 『여시아문(1)』에 나온다.

8.

귀신의 바람

또 좌령(佐領)[21] 액이혁도(額爾赫圖)가 해준 이야기이다.

그가 예전에 베쉬발릭(Beshbalik)[22]의 초소에서 수비로 있을 때의 일이다. 밤에 초막[23] 밖에서 흑흑하고 흐느끼는 소리가 들려 사람들이 좇아가 보았더니 소리가 점점 멀어졌다. 사람이 멈추면 소리도 멈추고, 사람이 돌아서면 다시 소리가 들려왔다. 이런 일이 며칠 밤 동안 반복되었다. 담력 있는 한 수비병이 결국 칼을 들고 그 소리를 따라 구불구불한 산속으로 들어갔다. 소리는 한 시신이 있는 곳에서 멈추었는데, 시신을 보니 들짐승들에게 물어뜯긴 흔적이 있었고, 이미 오래전에 말라 있었다. 수비병이 돌아와 그 사실을 보고하자, 사람들은 무덤을 서 줄 것을 원한다는 사실을 알고 관을 준비해 장사 지내주었다. 그 이후로는 울음소리가 더 이상 들리지 않

---

21 좌령(佐領): 청대 팔기군의 관직명으로, 만주어로는 니루(niru)라고 한다. 또한 니루의 장관은 니루어전(niru ejen)으로, 우록액진(牛彔額眞)으로 번역된다. 다시 니루장긴(niru janggin)으로 명칭이 바뀌었는데, 바로 우록장경(牛彔章京)이다.

22 베쉬발릭(Beshbalik): 원문은 '길목살(吉木薩)'이다. 역력파력(亦力把力), 별실팔리(別失八里)라고도 하는데, 청대 신강성 부원현(孚遠縣)에 해당한다.

23 초막: 원문은 '단초(團焦)'이다. 『북제서(北齊書)』「신무제기(神武帝紀)」에 보면, "읍 사람 방창용이 초막에서 머물렀다(邑人龐蒼鷹止團草中)."라는 구절이 있다.

았다.

무릇 사람이 죽어 신명(영혼)이 떠나가면, 육신이 무슨 소용이 있는가? 이 귀신은 자신의 육신에 붙들려 스스로 벗어나지 못하고 있다. 그런데 땅에서는 땅강아지와 개미의 밥이 되고, 물에서는 물고기와 자라의 밥이 된다[24]는 이야기는 본디 장자의 폭넓은 견식으로, 어찌 중생들이 태상(太上)과 같이 감정에 얽매이지 않는 경지에 이르게 할 수 있겠는가? 이 일을 통해 볼 때 관과 이불과 같은 장례용품은 삼가 신중하게 마련하는 것이 효자의 마음이며, 사람의 유골[25]은 반드시 묻어주어야 하는 것이 어진 사람의 정치이다. 성인은 귀신의 감정과 상황을 꿰뚫어 보는 이로서, 언제 사람이 죽은 뒤 혼은 상승하고 백은 하강해 결국 지각이 없어진다고 말한 적이 있는가?

又佐領額爾赫圖言. 曩守吉木薩卡倫. 夜聞團焦外嗚嗚有聲, 人出逐, 則漸退. 人止則止, 人返則復來. 如是數夕. 一戍卒有膽, 竟操刃隨之, 尋聲迤邐入山中. 至一僵尸前而寂, 視之, 有野獸嚙食痕, 已久枯矣. 卒還以告, 心知其求瘞也, 具棺葬之. 遂不復至.

---

24 땅에서는…된다: 『장자(莊子)』「열어구(列禦寇)」에 보면, 장자의 임종 때 제자들이 후하게 장사지내 드리고 싶다고 했다고 한다. 이에 장자는 “나는 천지를 널로 삼고 해와 달을 한 쌍의 옥으로 알며 별을 구슬로 삼고 만물을 내게 주는 선물이라고 생각하고 있다. 내 장례 도구는 없는 것이 없는데 무엇을 더 덧붙인다는 말인가?”라고 말했다. 제자들이 “까마귀나 솔개가 스승님의 시신을 파먹을까 걱정됩니다.”라고 말하자, 장자는 “땅 위에 있으면 까마귀와 솔개의 먹이가 되고, 땅 아래에서 땅강아지와 개미의 먹이가 될 것인데, 저쪽 것을 빼앗아 이쪽에다 주는 것이니, 어찌 그렇게 편벽된 생각을 하느냐?”라고 말했다.

25 유골: 원문은 ‘자격(胔骼)’이다. 『예기(禮記)』「월령(月令)」에 보면 “사람의 시체가 노출되었을 때는 묻어주어야 한다(掩骼埋胔).”라는 구절이 있고, 여기에 “뼈가 말라 있는 것을 격이라 하고, 살점이 썩은 것을 자라고 한다(骨枯曰骼, 肉腐曰胔).”는 정현(鄭玄)의 주가 달려 있다.

夫神識已離, 形骸何有? 此鬼沾沾於遺蛻, 殊未免作繭自纏. 然螻蟻魚鼈之談, 自莊生之曠見, 豈能使含生之屬, 均如太上忘情? 觀於玆事, 知棺衾必愼, 孝子之心, 胔骼必藏, 仁人之政. 聖人通鬼神之情狀, 何嘗謂魂升魄降, 遂冥冥無知哉?

9.

복을 부르는 방법

헌현(獻縣)의 현령 아무개가 임종을 앞두고 있을 무렵, 집 문지기가 밤에 서재에서 누군가 이렇게 이야기하는 소리를 들었다.

"당신은 몇 년 동안 사치스럽게 지내온 탓에 녹봉이 이미 다 소진되었소. 당신 부친께서 저승에 청해 다음 생의 녹을 1년치만 미리 당겨 아직 끝내지 못한 일을 마무리하게 해 달라고 하셨으나, 잘 되었는지는 모르겠습니다."

잠시 뒤에 현령이 갑자기 세상을 떠났다.

동문각(董文恪)[26] 선생께서 예전에 이렇게 말씀하셨다.

"천도(天道)는 모든 일에 지나침을 꺼린다. 그래서 지나친 사치나 지나친 검소함도 모두 불행을 자초할 수 있다. 그런데 여러 경험을 통해 볼 때, 지나친 사치에 대한 벌은 부자에게는 가볍게, 세도가에게는 무겁게 내리며, 지나친 검소에 대한 벌은 세도가에게는 가볍게, 부자에게는 무겁게 내린다. 대개 부자가 지나치게 사치스러우면, 자신의 재산을 허비할 뿐이지

---

26 동문각(董文恪): 동방달(董邦達)이다. 동방달(1696~1769)은 자가 부존(孚存)이고, 시호는 문각이다. 청나라 절강성 부양(富陽) 사람으로, 예부상서를 지냈다.

만, 세도가가 지나치게 사치스러우면 탐욕으로 흐르기 쉽다. 권력이 센 사람일수도록 재물을 얻기도 쉽기 때문이다. 반대로 세도가가 지나치게 검소하면 자신의 재물을 지키느라 여념이 없을 뿐이지만, 부자가 지나치게 검소하면 각박함으로 이어지게 된다. 부자가 셈을 따지기 시작하면 온갖 속임수와 꾀가 많이 생겨나기 때문이다. 그러기에 사대부들은 자신을 이롭게 하는 것이 곧 타인을 해치는 일이 될 수 있다는 것을 항상 깊이 생각해야 한다. 모든 일에 여유와 여지를 남겨 두는 것이야말로 복을 부르는 도리이다."

獻縣令某, 臨歿前, 有門役夜聞書齋人語曰: "渠數年享用奢華, 祿已耗盡. 其父訴於冥司, 探支來生祿一年治未了事, 未知許否也." 俄而令暴卒.

董文恪公嘗曰: "天道凡事忌太甚. 故過奢過儉, 皆足致不祥. 然歷歷驗之, 過奢之罰, 富者輕, 而貴者重, 過儉之罰, 貴者輕, 而富者重. 蓋富而過奢, 耗己財而已, 貴而過奢, 其勢必至於貪婪. 權力重則取求易也. 貴而過儉, 守己財而已, 富而過儉, 其勢必至於刻薄. 計較明則機械多也. 士大夫時時深念, 知益己者必損人. 凡事留其有餘, 則召福之道也.

10.

소의 복수

어린 하인 옥보(玉保)가 해준 이야기이다.

테네게르(Teneger)[27]의 한 농가에, 어느 날 갑자기 아주 살지고 건강한 소 한 마리가 그 집의 소떼 속으로 들어왔다고 한다. 한참이 지나도록 소를 찾는 이도 없고, 주변에 물어보아도 소를 잃어버렸다는 사람이 없어, 결국 그 소를 그냥 기르게 되었다.

열 서넛 살 된 딸아이가 우연히 그 소를 타고 친척[28] 집에 가던 길이었다. 소는 길을 따라가다가 중간쯤 왔을 때 갑자기 길을 벗어나, 딸을 태운 채 고개를 넘고 골짜기를 건너 험한 산속으로 곧장 들어갔다. 가파른 벼랑과 깊은 계곡을 지나며, 떨어지기라도 하면 온몸이 산산조각 날 것 같아 딸아이는 그저 소의 목을 껴안고 울부짖을 뿐이었다. 그때 산에서 땔나무를 하거나 소를 몰던 이들이 그 울음소리를 듣고 뒤쫓아 가보니, 소는 이미 만산 봉우리 꼭대기 위에 있었고, 곧이어 안개와 구름 속으로 점점 사라져 갔다.

---

27 테네게르(Teneger): 원문은 '특납격이(特納格爾)'로, 특눌격이(特訥格爾)라고도 한다. 테네게르는 신강의 부강현(阜康縣)에 위치한다.

28 친척: 원문은 '친관(親串)'이다.

그 아이가 호랑이나 이리에게 잡아먹혔는지, 아니면 산골짜기 어딘가에 내던져졌는지는 아무도 알 수 없었다. 사람들은 모두 그 아버지가 욕심을 부려 남의 소를 탐낸 탓에 이런 큰 재앙을 입게 되었다고들 말했다. 그러나 나는 그 소와 그 딸이 전생의 원수였을 것으로 생각된다. 설령 그 소를 내쫓고 기르지 않았더라도, 분명 다른 방식으로라도 복수했을 것이다.

小奴玉保言. 特納格爾農家, 忽一牛入其牧群, 甚肥健. 久而無追尋者, 詢訪亦無失牛者, 乃留畜之. 其女年十三四, 偶跨此牛往親串家. 牛至半途, 不循蹊徑, 負女渡嶺驀澗, 直入亂山. 崖陡谷深, 墮必糜碎, 惟抱牛頸呼號. 樵牧者聞聲追視, 已在萬峰之頂, 漸滅没於煙靄間.

其或飼虎狼, 或委溪壑, 均不可知矣. 皆咎其父貪攘此牛, 致罹大害. 余謂此牛與此女, 合是夙冤. 卽驅逐不留, 亦必別有以相報也.

11.

여우에게 혼난 훈장

고성(故城) 사람 조비만(刁飛萬)이 해준 이야기이다.

어느 마을에 훈장 두 사람이 있었다고 한다. 비가 갠 어느 날 두 사람은 함께 토신 사당에 가서 섬돌 위에 앉아 이야기를 나누었다. 시간이 꽤 흐른 뒤에도 가지 않고 앉아 있었다. 사당 앞마당은 본래 손바닥처럼 반반한 흙바닥이었는데, 갑자기 흙이 부풀어 오르며 무언가 글자 같은 형상이 나타났다. 두 사람이 일어나 가까이 다가가 살펴보니, 진흙 위에 마치 막대기로 그은 듯한 글씨 열여섯 자가 쓰여 있었다.

"시원한 바람조차 못 쐬면서, 애써 제자들 가르치네. 남의 서관을 어지럽혀 놓고도, 부끄러운 줄을 모르는가!"

이 사당은 원래 사람이 살지 않는 곳인데, 두 사람이 오래도록 시끄럽게 떠들어대자, 그 안에 살던 여우가 나무란 듯하다.

당시 과거시험에는 막 율시(律詩)가 추가된 참이라, 조비만은 [이 시를 듣고] 익살스럽게 말했다.

"손가는 대로 대충 쓴 글인데도, 사언시(四言詩)의 운율에 딱 들어맞으니. 내 실력은 이 여우만도 못하구나."

故城刁飛萬言. 一村有二塾師. 雨後同步至土神祠, 踞砌對談. 移時未去. 祠前地淨如掌, 忽見坌起似字跡. 共起視之, 則泥土杖畫十六字曰: "不趁涼爽, 自課生徒. 溷入書館, 不亦愧乎!" 蓋祠無居人, 狐據其中, 怪二人久聒也. 時程試方增律詩, 飛萬戲曰: "隨手成文, 即四言協韻. 我愧此狐."

12.

귀신의 충고

조비만이 또 해준 이야기이다.

담력이 아주 큰 서생이 있었는데, 늘 귀신을 만나고자 하였으나 그 뜻을 이루지 못했다. 어느 날 밤, 비가 그치고 달빛이 환히 비추자, 그는 어린 하인에게 술병을 들려 무덤 사이로 향하게 하고, 사방을 둘러보며 외쳤다.

"이 좋은 밤에 홀로 거니니, 참으로 적막합니다. 구천의 친구 중에 기꺼이 저와 함께 술 한 잔 기울일 자 계십니까?"

잠시 뒤, 풀숲 사이로 도깨비불이 반짝거리며 들락날락하는 것이 보였다. 서생이 다시 소리쳐 부르자, 도깨비불은 우우 하고 흐느끼는 듯한 소리를 내며 한 길 남짓 떨어진 거리에서 멈추고 더 이상 다가오지 않았다. 서생이 그림자를 세어보니 열 개 정도 되어 보였다. 그가 큰 술잔으로 술을 떠 뿌리자, 귀신들은 모두 엎드려 그 냄새를 맡았다. 그 중 한 귀신이 술 맛이 아주 좋다며 다시 한 잔을 청했다. 서생이 술을 다시 뿌리며 물었다.

"공들은 어찌하여 윤회[29]하지 못하셨습니까?"

---

29 윤회: 원문은 '윤회(輪廻)'이다. 불교에서는 세상의 모든 중생들은 태어난 이래로 죽어서 육도(六道)에서 윤회한다고 믿었는데, 마치 수레바퀴가 돌아 앞선 시간으로 돌아갈 수 없다고 해서 윤회라 했다. 오직 도를 이룬 사람만이 윤회에서 벗어날 수 있다고 한다.

그러자 귀신이 대답했다.

“선근이 있는 자들은 이미 환생하였고, 악업이 가득한 자들은 지옥에 떨어졌습니다. 저희 13명 가운데 죄업이 다 차지 않아 윤회를 기다리는 자는 4명뿐이며, 죄가 무거워 윤회할 수 없는 이가 9명입니다.”

“어찌하여 참회하고 해탈을 구하지 않습니까?”

그러자 귀신이 대답했다.

“참회도 모름지기 죽기 전에 해야 합니다. 죽은 뒤에는 아무 것도 할 수 없습니다.”

술을 다 뿌리고 나서 술병을 들어 보여 주자, 모두 비틀거리며[30] 돌아갔다. 그중 한 귀신이 뒤를 돌아보며 간곡하게 말했다.

“아귀된 몸으로 극진한 술대접을 받았으나 보답할 길은 없고, 그저 ‘참회란 반드시 죽기 전에 해야 하는 법입니다.’ 이 한마디만 올릴까 합니다.”

飛萬又言. 一書生最有膽, 每求見鬼, 不可得. 一夕, 雨霽月明, 命小奴攜罌酒詣叢冢間, 四顧呼曰: “良夜獨遊, 殊爲寂寞. 泉下諸友, 有肯來共酌者乎?” 俄見磷光熒熒, 出没草際. 再呼之, 嗚嗚相距丈許, 皆止不進. 數其影約十餘. 以巨杯挹酒, 洒之, 皆俯嗅其氣. 有一鬼稱酒絶佳, 請再賜. 因且洒且問曰: “公等何故不輪廻?” 曰: “善根在者轉生矣, 惡貫盈者墮獄矣. 我輩十三人, 罪根未滿, 待輪廻者四, 業報沉淪, 不得輪廻者九也.” 問: “何不懺悔求解脫?” 曰: “懺悔須及未死時. 死後無着力處矣.” 洒酒既盡, 擧罌視之, 各踉蹌去. 中一鬼回首叮嚀曰: “餓鬼得飫壺觴, 無以報德, 謹以一語奉贈, 懺悔須及未死時也.”

---

30 비틀거리며: 원문은 ‘낭창(踉蹌)’으로, 걸음걸이가 바르지 않은 모양을 가리킨다.

13.

통역관 이실

한림원의 만주어 통역관[31] 이실(伊實)은 일리(Ili)[32] 원정에 참전하여, 혈투 끝에 포위망을 뚫고 나오던 중 몸에 창 일곱 자루를 맞았다. 이틀이 지나 의식을 되찾고, 다시 말에 올라 하루 밤낮을 내달려 청군을 따라잡았다. 내가 박석재(博晰齋)[33]와 함께 한림원에 있을 때 그의 몸에 난 깊은 상처를 보고, 그 전말을 자세히 물었더니 다음과 같이 말했다.

"상처를 입었을 때는 전혀 아프지 않았습니다. 다만 갑자기 깊은 잠에 빠진 듯 했으며, 이윽고 점차 정신이 드는가 싶더니 혼은 이미 육신을 떠나 있었습니다. 사방은 끝없이 펼쳐진[34] 모래바람뿐, 동서도 분간할 수 없었습니다. 그제야 비로소 제가 죽었다는 사실을 분명히 깨달았습니다. 그때 돌

---

31 만주어 통역관: 원문은 '필첩식(筆帖式)'이다. 청대의 관직명으로, 만주어를 통역하는 사람을 말한다.

32 일리(Ili): 원문은 '이리(伊犁)'로, 지금의 신강 위구르 자치구에 해당한다.

33 박석재(博晰齋): 박명(博明)이다. 박명(1718~1788)은 자가 석재이고, 호가 서철(西哲)로, 만주 양람기인(滿洲鑲藍旗人)이다.

34 끝없이 펼쳐진: 원문은 '홍통(澒洞)'으로, 끝없이 이어져 있는 모양을 말한다. 두보의 「장안을 떠나 봉선현으로 가다가 5백자 읊어보네(自京赴奉先縣咏懷五百字)」에 보면 "끝없이 이어져 있어 예측할 수 없네(澒洞不可測)"라는 시구가 있다.

연 자식은 아직 어리고 집이 가난하다는 사실이 떠오르며, 뼛속 깊이 아려오는 슬픔이 밀려왔습니다.

그 순간 몸이 나뭇잎처럼 바람에 휘날렸습니다. 그런데 돌연 이렇게 헛되이 죽을 수는 없다는 생각이 들어, 악귀가 되어서라도 적을 죽이러 가야겠다고 다짐했습니다. 그러자 몸이 갑자기 쇠기둥처럼 단단해져 바람이 불어도 흔들리지 않았습니다. 한참을 배회하며 서 있다가 산 정상에 올라가 적군의 위치를 살펴보려 했습니다. 그때 갑자기 꿈에서 깬 듯 했는데, 제 몸이 피바다에 쓰러져 있는 것을 알았습니다."

박석재가 길게 탄식하며 말했다.

"이 이야기를 들으면 누구나 전사하는 것을 두려워하지 않을 것이오. 충신열사가 되는 일이 이토록 쉬운 것이라면, 사람들이 무엇을 두려워하여 하지 않겠소?"

翰林院筆帖式伊實, 從征伊犁時, 血戰突圍, 身中七矛. 越兩晝夜復蘇, 疾馳一晝夜, 猶追及大兵. 余與博晰齋同在翰林時, 見有傷痕, 細詢顚末, 自言: "被創時, 絶無痛楚. 但忽如沉睡, 既而漸有知覺, 則魂已離體. 四顧皆風沙澒洞, 不辨東西. 了然自知爲已死. 倏念及子幼家貧, 酸徹心骨. 便覺身如一葉, 隨風漾漾欲飛. 倏念及虛死不甘, 誓爲厲鬼殺賊. 卽覺身如鐵柱, 風不能搖. 徘徊竚立間, 方欲直上山頂, 望敵兵所在. 俄如夢醒, 已僵卧戰血中矣. 晰齋太息曰: "聞斯情狀, 使人覺戰死無可畏. 然則忠臣烈士, 正復易爲, 人何憚而不爲也?"

14.

소 도축의 대가

마을 사람 고씨(古氏)는 소를 도축해 먹고살았는데, 그가 잡은 소만 해도 셀 수 없을 정도로 많았다. 후에 그는 늙어 두 눈이 멀었고, 그의 아내는 임종 무렵 피부가 썩어 문드러지며 온갖 고초를 겪었다. 그녀는 저승 관리가 소를 도축하는 방식 그대로 자신의 살을 도려내고 있다고 말했다. 그녀는 한 달 넘게 비명을 지르며 고통에 시달리다 세상을 떠났다. 시희(侍姬)의 어머니인 심씨(沈氏)가 그 일을 직접 목격했다고 한다.

살생은 업(業) 중에 가장 무겁다. 하물며 소는 농사에 공이 큰 짐승이니, 이를 죽이는 일은 더욱 큰 업을 짓는 것이다. 『명상기(冥祥記)』에는 진(晉)나라 유소지(庾紹之)의 이야기가 실려 있다.[35] 그 가운데 "마땅히 부지런히 정

35 『명상기(冥祥記)』에는…실려 있다: 진나라 신야(新埜) 사람 유소지는 어릴 적의 자가 도복(道覆)이며, 상동(湘東) 태수를 지냈다고 한다. 그는 남양(南陽)의 종협(宗協)과 이종사촌형제간으로 우애가 매우 돈독했다. 유소지는 동진(東晉) 원흥(元興: 402~404) 말에 병으로 죽었는데, 의희(義熙: 405~418) 연간에 갑자기 모습을 드러내고 종협을 찾아왔다. 그의 모습과 의복은 생전과 같았지만, 두 다리에는 차꼬를 차고 있었다. 그가 차꼬를 풀어 바닥에 놓고 앉자 종협이 물었다. "무슨 연유로 나를 찾아왔는가?" 유소지가 대답했다. "잠시 휴가를 받아 돌아오는 길인데, 자네와는 [생전에] 절친한 사이였기 때문에 이렇게 찾아온 것이네." 종협이 귀신의 일에 대해 물었지만, 유소지는 대충 얼버무리면서 그저 이렇게 말했다. "마땅히 열심히 정진해야 하며 살생해서는 안 되네. 살생을 완전히 끊어낼 수 없다면,

진하고, 살생을 해서는 안 되네. 살생을 완전히 끊을 수 없다면, 소만은 잡아서는 안 되네."라는 말이 있는데, 이는 소를 죽이는 일을 경계한 가장 오래된 기록이다. 『선실지(宣室志)』에 보면, 야차가 사람과 함께 섞여 살면 역병이 발생하지만, 소고기를 먹지 않은 사람은 역병이 피해간다는 기록이 있다.[36] 『유양잡조(酉陽雜俎)』에도 이와 유사한 내용이 실려 있다.[37] 오늘날에

소만은 잡아서는 안 되며, 고기를 먹을 때에도 짐승의 심장을 먹어서는 안 되네." 종협이 말했다. "오장과 고기에 다른 점이 있는가?" 유소지가 "심장은 정신이 깃들어 있는 집이니 [심장을 먹는다면] 그 죄가 특히 무겁네."라고 대답했다고 한다.

36 『선실지(宣室志)』에 보면…있다: 무릉군(武陵郡)의 상인 주현(朱峴)의 딸이 실종되었다가 돌아왔는데, 야차와 함께 살았다고 한다. 야차는 보통 날이 밝을 때쯤 불탑을 내려가 마을을 다니며 음식을 가져다가 딸에게 주었다. 어느 날 야차가 마을로 내려갈 때 따라갔는데, 야차가 흰 옷 입은 사람을 만나면 뒤로 물러나는 것을 보았다. 저녁이 되어 이유를 묻자, 이렇게 대답했다. "아까 본 흰 옷 입은 사람은 어려서부터 소고기를 먹지 않아 내 가까이 갈 수가 없었네." 다시 이유를 묻자 "소는 밭가는 동물로 사람이 살아가는데 반드시 필요하네. 사람이 소고기를 먹지 않으면 하느님이 그를 보호해주시네. 그래서 나는 가까이 갈 수 없었던 것이네."라고 대답했다고 한다.

37 『유양잡조(酉陽雜俎)』에도…있다: 여주(汝州) 방현(傍縣)에서 50년 전에 어떤 마을사람이 딸을 잃어버렸는데, 몇 년 뒤에 그 딸이 홀연히 돌아와 이렇게 말했다고 한다. 처음에 그녀는 자던 중에 한 물체에게 끌려가 순식간에 어느 한 곳에 도착했다. 다음날 그녀는 오래된 탑 안에 있었는데, 잘생긴 장부 한 명이 나타나 그녀에게 말했다. "나는 천상의 사람인데, 그대를 부인으로 들여야만 하는 운명이오. 그렇지만 정해진 기한이 있으니 의심하거나 두려워하지 마시오." 그리고는 그녀에게 탑 밖을 엿보지 말라고 주의를 주었다. 그는 하루에 두 번씩 탑을 내려가 음식을 가져왔는데, 어떤 때는 가져온 구운 고기와 떡이 따뜻하기도 했다. 1년이 지난 어느 날, 그녀는 그가 나가기를 기다렸다가 몰래 엿보았더니, 그는 나는 듯이 공중으로 솟아올랐으며 새빨간 머리카락에 짙푸른 피부, 그리고 나귀처럼 기다란 귀를 하고 있었는데, 땅에 내려와서는 다시 사람의 모습이 되었다. 그녀는 놀라고 두려워 온몸에 식은땀이 흘렀다. 괴물은 돌아와서 [그녀가 엿본 사실을] 알아차리고는 말했다. "나를 엿보았군요. 나는 야차로 그대와는 인연이 있으니, 그대를 해치지는 않겠소." 지혜로웠던 그녀는 괴물에게 감사인사를 했다. "이미 당신의 부인이 되었는데 어찌 당신을 싫어하겠어요? 당신은 충분히 신령한데, 어찌하여 인간 세상에 살면서 저에게 때때로 부모님을 뵙게 해주지 않으세요?" 괴물이 말했다. "나는 죄업이 있어서 혹시라도 사람들과 섞여 지내게 되면 역질(疫疾)이 돌게 되오. 지금 내 정체가 이미 드러났으니, 그대 마음대로 보시

도 소고기를 먹지 않는 이들은 역병을 만나더라도 실제로 전염되지 않는다. 이로 보아, 소설이라 하여 모두 근거가 없는 것은 아니다.

里有古氏, 業屠牛, 所殺不可縷數. 後古叟目雙瞽, 古嫗臨歿時, 肌腐潰裂, 痛苦萬狀. 自言冥司仿屠牛之法宰割我. 呼號月餘乃終. 侍姬之母沈嫗親睹其事.

殺業至重. 牛有功於稼穡, 殺之業尤重. 『冥祥記』載晉庾紹之事. 已有"宜勤精進, 不可殺生. 若不能都斷, 可勿宰牛"之語, 此牛戒之最古者. 『宣室志』載夜叉與人雜居則疫生, 惟避不食牛人. 『酉陽雜俎』亦載之. 今不食牛人遇疫, 實不傳染. 小說固非盡無據.

오. 머지않아 그대를 돌려보내 줄 것이오." 그 탑은 인가에서 매우 가까운 곳에 있었다. 그녀가 늘 아래를 내려다보았더니, 괴물은 공중에 있을 때는 변화할 수 없었으며 땅에 닿아야만 사람으로 변해 다른 사람들과 섞일 수 있었다. 괴물은 간혹 속세에서 흰옷 입은 사람을 만나면 손을 공손히 모으고 피했으며, 어떤 때는 괴물이 다른 사람의 머리를 베고 눕거나 얼굴에 침을 뱉어도 행인들은 모두 보지 못하는 것 같았다. 괴물이 돌아오자 그녀가 물었다. "아까 당신은 거리에서 어떤 사람에게는 공손히 대하고 어떤 사람에게는 장난을 치시던데, 왜 그런지요?" 괴물이 웃으며 말했다. "세상에서 소고기를 먹는 자에게는 장난을 칠 수 있소. 하지만 충직하고 효성스런 사람이거나 [불교의] 계율과 [도교의] 도법을 지키는 스님과 도사의 경우는 잘못 건드리면 천벌을 받소." 1년이 지나자 그녀를 돌려 보내주었다고 한다.

15.

세상 사는 이치

해녕현(海甯縣)의 진문근(陳文勤)[38] 공이 해준 이야기이다.

그가 옛날에 어떤 사람의 집에서 부계점[39]을 쳤는데, 강림한 계선이 안계(安溪) 사람 이문정(李文貞)[40] 공이었다고 한다. 진문근 공이 계선에게 절을 하고 세상을 살아가는 도(道)에 대해 묻자, 이문정 공이 대답했다.

"득의했을 때는 너무 기뻐하지 말고, 실의했을 때는 너무 성급하게 말을 내뱉지 마십시오. 그러면 평생토록 평안하게 사실 수 있습니다."

진문근 공은 이 말을 평생 되새기며 살았고, 제자들에게도 늘 이렇게 가르쳤다고 한다.

"득의했을 때 너무 기뻐하지 말아야 하는데, 이는 이해관계를 조금이

---

38 진문근(陳文勤): 진문근(1680~1758)은 이름이 세관(世倌)이고 자는 병지(秉之)이다. 문연각대학사(文淵閣大學士)를 지냈으며, 시호는 문근이다.

39 부계점: 원문은 '부계(扶乩)'이다. 『설문(說文)』에 보면, "의심이 나면 점을 쳐서 해결했다."라는 문장이 있다. 부계(扶乩)는 부기(扶箕), 부란(扶鸞)이라고 한다. 점을 칠 때 쟁반 가운데 모래를 깔고, 받침대에 추(錐)를 걸었다. 두 사람에게 그것을 받쳐 들게 하고, 부적을 태워 신을 불렀다. 신이 내리면 추가 절로 움직여 모래 위에 글자를 쓴다.

40 이문정(李文貞): 이문정(1642~1718)은 이름이 광지(光地)이고, 자는 진경(晉卿)이며, 문연각대학사를 지냈다. 정주학(程朱學)을 연구했으며, 청대의 명신(名臣)이다.

라도 아는 사람은 할 수 있을게다. 그러나 실의했을 때 말을 아끼는 일은, 현명한 사람이라도 미처 그러지 못할 때가 있다. 너무 빨리 말을 내뱉으면 어찌 원망하고 남 탓하는 것에서 그치겠느냐? 아무렇지 않은 듯 태연한 체 하며 세상을 달관한 말을 하면, 그 화가 원망하고 남 탓할 때보다 오히려 더 클 수 있다."

이 말을 듣고 나는 돌아가신 고조부께서 남기신 『화왕각잉고(花王閣剩稿)』[41]에 실려 있는 송성양(宋盛陽) 원주: 휘는 대장(大莊)이고 하간(河間)의 제생(諸生)으로, 돌아가신 고조의 장인이다. 선생이 보낸 시가 떠올랐다.

> 미친놈은 예전 그대로이고,[42]
> 달관의 말은 울분의 소리라네.

이 시구는 진문근 공이 말한 것과 거의 같은[43] 이치이다.

海甯陳文勤公言. 昔在人家遇扶乩降壇者, 安溪李文貞公也. 公拜問涉世之

---

41 『화왕각잉고(花王閣剩稿)』: 책 이름으로, 총 6권이며 명대(明代)의 기곤(紀坤)이 지었다. 기곤은 자가 후재(厚齋)로, 기윤의 고조이다.

42 미친놈은 예전 그대로이고: 원문은 '광노유고태(狂奴猶故態)'이다. 『후한서(後漢書)』「엄광전(嚴光傳)」에 보면, 사도(司徒) 후패(侯覇)가 엄광과 친분이 있어 속관 후자도(侯子道)를 시켜 편지를 보냈다고 한다. 엄광은 후자도에게 편지를 돌려주면서 말했다. "그대는 관직이 삼공에 이르렀으니 정말 잘 되었네. 인의로 임금을 보좌하면 천하가 기뻐할 것이요. 아첨하여 임금의 뜻이나 맞추면 머리가 떨어질 것이네." 후패가 글을 써서 봉해 광무제에게 올리자, 광무제가 웃으면서 "미친놈이 예전 그대로구먼!"이라고 했다고 한다. 이 이야기는 『고사전(高士傳)』에도 실려 있다.

43 같은: 원문은 '중규첩구(重規疊矩)'이다. 위(魏)나라 왕숙(王肅) 주(注)의 『공자가어(孔子家語)』에 보면, "내가 논의하는 바와 같은 점이 있다(與余所論, 有若重規疊矩)"라는 문장이 있다.

道, 文貞判曰: "得意時毋太快意, 失意時毋太快口. 則永保終吉." 公終身誦之, 嘗誨門人曰: "得意時毋太快意, 稍知利害者能之. 失意時毋太快口, 則賢者或未能. 夫快口豈特怨尤哉? 夷然不屑, 故作曠達之語, 其招禍甚於怨尤也." 余因憶先高祖『花王閣剩稿』中載, 宋盛陽先生, 原註: 諱大莊, 河間諸生, 先高祖之外舅也. 贈詩曰: "狂奴猶故態, 曠達是牢騷." 與公所論殆似重規疊矩矣.

16.

오이라트 여인의 선택

한 오이라트(Oyrat)[44]의 여인이 우루무치의 평민 집안에 시집갔는데, 몇 년이 지나지 않아 과부가 되었다. 이 여인은 원래 미모가 뛰어나서, 매파들이 날마다 그 집 문을 드나들었다. 그때마다 여인은 이렇게 사양했다.

"시집갈 생각이 있었다면 벌써 갔을 것입니다. 남편은 죽고 자식은 없으나, 늙으신 아버님은 제가 시집가면 누구에게 의지하시겠습니까? 아버님을 봉양하는 일이 끝나면 그때 다시 이야기합시다."

어떤 사람이 그 집에 데릴사위로 들어가서 아버님을 대신 봉양하겠다고 하자, 여인은 또다시 이렇게 사양했다.

"남자는 본성상 그렇게 할 수 없습니다. 만일 아버님과 사이가 틀어지게 된다면 그땐 후회해도 이미 늦을 것이니, 이 역시 불가능합니다."

여인은 고생을 하며 시아버지를 모셨고, 시아버지는 아들이 살아 있을 때보다 더 배불리 먹고 편안하게 지낼 수 있었다. 6~7년 뒤에 시아버지는 천수를 다 누리고 세상을 떠났다. 여인은 장례를 치른 뒤에야 비로소 무덤

---

44 오이라트(Oyrat): 원문은 '액노특(額魯特)'이다. 몽골의 서북에서 일어나 서몽골이라고도 하는데, 청대에는 와랄(瓦剌)이라 불렸다. 오이라트는 토르구트부, 코슈트부, 도르베트부 등 많은 부족의 연맹체로 이루어져 있었다.

앞에서 통곡하며 이별을 고한 뒤, 비단옷으로 갈아입고 수레를 타고 떠나갔다.

논자들은 그녀가 정절을 끝내 지키지 못한 것을 안타깝게 여겼지만, 그래도 효부인 것은 부정할 수 없었다. 그때 내각학사(內閣學士) 영공(永公)이 이곳을 다스리고 있었는데, 이 이야기를 전해 듣고 탄식하며 말했다.

"이것을 두고 '그 바탕은 아름다우나 일찍이 배우지 못했구나!'라고 하는 것이다."

有額魯特女, 爲烏魯木齊民間婦, 數年而寡. 婦故有姿首, 媒妁日叩其門. 婦謝曰: "嫁則必嫁. 然夫死無子, 翁已老, 我去將誰依? 請待養翁事畢, 然後議." 有欲入贅其家代養其翁者, 婦又謝曰: "男子性情不可必. 萬一與翁不相安, 悔且無及, 亦不可." 乃苦身操作, 翁溫飽安樂, 竟勝於有子時. 越六七年, 翁以壽終. 營葬畢, 始痛哭別墓, 易綵服升車去. 論者惜其不貞, 而不能不謂之孝. 內閣學士永公時鎭其地, 聞之嘆曰: "此所謂質美而未學."

17.

의적

신성(新城) 사람 왕부구(王符九)가 해준 이야기이다.

그의 친구 아무개가 귀주(貴州)의 현령으로 임명되자, 한 서상(西商)[45]에게 돈을 빌렸다고 한다. 서상은 갖은 계교로 아무개를 압박하고 착취했다. 아무개는 부임 기한이 급해 어쩔 수 없이 굽히고 타협했으나, 서상은 많은 문제를 만들어내며 억지를 부렸다. 한밤중까지 다투고 나서야 고통스럽게 차용증서를 써 주었다. 증서에는 100냥이라고 적혀 있었지만, 실제로 손에 쥔 돈은 30냥도 되지 않았다. 서상이 가고 난 뒤 돈을 상자에 넣고 혼자 앉아 길게 탄식하는데, 갑자기 처마 위에서 누군가가 이렇게 말했다.

"세상에 이렇게 불공평한 일은 없소. 공이 너무 유약해서 화가 가슴까지 치밀어 오르는군요. 내 본래 공의 돈을 훔치러 왔건만, 지금은 서상을 한번 혼내주어 천하의 가난한 선비의 원한을 풀어주려 하오."

아무개는 두려워 감히 대답하지 못했다. 잠시 후, 처마 끝에서 부스럭거리는[46] 소리가 들리더니, 이미 담장을 넘어 사라졌다.

---

45 서상(西商): 섬서(陝西)와 산서(山西) 일대에 거주하는 중국 고대 상인 집단을 말한다. 특히 청대의 산서상인들은 돈놀이를 많이 했다고 한다.

46 부스럭거리는: 원문은 '실솔(窸窣)'이다.

다음날 서상의 집에 도둑이 들었는데, 상자 안에 있던 신구차용증서를 모두 가져갔다고 한다. 이 도둑도 의협심이 넘치지만, 서상의 소행이 너무 지나쳐 조물주의 금기를 건드렸기 때문에, 귀신이 교묘히 도둑을 보내 그 대가를 치르게 한 것이다.

新城王符九言. 其友人某, 選貴州一令, 貸於西商. 抑勒剝削, 機械百出. 某迫於程限, 委曲遷就, 而西商枝節益多. 爭論至夜分, 始茹痛書券. 計券上百金, 實得不及三十金耳. 西商去後, 持金貯篋, 方獨坐太息, 忽聞檐上人語曰: “世間無此不平事. 公太柔懦, 使人憤塡胸臆. 吾本意來盜公, 今且一懲西商, 爲天下窮官吐氣也.” 某悸不敢答. 俄屋角窸窣有聲, 已越垣徑去. 次日, 聞西商被盜, 篋中新舊借券, 皆席捲去矣. 此盜殊多俠氣, 然亦西商所爲太甚, 干造物之忌, 故鬼神巧使相値也.

18.

음사의 말로

허문목(許文木)이 해준 이야기이다.

그의 친척가운데 막 관직에 임명된 사람이 있었는데, 푸짐하게 제물과 제주를 마련하여 조상의 음덕에 제사를 지냈다고 한다. 귀신을 볼 줄 아는 한 무당이 몰래 사람들에게 말했다.

"아무개 집안의 조상들은 제사를 받을 때 하나같이 얼굴빛이 어둡고 침울하여 금방이라도 눈물을 흘릴 듯했습니다. 반면에 뒷골목에 사는 아무개 갑의 귀신은 맞은 편 지붕 용마루에 앉아 발을 들고 웃고 있는데, 무슨 까닭일까요?"

후에 그 사람은 부임하고 얼마 지나지 않아 죄를 지어 벌을 받았다. 그제야 조상들이 슬피 운 까닭을 알게 되었다. 하지만 아무개 갑이 기뻐했던 이유는 끝내 알 수 없었다. 시간이 흐른 뒤 그 관리의 음사를 알고 있던 사람이 말했다.

"아무개 갑의 딸은 미색이었습니다. 그 관리가 예전에 한 할멈을 보내 금은보화로 그 딸을 꾀어 며칠 밤을 함께 보냈습니다. 사람들은 이 사실을 몰랐지만, 귀신은 알고 있었습니다."

그러니 암암리에 방탕한 짓을 해도 된다고 누가 그랬는가!

許文木言. 其親串有得新官者, 盛具牲醴享祖考. 有巫能視鬼, 竊語人曰: "某家先靈受祭時, 皆顏色慘沮, 如欲下淚. 而後巷某甲之鬼, 乃坐對門屋脊上, 翹足而笑, 是何故也?" 後其人到官, 未久卽服法. 始悟其祖考悲泣之由. 而某甲之喜, 則終不解. 久而有知其陰事者, 曰: "某甲女有色. 是嘗遣某嫗, 誘以金珠, 同宿數夕. 人不知而鬼知也." 誰謂冥冥可墮行哉!

19.

요괴와 마음가짐

거인(擧人) 왕매서(王梅序)가 해준 이야기이다.

교하현(交河縣) 서쪽에 오래된 묘가 하나 있는데, 나무와 숲이 무성하게 우거져 있었다고 한다. 사람들 말로는 그 안에 요괴가 숨어 있는데, 이 요괴를 건드리는 사람은 으레 한열을 앓는다고 해서 나무꾼이나 목동조차 감히 가까이 가지 않았다. 정직하고 담력이 큰 한 나이 든 유생이 있었다. 그의 집에서 현성(縣城)까지 가는 길목에 그 묘가 있어 현성으로 갈 때마다 그곳에서 쉬어가곤 했다. 유생은 [그곳을 지나갈 때마다] 거드름을 피우고 젠체했으나 아무것도 보지도 듣지도 못했다. 그렇게 몇 해가 흘렀다. 하루는 나이 든 유생이 무덤에 앉아 웃통을 벗고 바람을 쐰 뒤, 집으로 돌아와 미쳐 날뛰며 헛소리를 하기 시작했다.

"예전에는 당신을 옛 군자라 여겨, 마음대로 행동해도 감히 업신여기지 않았소. 근자에 당신이 신의를 저버리는 짓을 하는 것을 보고, 종전의 반듯한 말과 단정한 처신이 모두 겉으로만 그럴 뿐 마음은 그렇지 않다는 것을 알게 되었소. 오늘부터 더 이상은 당신을 두려워하지 않겠소."

가족들이 거듭 절하며 기도했지만, 유생은 며칠 동안 멍하니 지냈다. 그 뒤로 유생은 기가 꺾이고 풀이 죽어, 그곳을 지날 때마다 고개를 숙이고 급히 걸음을 재촉하곤 했다. 이를 통해 볼 때 요괴는 족히 두려워할 것이 못되며, 마음에 진실로 사악함이 없으면, 요괴를 능욕한다 해도 감히 대항하지 않음을 알 수 있다. 하지만 또 이를 통해 볼 때 요괴는 실로 두려운 존재이며, 행실에 흠결이 있으면, 아무리 숨기려 해도 요괴는 모두 꿰뚫어볼 수 있음을 알 수 있다.

王梅序孝廉言. 交河城西有古墓, 林木叢雜. 云藏妖魅, 犯之者多患寒熱, 樵牧不敢近. 一老儒耿直負氣. 由所居至縣城, 其地適中, 過必憩息. 偃蹇傲睨, 竟無所見聞. 如是數年. 一日, 又坐墓, 袒裼納凉, 歸而發狂譫語曰: "曩以汝爲古君子, 故任汝放誕, 未敢侮汝. 汝近乃作負心事, 知從前規言矩步, 皆貌是心非. 今不復畏汝矣." 其家再三拜禱, 昏憒數日. 自是索然氣餒, 每經其地, 輒俯首疾趨. 觀此知魅不足畏, 心苟無邪, 雖凌之而不敢校. 亦觀此而知魅大可畏, 行苟有玷, 雖秘之而皆能窺.

20.

판결의 어려움

나의 문하생인 소산(蕭山) 사람 왕휘조(王輝祖)는 자가 환증(煥曾)이다. 건륭 을미년(1775)의 진사로, 지금은 호남성(湖南省) 녕원현(甯遠縣)의 지현(知縣)으로 있다. 급제하기 전에 오랫동안 막부에 몸담으며, 『좌치약언(佐治藥言)』 2권을 썼다. 이 책에 최근에 일어난 사건 사고 몇 가지가 실려 있는데, 족히 법을 집행하는데 도움이 될 만하다.

첫 번째 이야기는 다음과 같다.

손경계(孫景溪) 선생은 휘가 이주(爾周)로, 오교현(吳橋縣)의 현령으로 있을 때 섭(葉) 아무개라는 막료가 있었다. 어느 날 저녁, 섭 아무개는 한창 술을 마시다 땅에 쓰러져 두 시각이 지난 뒤에 깨어났다. 이튿날 그는 문을 걸어 잠그고 누런 종이에 소장을 써서 성황묘에 가서 절을 올린 뒤 불태웠으나, 그 이유를 알 수 없었다. 엿새 뒤에 다시 이전처럼 쓰러졌다가, 한참 뒤에야 일어나더니, 관아 밖으로 거처를 옮기게 해달라고 청하며 이렇게 말했다.

"8년 전 산동성 관도현(館陶縣)에서 막료로 있을 때, 한 선비가 무뢰한이 자기 아내를 희롱했다고 고소했습니다. 원래는 굳이 그 부인을 불러 대면시킬 필요 없이, 현령께 청해 무뢰한만 벌줄 생각이었습니다. 그런데 동료 막객 사(謝) 아무개가 그 부인의 자색을 탐해 저를 부추겨 그녀를 소환해 심문하게 했습니다. 그로인해 그 부인은 스스로 목을 매어 죽었고, 무뢰한 역시 법대로 처형되었습니다. 그런데 지금 무뢰한이 그 부인이 죽지 않았다면 그도 죽을 일이 없었으며, 그 부인의 죽음은 막료[47]의 심문 때문이었다고 명부에 고소장을 냈습니다. 관도현의 성황신께서 이첩을 보내 저를 불러 들이셨습니다. 어제 소장을 올려 해명하길, 부인은 본래 대질 심문 대상자였고, 그 일을 꾸민 사람은 사 아무개라 하였습니다. 잠시 뒤에 다시 이첩을 보내와 '부인을 소환한 것은 그녀의 억울함을 풀어주기 위해서가 아니라, 그 자색을 엿보기 위해서였다. 생각은 비록 사 아무개에게서 나왔지만, 실제로 문서를 꾸며 실행한 이는 섭 아무개이다. 사 아무개는 이미 잡혀 왔으니, 섭 아무개 또한 용서할 수 없다.'고 하였습니다. 이제 저는 틀림없이 처벌을 면치 못할 것입니다."

섭 아무개는 하룻밤 뒤에 죽었다.

두 번째 이야기는 다음과 같다.

절강성(浙江省)의 안찰사 동공(同公)이 해준 이야기이다. 그는 건륭 을해년(1755) 추심(秋審)[48] 때, 어느 날 밤 우연히 몰래 나와 관리들이 사건을 처리하는 상황을 살펴보았다고 한다. 대부분의 관리들은 달게 잠을 자고 있었지만, 오직 한 방만이 불빛이 환하게 켜져 있었다. 창에 구멍을 뚫어 몰래 들여다보니, 한 관리가 문서를 심리하고 있었고 한 노인과 젊은 부인 한

47 막료: 원문은 '내막(內幕)'이다.

48 추심(秋審): 명청 시대에 해마다 가을에 각 성(省)의 사형(死刑) 판결을 재심사하던 제도로, 형부에서 심리해서 황제에게 주청하여 결재하는 것을 말한다.

명이 책상 앞에 서 있었다. 동공은 매우 이상하게 여겨 잠시 지켜보았다. 그 관리가 처음에 문서 하나를 작성하더니 곧 그것을 찢고 다시 썼다. 그러자 젊은 부인이 옷깃을 여미며 물러났다. 또 다른 사건 기록 하나를 꺼내어 오래도록 숙고한 뒤 판결을 써넣었다. 그러자 노인 역시 공손히 절하고 물러났다. 동공이 이 관리를 불러 물어보니, 먼저 심리한 것은 태주(臺州)의 강간치사죄였다. 처음에는 이 사건을 완결(緩決)[49]에 처하려 했으나, 잠시 뒤에 사건 당사자가 수재[50]임에도 품행을 떨어뜨리고 목숨까지 앗아간 사실을 감안해, 사형[51]으로 판결을 바꾸었다고 했다. 그다음 심리한 것은 영파현(甯波縣)의 구타치사죄였다. 처음에는 사형에 처하려 했으나, 얼마 뒤에 정당하게 빚을 받으려다 구타로 사람을 죽인 것을 알고 완결로 바꾸었다고 했다. 동공은 그제야 젊은 부인이 목숨을 버린 열녀의 원혼이고, 노인은 죄수의 선친의 영혼임을 알게 되었다.

세 번째 이야기는 다음과 같다.

수수현(秀水縣) 관아에 애일루(愛日樓)라는 누각이 있다. 나무 사다리는 훼손된 지 오래되었으며, 날이 흐리고 비가 올 때면 번번이 귀신 울음소리

---

49 완결(緩決): 청대의 소송제도에 따르면 이미 사형선고가 난 범인은 사형 선고 이후에 특정 상황에 의거해 일정기간 내에 잠시 처결을 미루는 경우가 있는데, 이를 완결이라고 한다. 완결은 추심이나 조심(朝審: 조정에서 관원을 파견해 이미 사형 판결난 사건에 대해 재심하는 것을 말함) 이후에 사형수 중에 위해가 크지 않거나 다시 고려해볼 문제가 있는 경우 잠시 처결을 미루었는데, 대개 사면되는 경우가 많았다.

50 수재: 원문은 '청금(青衿)'이다 『시경』「정풍(鄭風)·자금(子衿)」에 보면, "임의 파란 옷깃이여(青青子衿)"에 청금은 파란 옷깃[青領]이라 되어 있는데, 여기서는 학생이 입는 옷을 가리킨다. 뒷날에는 수재(秀才)가 입는 옷을 일러 청금이라 불렀다.

51 사형: 원문은 '정실(情實)'로, 청대 사형판결의 하나이다.

가 들렸다. 나이가 있는 한 하급관리의 말에 따르면, 강희(康熙)[52] 연간에 어느 현령의 어머니가 부처의 말씀을 즐겨 염송해, 이를 위해 이 누각을 지었다고 한다. 옹정(雍正)[53] 초에 한 현령이 막료 호씨(胡氏)를 데리고 이곳에 부임해 왔다. 한 여름이면 호 아무개는 사람들을 만나고 싶지 않아 혼자 누각에서 머물렀다. 문서와 음식은 모두 줄에 매달아 위아래로 옮겼다. 어느 날, 누각 위에서 처절한 비명이 들려 하인들이 급히 사다리를 타고 올라가 보니, 호 아무개가 알몸으로 피범벅[54]이 되어 있었다. 스스로 자기 배를 찔렀는데, 마치 조각한 것처럼 온몸이 찢겨[55] 있었다. 호 아무개가 스스로 이렇게 말했다

"예전에 호남성의 어느 현에서 막료로 있을 때, 한 상간남이 여자의 남편을 죽인 사건이 있었는데, 여자가 관아에 자수했습니다. 나는 현령이 사건을 제대로 파악하지 못했다는 비난을 받을까 걱정되어, 그녀가 자수한 것이 아니라 체포된 것처럼 보고해 그 여자는 책형에 처해졌습니다. 방금 한 신령이 그 여자를 데리고 오는 것을 보았는데, 그녀가 제 배에 칼을 찔렀습니다. 그 밖의 일은 모르겠습니다."

호 아무개는 밤새도록 울부짖다가 죽었다.

---

52 강희(康熙): 청나라 제4대 황제 애신각라현엽(愛新覺羅玄燁)의 연호(1661~1722)이다.

53 옹정(雍正): 청나라 제5대 황제 애신각라윤진(愛新覺羅胤禛)의 연호(1722~1735)이다.

54 피범벅: 원문은 '욕혈(浴血)'이다. 『유양잡조』「어자(語資)」에 보면, 서경업(徐敬業)이 열 살 남짓 되었을 때 영공(英公)이 탄식하며 말했다고 한다. "이 아이는 관상이 좋지 않다. 장차 우리 집안을 망칠 놈이다." 어느 날 영공은 사냥을 하면서 서경업에게 혼자 골짜기까지 사냥감을 쫓아가게 하고는 불을 놓아 그를 죽이려고 했다. 서경업은 불길이 자신을 향해 다가오자 타고 있던 말을 죽이고 배를 갈라 그 안으로 들어가 불길을 피했다. 불길이 지나간 뒤에 서경업은 피를 뒤집어쓴 채 나왔다고 한다.

55 찢겨: 원문은 '쇄리(碎劙)'이다.

네 번째 이야기는 다음과 같다.

오흥현(吳興縣)의 아무개는 부세[56] 관리를 잘 처리하기로 명성이 자자했다. 그러던 중 부세 담당자인 현령에게 업신여김을 당하자, 아무개는 상관에게 현령의 공금 횡령과 숨겨진 부정을 까발렸고, 그는 결국 큰 옥사에 휘말리고 말았다. 후에 그는 끝내 스스로 혀를 깨물고 죽었다.

또 무석(無錫) 사람 장(張) 아무개는 귀안현(歸安縣) 현령 구노청(裘魯青)의 막료로 있었다. 그때 한 상간남이 여자의 남편을 살해한 사건이 있었는데, 구노청은 그 여자가 범행에 공모하지 않았다고 생각해 그녀를 놓아주려 하였다. 그러자 장 아무개가 큰 소리로 말했다.

"조순(趙盾)은 군주를 시해한 자를 토벌하지 않아 임금을 시해했다는 평가를 받았고,[57] 허나라 태자 지(止)는 약을 맛보지 않고 올려 부친 허도공(許悼公)을 죽였다는 평가를 받았는데,[58] 이는 『춘추(春秋)』에서 본심을 따져 벌했기[59] 때문입니다. 그러니 이 여자를 풀어주어서는 안 됩니다."

---

56 부세: 원문은 '전곡(錢穀)'이다. 『사기(史記)』에 보면, "1년 동안 천하에서 거두어들이고 지출하는 부세가 얼마나 되는가(天下一歲錢穀出入幾何)?"라는 구절이 있다.

57 조순(趙盾)은…받았고: 『좌전』「선공(宣公)」 2년에 보면, 조천(趙穿)이 진(晉)나라 영공(靈公)을 도원(桃園: 진영공의 園囿)에서 죽였다고 한다. 조순은 외국으로 달아나다가 미처 산을 넘지 못하고 있다가 이 소식을 듣고 곧바로 되돌아왔다. 이를 두고 태사(太史) 동호(董狐)가 사초에 "조순이 그의 군주를 시해했다."라고 썼다. 그러자 조순이 그를 찾아가 "사실은 그렇지 않소."라고 했다. 그러자 동호가 힐책했다. "그대는 나라의 정경으로 망명을 하려고 했다고는 하나 아직 국경을 넘지 않았고, 돌아와서는 군주를 시해한 죄인을 토벌하지도 않았소. 그러니 그대가 시해한 것이 아니면 누가 했단 말이오!" 조순은 시호가 선(宣)이다.

58 허나라 태자 지(止)는…받았는데: 『좌전』「소공(昭公)」 19년에 보면, 여름 5월에 허도공이 학질에 걸렸다고 한다. 5월 5일에 허도공이 태자 지가 올린 약을 먹고 죽자 태자 지가 진나라로 달아났다. 이에 『춘추』에서는 "태자가 그 군주를 시해했다."라고 썼다.

59 본심을 따져 벌했기: 원문은 '주심(誅心)'이다. 『후한서』「곽서전(霍諝傳)」에 보면, "본심을 바로잡는 데 있기 때문에 일은 용서해주고 그 마음을 벌한다(原情定過, 赦事誅意)."라는 구

여자는 결국 사형에 처해졌다. 그 후 장 아무개는 꿈에서 이 여자를 보았는데, 머리를 풀어헤치고 칼을 손에 든 채 가슴을 치며[60] 다가와 이렇게 외쳤다.

"나는 죽을 죄가 없거늘, 너는 어찌 그리 급히 나를 죽이려 하였느냐?"

그리고는 칼로 그를 찔렀다. 그가 깜짝 놀라 깨어나 보니, 칼에 찔린 자리가 몹시 아팠다. 그 뒤로 밤마다 그 여자가 악귀가 되어 나타나 그를 괴롭히는 바람에 그는 결국 죽음에 이르렀다.

다섯 번째 이야기는 다음과 같다.

소산(蕭山) 사람 한기상(韓其相) 선생은 젊어서부터 공소장 작성[61]에 뛰어났다. 오랫동안 과거에 낙방하고 또한 늘그막에는 자식도 없었기에 벼슬길은 진즉에 단념했다. 옹정(雍正) 계묘년(1723)에 그가 호북성 공안현(公安縣)의 막료로 있을 때, 꿈에 한 신이 나타나 말하였다.

"그대는 붓으로 저지른 죄가 많아, 하늘이 그대의 녹봉과 자손의 복을 모두 끊었느니라. 그러나 최근 어진 마음으로 옥사를 처리한 덕에, 하늘이 그대에게 과거 급제의 영광과 자손을 상으로 내리기로 하였으니, 속히 고

절이 있다.

60 가슴을 치며: 원문은 '박응(搏膺)'이다. 『좌전』「성공(成公)」 10년에 보면, 진경공의 꿈에 큰 귀신이 나타났다고 한다. 귀신은 땅에 닿을 정도의 산발한 머리에, 두 손으로 가슴을 치고 펄쩍 뛰면서 "너는 나의 자손을 살해했는데, 이것은 불의이다."라고 말했다고 한다.

61 공소장 작성: 원문은 '도필(刀筆)'이다. 『사기』「소하세가(蕭何世家)」에 보면, "소하는 진(秦)나라 때의 도필리(刀筆吏)였다."라는 구절이 있다. 고대에는 죽간에 글을 썼는데, 글씨를 잘못 쓰면 칼로 깎아내고 고쳤기 때문에 도필이라고 했다. 오늘날은 공소장을 쓰는 사람을 도필이라고 하는데, 붓이 칼과 같은 역할을 하기 때문이다.

향으로 돌아가도록 하라."

한기상 선생은 그 말을 믿지 않았다. 그런데 다음날 저녁에도 같은 꿈을 꾸었다. 그때가 이미 칠월 초순이라, 그가 "지금 간다 해도 과시에 맞출 수 없을 것입니다."라고 말하자, 신이 말했다.

"내가 그대를 과거 시험장 안에 이르게 할 수 있다."

그는 꿈에서 깨어나자마자 급히 여장을 꾸리고 귀향길에 올랐다. 배가 순풍을 단 듯이 달려 팔월 초이튿날에 항주에 도착했다. 그는 유재(遺才)[62]의 신분으로 과거장에 들어가 시험을 치러 마침내 급제했다. 그리고 이듬해에는 과연 아들 하나를 얻게 되었다. 환증은 사람됨이 독실하고 옛 선비의 기풍이 있어, 그의 말은 거짓일 리 없다.

또 그가 기록한 「수관절사(囚關絶嗣)」에 다음 이야기가 실려 있다.

평호(平湖) 사람 양연경(楊硯耕)이 우향현(虞鄕縣)에서 막료로 있을 때, 그곳 현령은 임진현(臨晉縣)의 일도 겸임하고 있었는데, 임진현에는 오랫동안 해결하지 못한 미제사건이 하나 있었다. 뒤에 조사하여 진상을 밝혀 보니, 동생이 형을 구타하여 죽인 사건이었다. 어느 밤에 그는 판결문을 써 놓고, 촛불을 끄기도 전에 잠이 들었다. 문득 침상에서 걸음쇠 소리가 나고, 장막이 살짝 들리기에 바람인가 싶었다. 그러나 잠시 뒤에 다시 소리가 나더니, 장막이 고리에 걸려 있고, 흰 수염을 기른 한 노인이 침상 앞에 꿇어앉아 머리를 조아리고 있었다. 그가 꾸짖자, 노인은 홀연 사라지고 없었다. 또 책상 위에서 책장 넘어가는 소리가 들려, 그가 급히 일어나 살펴보

62 유재(遺才): 청나라 제도에 따르면, 학정(學政)이 향시를 치를 때, 과시의 불합격자나 과시를 일찍이 보지 못한 사람을 모아 시험을 칠 수 있게 해주었다. 이 향시에 응시하는 사람을 유재라고 한다.

니, 전날 밤 작성해 두었던 판결문이었다. 다시 자세히 읽어보아도 어떤 억울함도 없었다. 다만 그 집안은 4대 동안 외아들만 이어져 왔고, 그의 부친 대에 와서 비로소 두 아들을 두었으나, 한 명은 비명횡사했고, 또 한 명은 지금 사형에 처할 형편이라, 5대손에 이르러 제사가 끊길 판이었다. 그래서 판결문을 찢어버리고 이전처럼 미결상태로 남겨두었다. 의심스러운 채로 남겨두는 것이 옳다고 여긴 것이다. 나는 왕법으로 말하자면 인륜을 끊은 자는 반드시 사형에 처해야 한다고 생각한다. 그러나 인정으로 말하자면, 제사가 끊기는 자 또한 가엾다 할 것이다. 죽이고 살리는 일이 서로 충돌하고, 인(仁)과 의(義) 또한 서로 모순된다. 억지로라도 서로 소통하게 하려면, 사람을 죽인 자는 죽음으로써 죽은 자의 억울함을 풀어야 할 것이다. 그러나 자신의 원한을 풀고 그로 인해 조상의 제사가 끊긴다면, 그 형 또한 지각이 있으니, 결코 이를 원하지는 않을 것이다. 만약 정말로 그것을 바란다면, 그것은 더 이상 사람의 마음이 없는 것이다. 이에 동생을 죽이지 않았다고 해서 형이 억울해하지는 않을 것이다. 이는 또 하나의 견해일 뿐이다. 또 누군가는 이렇게 말했다.

"정(情)은 한 사람의 일이고, 법(法)은 천하의 일이다. 형제 둘뿐인 집에서 아우가 형을 죽였는데, 제사가 끊어짐을 가엾게 여겨 그에게 죄를 묻지 않는다면, 형을 죽이고 재산을 차지하려는 자들이 더 많아질 것이다. [이런 식이라면,] 법으로 어찌 인륜을 바로 세울 수 있겠는가?"

이것 또한 부정할 수 없는 또 한 가지 견해이다. 고요(皐陶)[63]와 같은 법

---

63 고요(皐陶): 자는 정견(庭堅)이고, 우(虞)나라 순(舜)임금 때의 신하로, 옥관(獄官)의 우두머리이다.

관이 아니라면, 이 사건은 참으로 판결하기 어렵다. 따라서 이 옥사는 남겨 두고, 훗날 이치를 밝히는 자가 나와 바르게 판단하기를 기다림이 마땅하다.

門人蕭山汪生輝祖, 字煥曾. 乾隆乙未進士, 今爲湖南甯遠縣知縣. 未第時, 久於幕府, 撰『佐治藥言』二卷. 中載近事數條, 頗足以資法戒.

其一曰: 孫景溪先生, 諱爾周, 令吳橋時, 幕客葉某. 一夕方飮酒, 偃仆於地, 歷二時而蘇. 次日閉戶書黃紙疏, 赴城隍廟拜燬, 莫喻其故. 越六日, 又偃仆如前, 良久復起, 則請遷居於署外, 自言: "八年前, 在山東館陶幕, 有士人告惡少調其婦. 本擬請主人專懲惡少, 不必婦對質. 而同事謝某, 欲窺婦姿色, 慫慂傳訊. 致婦投繯, 惡少亦抵法. 今惡少控於冥府, 謂婦不死則渠無死法, 而婦死由內幕之傳訊. 館陶城隍神移牒來拘. 昨具疏申辨, 謂婦本應對質, 且造意者爲謝某. 頃又移牒, 謂傳訊之意在窺其色, 非理其冤. 念雖起於謝, 筆實操於葉. 謝已攝至, 葉不容寬. 余必不免矣." 越夕而殞.

其一曰: 浙江臬司同公言. 乾隆乙亥秋審時, 偶一夜潛出, 察諸吏治事狀. 皆已酣寢, 惟一室燈燭明. 穴窗竊窺, 見一吏方理案牘, 几前立一老翁一少婦. 甚駭異, 姑視之. 見吏初抄一籤, 旋毀稿更書. 少婦斂衽退. 又抽一卷沉思良久, 書一籤. 老翁亦揖而退. 傳詰此吏, 則先理者爲臺州因奸致死一案. 初擬緩決, 旋以身列青衿, 敗檢釀命, 改情實. 後抽之卷, 爲甯波疊毆致死一案. 初擬情實, 旋以索逋理直, 死由還毆, 改緩決. 知少婦爲捐生之烈魄, 老翁累囚之先靈矣.

其一曰: 秀水縣署有愛日樓. 板梯久毀, 陰雨輒聞鬼泣聲. 一老吏言, 康熙中, 令之母善誦佛號, 因建此樓. 雍正初有令挈幕友胡姓來. 盛夏不欲見人, 獨處樓中. 案牘飮食, 皆縋而上下. 一日聞樓上慘號聲, 從者急梯而上, 則胡裸體浴血.

自刺其腹, 併碎劙周身, 如刻畫. 自云: "曩在湖南某縣幕, 有姦夫殺本夫者, 姦婦首於官. 吾恐主人有失察咎, 以訪拿報, 婦遂坐磔. 頃見一神引婦來, 剸刃於吾腹. 他不知也." 號呼越夕而死.

其一曰: 吳興某以善治錢穀有聲. 偶爲當事者所慢, 因密訐其侵盜陰事於上官, 竟成大獄. 後自嚙其舌而死. 又無錫張某在歸安令裘魯青幕. 有姦夫殺本夫者, 裘以婦不同謀, 欲出之. 張大言曰: "趙盾不討賊爲殺君, 許止不嘗藥爲弒父, 『春秋』有誅意之法. 是不可縱也." 婦竟論死. 後張夢一女子披髮持劍, 搏膺而至曰: "我無死法, 汝何助之急也." 以刃刺之. 覺而刺處痛甚. 自是夜夜爲厲, 以至於死.

其一曰: 蕭山韓其相先生, 少工刀筆. 久困場屋, 且無子, 已絶意進取矣. 雍正癸卯在公安縣幕, 夢神語曰: "汝因筆孽多, 盡削祿嗣. 今治獄仁恕, 賞汝科名及子, 其速歸." 未以爲信. 次夕夢復然. 時已七月初旬, 答以試期不及, 神曰: "吾能送汝也." 寤後急理歸裝. 江行風利, 八月初二日竟抵杭州. 以遺才入闈中式. 次年, 果舉一子. 煥曾篤實有古風, 其所言當不妄.

又所記「囚關絶嗣」一條曰: 平湖楊硯耕, 在虞鄕縣幕時, 主人兼署臨晉, 有疑獄久未決. 後鞫實爲弟毆兄死. 夜擬讞牘畢, 未及滅燭而寢. 忽聞牀上鉤鳴, 帳微啓, 以爲風也. 少頃復鳴, 則帳懸鉤上, 有白鬚老人跪牀前叩頭. 叱之不見. 而几上紙翻動有聲, 急起視, 則所擬讞牘也. 反覆詳審, 罪實無枉. 惟其家四世單傳, 至其父始生二子, 一死非命, 一又伏罪, 則五世之祀斬矣. 因毁稿存疑如故. 蓋以存疑爲是也. 余謂以王法論, 滅倫者必誅. 以人情論, 絶祀者亦可憫. 生與殺皆礙, 仁與義竟兩妨矣. 如必委曲以求通, 則謂殺人者抵以申死者之冤也. 申己之冤以絶祖父之祀, 其兄有知, 必不願. 使其竟願, 是無人心矣. 雖不抵不爲枉. 是一說也. 或又謂情者一人之事, 法者天下之事也. 使凡僅兄弟二人者, 弟殺其兄,哀其絶祀皆不抵, 則奪産殺兄者多矣. 何法以正倫紀乎? 是又未嘗非一說也. 不有皐陶, 此獄實爲難斷. 存以待明理者之論定可矣.

21.

공자의 말로 답변하다

아버지 요안공께서 해주신 이야기이다.

예전에 아버지가 외삼촌 진덕음(陳德音) 댁에 머물고 있을 때, 갑자기 소나기가 사시(오전 9시경)부터 오시(정오)까지 내리다가 그쳤다고 한다. 그런데 그 비가 모두 마를 우린 물이었다. 마침 서쪽에 앉아 강학하던 한 나이 든 유생이 있어서, 사람들이 모두 그에게 물었다.

"이 비는 도대체 어떻게 된 일입니까?"

그러자 나이 든 유생은 머리를 떨구고 벽을 바라보며 말했다.

"공자께서는 괴이한 일에 대해 말씀하지 않으셨습니다."

姚安公言. 昔在舅氏陳公德音家, 遇驟雨, 自巳至午乃息. 所雨皆漚麻水也. 時西席一老儒方講學, 衆因叩曰: "此雨究竟是何理?" 老儒掉頭面壁曰: "子不語怪."

22.

꾸짖음의 대가

유향원(劉香畹)이 해준 이야기이다.

그가 예전에 산서에서 타향살이할 때 이런 이야기를 들었다고 한다. 어느 나이 든 유생이 오래된 무덤 근처를 지나갈 때, 함께 가던 사람이 "여기에 여우가 살고 있습니다."라고 말했다. 유생은 그 말을 듣고 여우를 꾸짖었지만, 역시 별다른 이상은 없었다.

나이 든 유생은 본래 생활을 알뜰하게 꾸리는 사람이라, 겨울에도 갖옷을 입지 않고, 여름에도 삼베옷을 입지 않았다. 음식에는 반찬을 곁들이지 않았고, 늦게 딴 찻잎[64]조차 마시지 않았으며, 처자에게도 배불리 먹이지 않았다. 그렇게 푼푼이 아껴 모아 마침내 은 40냥을 모았고, 그것을 녹여 네 개의 은덩어리로 만든 뒤 비밀스럽게 감추어두었다. 그러나 사람들 앞에서는 쌀 한두 섬[65]도 없다고 하소연했다.

---

64 늦게 딴 찻잎: 원문은 '천(荈)'이다. 『유편(類篇)』에 따르면, 늦게 찻잎을 따서 만든 것을 천이라고 한다.

65 한두 섬: 원문은 '담석(擔石)'이다. 『한서(漢書)』「양웅전(楊雄傳)」에 보면, "재산은 10냥에 불과하며, 한두 섬의 식량도 비축되어 있지 않다."라는 문장이 있다. 『통아(通雅)』에 보면, "한 섬은 석(石)이고, 두 섬은 섬(擔)이다."라는 문장이 있다.

여우를 꾸짖은 뒤로는, 그가 모아둔 금덩이가 어떤 때는 집 지붕 꼭대기나 나무 끝에 걸려 있어서 사다리를 놓고 올라가서 가져와야 했다. 또 어떤 때는 진흙탕과 얕은 물속에 잠겨 있어 물에 젖어가며 찾아야 했다. 심지어는 뒷간[66]에 던져져 손으로 더듬어 꺼내 씻어야 하기도 했다. 어떤 때는 다른 곳에다 옮겨 두어 한참 만에 찾기도 했다. 또 어떤 때는 며칠 동안 사라졌다가 하늘에서 떨어지기도 했다. 또 어떤 때는 손님과 마주 앉아 이야기 할 때 모자챙 속으로 들어오기도 했다. 또 어떤 때는 손님과 마주 인사할 때 갑자기 "쿵 —" 하고 소매 속에서 떨어지기도 했다. 이렇듯 변화무상하여, 어떻게 해야 할지를 몰랐다. 어느 날, 갑자기 금덩이 네 개가 공중으로 튀어 올라 나비처럼 팔랑팔랑 날아다녔다. 구슬을 던져 맞추면 맞출수록 점점 더 높이, 더 멀리 날아가 마침내는 사라져버릴 듯했다. 부득이하여 향을 피우고 절을 하자, 그제야 그것들이 스르르 품속으로 날아들었다. 이 일 이후로는 더 이상 유생을 건드리지[67] 않았으나, 학문을 논하던 그의 기세는 이미 완전히 꺾여 있었다.

유향원이 이 이야기를 해주자 한 친구가 말했다.

"나는 덕(德)으로 요괴를 이겼다는 소리는 들어보았지만, 꾸짖음으로 요괴를 이겼다는 소리는 들어보지 못했네. 나이 든 유생에게 이런 일이 닥친 것도 정말이지 당연하네."

그러자 또 한 친구가 말했다.

---

66 뒷간: 원문은 '혼청(溷圊)'이다. 옛날에 뒷간을 청이라 불렀던 것은 오물을 제거하면 평상시처럼 깨끗해지기 때문이다.

67 건드리지: 원문은 '뇨(嬲)'이다.

"주돈이·정호·정이·장재·주희[68]가 꾸짖었다면, 요괴는 틀림없이 아무 일도 일으키지 않았을 걸세. 그 유생은 고인의 풍모는 가지고 있었으나, 고인의 마음은 없었으니, 안타까운 일이네!"

또 다른 친구가 말했다.

"주돈이·정호·정이·장재·주희였다면 결코 경솔히 꾸짖지는 않았을 것이네. 다만 마음의 수양이 부족했기 때문에, 그 분노가 밖으로 드러난 것일 뿐이네."

유향원은 이 말에 수긍을 하며 말했다.

"그 말이야말로 본질[69]을 꿰뚫었네."

劉香畹言. 曩客山西時, 聞有老儒經古冢, 同行者言中有狐. 老儒詈之, 亦無他異. 老儒故善治生, 冬不裘, 夏不裼. 食不肴, 飮不茹, 妻子不宿飽. 銖積錙累得四十金, 鎔爲四錠, 秘緘之. 而對人自訴無擔石. 自詈狐後, 所儲金, 或忽置屋顚樹杪, 使梯而取. 或忽在淤泥淺水, 使濡而求. 甚或忽投溷圊, 使探而濯. 或移易其地, 大索乃得. 或失去數日, 從空自墮. 或與客對坐, 忽納於帽檐. 或對人供揖,

---

68 주돈이·정호·정이·장재·주희: 원문은 '주장정주(周張程朱)'이다. 주돈이(周敦頤)는 자가 무숙(茂叔)이고 도주(道州)으로, 세상에서는 염계선생(濂溪先生)이라 부른다. 장재(張載)는 자가 자후(子厚)이고 미(郿) 땅 사람으로 횡거선생(橫渠先生)이라 불린다. 정호(程顥)는 자가 백순(佰淳)이고 낙양(洛陽) 사람으로, 명도선생(明道先生)이라 불린다. 동생 정이(程頤)는 자가 정숙(正叔)으로, 이천선생(伊川先生)이라 불린다. 주희(朱熹)는 자가 원회(元晦)이고, 무원(婺源) 사람으로, 시호가 문(文)이라 주문공(朱文公), 주자(朱子)라고도 불린다. 이들은 모두 도학(道學)에 뛰어나 후세에 추존을 받았다. 또한 염계의 주돈이, 낙양의 정호·정이, 관중(關中)의 장재, 민중(閩中)의 주희라는 뜻에서 염락관민(濂洛關閩)이라 부르기도 한다.

69 본질: 원문은 '징결(癥結)'이다. 징(癥)은 오랜 체증으로 인하여 뱃속에 덩어리가 생기는 병이다. 『사기』「편작전(扁鵲傳)」에 보면, "이로써 병을 살펴보니, 오장에 덩어리가 생긴 것 같습니다(以此視病, 盡見五臟癥結)"라는 문장이 있다.

忽鏗然脫袖. 千變萬化, 不可思議. 一日, 突四鋌躍擲空中, 如蛺蝶飛翔. 彈丸擊觸, 漸高漸遠, 勢將飛去. 不得已焚香拜祝, 始自投於懷. 自是不復相嬲, 而講學之氣焰, 已索然盡矣. 說是事時, 一友曰: "吾聞以德勝妖, 不聞以詈勝妖也. 其及也固宜." 一友曰: "使周張程朱詈, 妖必不興. 惜其古貌不古心也." 一友曰: "周張程朱必不輕詈. 惟其不足於中, 故悻悻於外耳." 香畹首肯曰: "斯言洞見癥結矣."

23.

세 번의 통쾌함

유향원이 또 해준 이야기이다.

저축을 잘하지만 천성이 인색한 한 효렴이 있었다고 한다. 그의 누이는 집이 몹시 가난하여, 섣달 그믐날이 다가오는데도 아궁이에 불 한번 피우지 못할 정도였다. 이에 눈보라를 무릅쓰고 수십 리 길을 걸어와, 네댓 냥만 빌려 달라 하며 이듬해 봄 남편이 서당에서 학비를 받으면 꼭 갚겠다고 했다. 그러나 효렴은 자기 형편도 어렵다며 완강히 거절하였다. 어머니가 눈물을 흘리며 거들어 청하였으나 역시 거절하였다. 마침내 어머니는 머리에 꽂고 있던 비녀와 귀걸이까지 빼어 딸에게 주어 돌려보냈지만, 효렴은 마치 아무 일도 못 들은 척했다. 그날 밤, 도둑이 담을 뚫고 집 안으로 들어와, 있는 재물을 모조리 훔쳐 달아났다. 효렴은 여론이 두려워, 감히 관에 고발하여 도둑을 잡으려 하지 못했다. 반년쯤 지난 뒤, 도둑이 다른 현에서 붙잡혔는데, 심문 중에 이 효렴의 집에서 물건을 훔친 일이 있다고 자백하였다. 그런데 그 물건 가운데 열에 일곱은 아직 그대로 남아 있었다. 그 현에서 공문을 보내와 물건의 주인을 확인하려 하였으나, 효렴은 또다시 세상의 평판을 두려워하여, 차마 자기 것이라 인정하지 못했다. 그러자 재물이 아까워 견딜 수 없던 아내가, 몰래 아들을 시켜 가서 주인임을 자인하게 했다. 효렴은 마음속 깊이 부끄러움을 느껴, 반년 동안 손님을 피하며 누구도 만나려 하지 않았다. 모자(母子)의 정은 하늘이 내린 것이요, 형제간의 정은 뼈를 나눈 혈족이라 하건만, 인색함 때문에 친누이를 생판 남처럼 대하였던 것이다.

이 이야기는 정말이지 주먹을 부른다. 도둑이 느닷없이 물건을 훔쳐가자, 사람들의 속이 시원해졌다. 재물을 잃고도 감히 말하지 못하고, 찾아가라고 해도 감히 가지러 가지 못하니, 또 한 번 사람들의 속을 뻥 뚫리게 했다. 망치로 가슴을 치는 듯한 쓰라림을 느끼면서도, 자신의 허물을 숨기려 했지만, 결국 아내 때문에 그 허물이 만천하에 드러나게 되었으니, 사람들의 속을 더욱 시원하게 뚫어주었다. 사람을 들었다 놓았다 하며 가지고 노는 일이 이처럼 절묘하니, 혹 누군가 일부러 이렇게 만든 것이 아닐까! 그런데 그가 부끄러워 손님을 피했다는 점에서, 나는 도리어 그가 이 일을 계기로 충분히 선을 행함으로써 이 한 번의 부끄러움을 덮고도 남을 수 있다고 생각한다. 또한 모름지기 효도와 우애로 이름을 남기는 일도 가능할 것이다.

香畹又言. 一孝廉頗善儲蓄, 而性嗇. 其妹家至貧, 時逼除夕, 炊煙不擧. 冒風雪徒步數十里, 乞貸三五金, 期明春以其夫館穀償. 堅以窘辭. 其母涕泣助請, 辭如故. 母脫簪珥付之去, 孝廉如弗聞也. 是夕有盜穴壁入, 罄所有去. 迫於公論, 弗敢告官捕. 越半載, 盜在他縣敗, 供曾竊孝廉家. 其物猶存十之七. 移牒來問, 又迫於公論, 弗敢認. 其婦惜財不能忍, 因遣子往認焉. 孝廉內愧, 避弗見客者半載. 夫母子天性, 兄妹至情, 以嗇之故, 人如陌路.

此眞聞之扼腕矣. 乃盜遽乘之, 使人一快. 失而弗敢言, 得而弗敢取, 又使人再快. 至於椎心茹痛, 自匿其瑕, 復敗於其婦, 瑕終莫匿, 更使人不勝其快. 顚倒播弄, 如是之巧, 謂非若或使之哉! 然能愧不見客, 吾猶取其足爲善, 充此一愧. 雖以孝友聞可也.

24.

노제어의 목소리

편수(編修) 노제어(盧霽漁)는 한질을 앓고 있었다. 그러던 중 『경악전서(景岳全書)』[70]를 읽는 자를 잘못 불러 인삼을 처방받아 먹고는, 그 자리에서 죽고 말았다. 그의 어머니는 크게 후회하며 통곡했다. 그런데 어머니가 울 때마다, 판벽에서 '꺼억, 꺼억' 하는 소리가 울려 퍼졌다. 또 어떤 밤에는 침상 주위를 돌며 '어머니' 하고 부르는 소리가 들렸는데, 분명 노제어의 목소리였다. 아마도 고령의 어머니가 지나치게 상심하는 것을 원치 않았던 것 같다. 슬프도다! 죽어서조차 어머니를 잊지 않다니!

盧霽漁編修, 患寒疾. 誤延讀『景岳全書』者, 投人參, 立卒. 太夫人悔焉, 哭極慟. 然每一發聲, 輒聞板壁格格响. 夜或繞牀呼阿母, 灼然辨爲霽漁聲. 蓋不欲高年之過哀也. 悲哉! 死而猶不忘親乎!

---

70 『경악전서(景岳全書)』: 명나라 장개빈(張介賓)의 저술로, 장개빈(1563~1640)은 자가 회경(會卿)이고 호는 경악이며 산음(山陰) 사람이다. 『경악전서』는 모두 64권으로, 보양을 주로 다루고 있다.

25.

떠나지 못한 미음

해양(海陽) 사람인 선배 국정화(鞠庭和)가 해준 이야기이다.

한 관리의 부인이 임종을 맞아, 왼손으로는 어린 아들을, 오른손으로는 어린 딸을 부여잡은 채 흐느끼며 숨을 거두었다. 억지로 손을 떼어내자 손은 놓았지만, 두 눈을 뜬 채 여전히 눈빛은 반짝이고 있었다. 그 뒤로 등불 앞이나 달빛 아래에서 저 멀리 그녀의 모습이 종종 목격되었다. 그러나 불러도 대답하지 않고, 물어도 뭐라 말이 없으며, 손짓해 불러도 다가오지 않고, 다가가면 사라졌다. 어떤 때는 며칠 밤을 내리 나타나지 않다가도, 또 어떤 밤에는 몇 번이고 나타났다. 또 어떤 때 보면 누군가의 앞에 서 있기도 했는데, 정작 그 사람은 아무것도 보지 못했다. 또 어떤 때는 방금 이곳에서 보았는데, 동시에 다른 곳에서도 또 그녀가 보였다. 대개 그녀의 모습은 물거품[71]과 환영[72] 같고, 전광석화[73]처럼 순식간에 사라지기도 하며 눈 깜

71 물거품: 원문은 '포영(泡影)'이다. 『금강경(金剛經)』에 보면, 일체의 작위적인 법은 물거품이나 환영과 같다고 했다.

72 환영: 원문은 '공화(空花)'이다. 『원각경(圓覺經)』에 보면, 환자의 눈에는 공중에 꽃이 보인다고 한다.

73 전광석화: 유협(劉勰)의 『신론(新論)』에 보면, "사람의 짧은 인생은 전광석화처럼 잠시 반짝하다 지나간다(人之短生, 有如石火, 炯然以過)."라는 구절이 있고, 주자의 『장흠부에게 드리

짝할 사이에 다시 나타나기도 했다. 비록 해를 끼치지는 않았으나, 사람들 마음속에는 돌아가신 부인이 살아 있는 듯했다. 그래서 후처도 그 자식들을 감히 차별하려 하지 않았고, 노비와 가복들도 그들을 감히 무시하지 않았다. 아들이 장가를 가고 딸이 시집간 뒤로는 점차 그 모습이 보이지 않았다. 그러나 몇 해가 지나면 간혹 한 번씩 모습을 드러내곤 했다. 그리하여 집안사람들은 늘 두려워하며 지냈는데, 마치 그녀가 곁에 있는 듯했기 때문이다. 혹자는 여우가 빙의한 것이라 의심하는 이도 있었는데, 이 역시 하나의 견해이다. 다만 여우는 사람을 괴롭히지만, 이 부인은 사람 곁에도 다가가지 않았다. 더구나 여우가 무슨 의도로 십여 년 동안 고생하면서 때때로 이런 모습을 하고 나타나겠는가? 아마도 지극한 그리움이 맺혀, 혼백이 흩어지지 못한 것이리라. 자식에 대한 부모의 마음이 죽고 나서도 이토록 절절하다는 것을 세상의 자식들이 알게 되면, 이 역시 슬픔에 젖지 않을 수 있겠는가!

海陽鞠前輩庭和言. 一宦家婦臨卒, 左手挽幼兒, 右手挽幼女, 嗚咽而終. 力擘之乃釋, 目炯炯尙不瞑也. 後燈前月下, 往往遙見其形. 然呼之不應, 問之不言, 招之不來, 卽之不見. 或數夕不出, 或一夕數出. 或望之在某人前, 而某人反無睹. 或此處方睹, 而彼處又睹. 大抵如泡影空花, 電光石火, 一轉瞬而卽滅, 一彈指而倏生. 雖不爲害, 而人人意中有一先亡夫人在. 故後妻視其子女, 不敢生分別心, 婢媼僮僕, 視其子女, 亦不敢生淩侮心. 至男婚女嫁, 乃漸不睹. 然越數

는 답장(答張欽夫書)』에도 "선가(禪家)에서 전광석화처럼 빨리 사라진다고 하더니 정말 그러하네(正禪家所謂石火電光底消息)."라는 구절이 있다.

載, 或一見. 故一家恒慄慄危懼, 如在其旁. 或疑爲狐魅所託, 亦是一說. 惟是狐魅擾人, 而此不近人. 且狐魅又何所取義, 而辛苦十餘年, 爲時時作此幻影哉? 殆結戀之極, 精靈不散. 而爲人子女者知父母之心歿而彌切如是也, 其亦可以愴然感乎!

26.

화재를 알린 형의 혼

국정화가 또 해준 이야기이다.

형이 죽자, 고아가 된 조카의 재산을 가로챈 자가 있었다고 한다. 핍박과 협박으로 재산을 조금씩 빼앗아, 조카가 스스로 살아갈 수 없는 지경에 이르게 하였다. 그러던 어느 날 밤, 부부가 깊이 잠든 사이, 형이 꿈속에 나타나 다급히 외쳤다.

"일어나! 어서! 불이 났어!"

놀라 깨어보니 연기와 불길이 자욱하여 빠져나갈 길이 없었다. 가까스로 창을 깨고 뛰쳐나오자마자, 숨을 돌릴 새도 없이 집이 무너져 내렸다. 조금만 늦었더라면 온통 잿더미가 되었을 것이다. 그는 이튿날, 급히 조카를 불러 그간 빼앗은 재산을 모두 돌려주었다. 사람들은 그가 며칠사이 도척에서 갑자기 백이가 되었다며[74] 이상하게 생각했다. 그가 눈물을 흘리며 자책하자, 사람들은 그제야 그 까닭을 알게 되었다. 이 귀신은 혈육을 온전히 지켰으니, 원귀가 되어 재앙을 내리는 것보다 훨씬 낫다.

---

74 도척에서…되었다며: 도척은 옛날에 재물을 탐한 폭도였고, 백이는 옛날의 청렴한 사람이었다.

庭和又言. 有兄死而呑噬其孤侄者. 迫脇侵蝕, 殆無以自存. 一夕, 夫婦方酣眠, 忽夢兄倉皇呼曰: "起起! 火已至!" 醒而煙焰迷漫, 無路可脫. 僅破窗得出, 喘息未定, 室已崩摧. 緩須臾, 則灰燼矣. 次日, 急召其侄, 盡還所奪. 人怪其數朝之內, 忽跖忽夷. 其人流涕自責, 始知其故. 此鬼善全骨肉, 勝於爲厲多多矣.

27.

현령 양흠

고순(高淳) 현령 양흠(梁欽)은 호부(戶部)의 액외주사(額外主事)[75]로 있을 때, 요안공과 함께 사천사(四川司)[76]에 소속되어 있었다. 당시 육부는 규제가 엄격하여, 대개 사정이 있어 관청에 출근하지 못할 경우 반드시 사람을 보내 장인(掌印)[77]에게 알리고, 장인은 그 사실을 공문으로 사무(司務)[78]에게 전달하였다. 그러면 사무관이 매일 이를 모아 정당(正堂)[79]에 보고했는데, 이를 출부(出付)[80]라고 했다. 그래서 관리는 아무 이유 없이 출근하지 않을 수 없었다. 하루는 양공이 관청에 출근하지 않았을 뿐만 아니라 출부도 하지

75 액외주사(額外主事): 명청시대 각 부에 소속된 하급관리이다. 일반적으로는 서길사(庶吉士)에 선발되지 못한 진사들이 맡아했으며, 황제가 임명하기도 했다.

76 사천사(四川司): 청나라 제도에 보면, 형부(刑部)에 18개의 청리사(清吏司)를 두었는데, 사천사도 그중 하나이다.

77 장인(掌印): 장인관(掌印官)으로, 일반적으로는 한 조직의 주관(主官)을 말한다. 청나라 때 병부에 '장인'이 있는데, 바로 병부상서이다.

78 사무(司務): 관직 이름으로, 명나라 때 육부에 설치했다. 청나라 역시 이를 그대로 따르면서 육부 이외에 이번원(理藩院)과 대리원(大理院) 등에도 이 관직을 두었다. 출납문서와 관청 내의 잡무를 맡아했다.

79 정당(正堂): 명청시대 부(府)·주(州)·현의 장관을 정당이라 했다.

80 출부(出付): 지금의 휴가에 해당한다.

않아 모두 의아하게 생각했다. 요안공과 복건 사람 이근후(李根侯)는 양공과 가까이 살고 있어서, 퇴청한 뒤에 함께 그를 보러 갔다.

양공은 어젯밤 잠든 뒤, 갑자기 "퍽[81]—" 하고 부딪치는 소리를 들었는데, 마치 놀란 말이 뛰는 듯했다고 한다. 무슨 일이냐고 소리쳤지만, 누구 하나 대답이 없었다. 두려운 마음에 일어나 [소리 나는 곳을 찾아] 가보니, 하인 두 명과 마부 한 사람이 알몸으로 서로 싸우고 있었다. 치고 박아 몹시 아플 텐데도 세 사람은 모두 입을 꾹 다문 채 말 한 마디 하지 않았다. 사방의 이웃은 이미 잠들었고, 집엔 사람이라곤 없었다. 이에 어찌할 도리가 없어 그저 앉아서 그들이 싸우는 것을 지켜보았다. 새벽 종소리가 울리자 세 사람은 함께 그대로 쓰러졌다. 날이 밝아 깨어났을 때, 온몸은 비늘처럼 상처로 뒤덮여 있었고, 얼굴과 눈은 모두 망가져 있었다. 무슨 일이 있었는지를 물었지만, 모두 영문을 모르겠다고 했다. 다만 그날 저녁, 후문에서 함께 바람을 쐬던 중 멀리 폐가터 위에서 개 몇 마리가 날뛰는[82] 것이 보여, 장난삼아 벽돌을 던졌더니 개들이 컹컹대며 달아났다고 했다. 그러고는 잠자리에 들었는데, 이런 변고가 났다고 했다.

생각건대 그들이 보았던 것은 개가 아니라 여우로, 달빛이라 미처 자세히 보지 못한 듯하다. 양공은 태화(泰和) 사람으로, 정일진인(正一眞人)[83]과는 같은 고향이었기에, 그에게 가서 이 일을 고하려 했다. 요안공이 말했다.

"여우가 혼자 놀면서 사람에게 무슨 참견을 했습니까? 까닭 없이 여우

---

81 퍽: 원문은 '팽(砰)'으로, 큰 소리를 의미한다.

82 날뛰는: 원문은 '도량(跳踉)'이다.

83 정일진인(正一眞人): 진인은 도관(道官)의 호칭으로, 속칭 천사(天師)라고도 한다.

를 공격했으니, 그들은 잘못이 없소. 이치에 맞지 않는 쪽의 역성을 들어 저들을 공격하는 것은 도리에 맞지 않습니다."

이공 역시 이렇게 말했다.

"무릇 하인들이 남과 다툴 경우, 먼저 자신의 하인들을 단속하는 것이 맞습니다. 이치가 바르다 하여도 주인을 믿고 제멋대로 굴게 해서는 안 되거늘, 하물며 도리에 맞지 않는 경우에야?"

이에 양공은 그 일을 그만 두었다.

高淳令梁公欽, 官戶部額外主事時, 與姚安公同在四川司. 是時六部規制嚴, 凡有故不能入署者, 必遣人告掌印, 掌印遣牒司務. 司務每日彙呈堂, 謂之出付. 不能無故不至也. 一日, 梁公不入署, 而又不出付, 衆疑焉. 姚安公與福建李公根侯, 寓皆相近, 放衙後, 同往視之.

則梁公昨夕睡後, 忽聞砰訇撞觸聲, 如怒馬騰踏. 呼問無應者. 悸而起視, 乃二僕一御者, 裸體相搏. 捶擊甚苦, 然皆緘口無一言. 時四鄰已睡, 寓中別無一人. 無可如何, 坐視其鬪. 至鐘鳴乃并仆. 迨曉而蘇, 傷痕鱗疊, 面目皆敗. 問之都不自知. 惟憶是晚同坐後門納凉, 遙見破屋址上, 有數犬跳踉, 戲以磚擲之, 嘷而跳. 就寢後, 遂有是變.

意犬本是狐, 月下視之未審歟. 梁公泰和人, 與正一眞人爲鄉里, 將往陳訴. 姚安公曰: "狐自游戲, 何預於人? 無故擊之, 曲不在彼. 袒曲而攻直, 於理不順." 李公亦曰: "凡僕隸與人爭, 宜先克己. 理直尚不可縱, 使有恃而妄行, 况理曲乎?" 梁公乃止.

28.

여우, 혹은 사람

건륭 기미년(1739) 회시(會試) 전에 한 거인(擧人)이 영광사서가(永光寺西街)[84]를 지나가다가, 문밖에 서 있는 한 미인을 보고 속으로 아주 기뻐했다. 이에 매파에게 좋은 말로 줄을 놓아 달라고[85] 부탁하고, 300냥을 주고 그 여인을 첩으로 들였다. 그리하여 거인은 그 집에 머무르게 되었고, 두 사람은 마음이 아주 잘 맞았다. 과거를 보고 난 뒤 집으로 돌아와 보니, 창문은 깨지고 벽에는 먼지가 수북했으며, 집안은 적막하여 인기척이라곤 없었다. 오물이 쌓여 있는 것이 오래전에 폐허가 된 집 같았다. 거인이 이웃 사람들에게 물으니, 이렇게 대답했다.

"이 집은 오랫동안 비어 있었는데, 어떤 사람이 들어와 한 달 남짓 살다가 어느 날 저녁에 떠났는데, 어디로 갔는지는 모르겠습니다."

누군가 말했다.

"여우의 짓이오. 소설 속에도 이와 같은 일이 보이지요."

---

84 영광사서가(永光寺西街): 지금의 영광서가(永光西街)로, 선무구(宣武區) 동북쪽에 위치한다. 명나라 때는 서가(西街), 청나라 때는 영광사서가로 불렸는데, 영광사 서쪽에 위치한 데서 그렇게 불렀다. 1965년에 지금의 이름으로 바뀌었다.

85 좋은 말로 줄을 놓아 달라고: 원문은 '관설(關說)'이다.

또 다른 이가 말했다.

"그 여자는 미끼였소. 재물을 훔쳐 멀리 달아나고는 여우인 양 가장하여 사람을 속인 것이오."

무릇 여우가 사람을 흉내 내는 것도 간교한데, 사람이 여우 행세를 한다면 더욱 교활하지 않은가! 내가 도성에 사는 50~60년 동안 이와 같은 일을 본 것이 셀 수 없을 정도였다. 이 이야기도 그 가운데 하나이다.

乾隆乙未會試前, 一擧人過永光寺西街, 見好女立門外, 意頗悅之. 託媒關說, 以三百金納爲妾. 因就寓其家, 亦甚相得. 迨出闈返舍, 則破窗塵壁, 闃無一人. 汚穢堆積, 似廢壞多年者. 訪問鄰家, 曰: "是宅久空, 是家來住僅月餘, 一夕自去, 莫知所往矣." 或曰: "狐也. 小說中蓋嘗有是事." 或曰: "是女爲餌. 竊資遠遁, 僞爲狐也." 夫狐而僞人, 斯亦黠矣, 人而爲狐, 不更黠乎哉! 余居京師五六十年, 見此類者不勝數. 此其一耳.

29.

선한 사람과 여우

어사(御史) 왕향천(汪香泉)이 해준 이야기이다.

한(韓) 아무개라는 포목상은 한 호녀와 가깝게 지내면서 몸이 날로 쇠약해졌다[86]고 한다. 이에 동료들이 부록을 써서 쫓아내라고 하자, 호녀는 잠시 떠났으나 다시 돌아왔다. 어느 날 밤, 호녀는 한 아무개와 함께 잠을 자다가 돌연 옷을 걸치고 일어나 앉아서 말했다.

"무슨 딴 생각을 하고 계십니까? 어째서 갑자기 강한 기운이 저를 핍박해 불안에 떨게 하십니까?"

한 아무개가 말했다.

"다른 생각은 하지 않았네. 단지 이웃인 오(吳) 아무개가 빚에 몰려 자식을 가동으로 팔았네. 나는 사대부의 후손이 천민 신세로 바뀌는 것이 안타까워, 돈 40냥을 내어 그를 속환하고자 하네. 그래서 자꾸 마음이 쓰여 잠을 이루지 못한 것뿐이네."

호녀는 깜짝 놀라 일어나 베개를 밀치며 말했다.

"그대가 그런 생각을 하는 것을 보니, 정말 선한 사람이군요. 선한 사람

---

86 쇠약해졌다: 원문은 '왕영(尪羸)'이다.

을 해치는 자는 큰 벌을 받기 마련. 저는 이제 떠나렵니다."

호녀는 한 아무개에게 입을 맞추며 한참동안 기운을 불어넣더니, 손을 흔들며 떠나갔다. 그 뒤로 한 아무개는 예전처럼 다시 건장해졌다.

汪御史香泉言. 布商韓某, 昵一狐女, 日漸尫羸. 其侶求符籙劾禁, 蹔去仍來. 一夕, 與韓共寢, 忽披衣起坐曰: "君有異念耶? 何忽覺剛氣砭人, 剌促不甯也?" 韓曰: "吾無他念. 惟鄰人吳某, 逼於償負, 鬻其子爲歌童. 吾不忍其衣冠之後, 淪下賤, 捐四十金欲贖之. 故轉輾未眠耳." 狐女蹶然推枕曰: "君作是念, 卽是善人. 害善人者有大罰. 吾自此逝矣." 以吻相接, 噓氣良久, 乃揮手而去. 韓自是壯健如初.

30.

참된 공덕

대수당(戴遂堂) 선생이 해준 이야기이다.

예전에 한 고관이 사월 초파일에 절에 들러 예불을 올리며 참회하고 방생하는 것을 보았다고 한다. 그가 꽃 아래를 거닐다가 한 행각승을 만났는데, 행각승이 합장하며 물었다.

"공께서는 이곳에 무슨 일로 오셨습니까?"

"재를 올리려고 왔습니다."

"어째서 오늘 재를 올리십니까?"

"석가탄신일[87]이 아닙니까?"

"석가탄신일에만 재를 올린다면 나머지 359일은 재를 올리지 않아도 된다는 말씀이십니까? 공께서 오늘 하신 방생은 눈앞의 공덕에 불과합니다. 해마다 푸줏간에서 죽어 나가는 짐승의 수가 오늘 하신 방생의 수에 충분치 않다는 것을 모르시진 않겠지요?"

---

87 석가탄신일: 원문은 '불탄일(佛誕日)'이다. 『남사(南史)』「고환전(顧歡傳)」에 보면, 부처님은 사월 초팔일 한밤중에 오른쪽 배를 가르고 태어나셨다고 한다. 『형초세시기(荊楚歲時記)』에 보면, 형초 땅에서는 사월 초팔일이 되면 절마다 향불을 피워놓고 아기 부처를 씻기면서 용화회(龍華會)를 열었으며, 이로써 미륵불이 세상에 탄생하셨다는 증표로 삼았다고 한다.

고관은 순간 뭐라 대꾸하지 못했다. 그때 불자를 접대하는 스님이 이렇게 꾸짖었다.

"나리께서는 불법을 수호하시어, 삼보(三寶)[88]의 빛을 더 하셨거늘. 빈승은 어찌하여 함부로 말씀하시는가?"

행각승이 걸어가며 웃으며 말했다.

"자의(紫衣) 스님께서 입을 다무시니, 빈승이 말씀 드릴 수밖에요."

이렇게 말하고는 팔을 떨치며 곧장 나가 어디론가 가버렸다.

한 노승이 혼자 이렇게 탄식했다.

"저 스님[89]은 세상 이치를 잘 모르는구나. 그러나 나의 불법으로 보자면, 세상을 떠들썩하게 하실 분[90]이로시다."

옛날 오대산(五臺山)[91]의 스님 명옥(明玉)이 일찍이 이렇게 말씀하셨다.

"항상 마음마다 염불하면 악한 생각이 일어나지 않습니다. 하루에 몇 마디 염불을 윈다고 해서 공덕이 되는 것은 아닙니다. 날마다 염불하며 닦

---

88 삼보(三寶): 불법승을 말한다. 『남사』「양소명태자통전(梁昭明太子統傳)」에 보면, 황제께서 불교를 크게 진작시키고, 친히 강설하셨다. 태자도 평소 삼보를 믿으며 여러 불경을 들추어보셨다고 한다.

89 스님: 원문은 '사리(闍梨)'이다. 『번역명의집(飜譯名義集)』에 보면, 범어로 아차리야(ācārya, 阿遮梨耶)라고 한다. 『당언규범(唐言軌範)』에 보면, 오늘날 말하는 사리이다. 『수언정행(隋言正行)』에 보면, 제자들의 행동을 바로 잡을 수 있는 덕을 갖춘 승려란 뜻에서 리(梨)라고 부른다고 한다. 그 외에 교수(敎授), 궤범(軌範), 정행(正行)이라고도 한다.

90 세상을 떠들썩하게 하실 분: 원문은 '사자후(獅子吼)'로, 불교의 큰 성령을 비유한 말이다. 『전등록(傳燈錄)』에 보면, 석가불이 탄생할 때 시방세계를 비출 만큼 그 주위가 밝았다고 한다. 땅에서는 금 연꽃이 솟아올랐다. 대지가 두 발을 받들고, 한손으로는 하늘을 가리키고, 한손으로는 땅을 가리키면서 주위를 칠보 걷다가 사방을 돌아보며 큰 소리로 '천상천하, 유아독존'이라고 소리쳤다고 한다.

91 오대산(五臺山): 산 이름이다. 산서(山西) 오대현(五臺縣) 동북쪽에 위치한다.

으면 살생의 업이 영원히 끊어집니다. 한 달에 며칠 수행한다고 해서 공덕이 생기는 것도 아닙니다. 기름지고 맛있는 고기를 아침저녁으로 물리도록 먹으면서, 매달 정해진 날에만 고기를 먹지 않는다고 해서 선인(善人)이라 할 수 있겠습니까? 그렇다면 뇌물이 공공연히 오가고[92] 사치하는데도,[93] 매달 정해진 날만 돈을 받지 않는다고 청렴한 관리라 할 수 있겠습니까?"

이 말씀은 앞서 그 행각승이 한 말과 뜻이 맞닿아 있다.

좌도어사(左道御史)[94] 이행포(李杏浦)가 말했다.

"이는 불문의 말일 뿐입니다. 사대부가 평생 풀만 먹고 사는 것은 현실적으로 어려운 법입니다. 며칠이라도 재계하고 정진할 수 있다면, 그 며칠만큼 살생이 줄어들 것이고, 몇 사람이라도 꾸준히 재계하고 정진한다면, 그만큼 살생 또한 줄일 수 있습니다. 이렇게라도 한다면, 전혀 정진하지 않는 것보다는 낫지 않겠습니까?"

이 역시 또 다른 견해[95]로, 각각 모두 일리 있는 말이다. 단지 명옥 스님

---

92 뇌물이 공공연히 오가고: 원문은 '포저(苞苴)'이다. 물건을 포장할 수 있는 것을 의미하나, 여기서는 뇌물을 가리킨다. 『설원(說苑)』에 보면, 탕왕(湯王) 때 7년 동안 큰 가뭄이 들어 낙수(雒水)의 바닥이 갈라지고 하천이 말랐다고 한다. 이에 탕왕은 사람을 시켜 세 발 달린 솥을 가지고 산천에 가서 "뇌물 꾸러미가 횡행해서입니까? 남을 헐뜯는 무리가 창궐해서입니까(苞苴行耶? 讒夫昌耶?)"라고 기도했다고 한다.

93 사치하는데도: 원문은 '보궤불식(簠簋不飾)'이다. 『한서』「가의전(賈誼傳)」에 보면, "옛날에는 대신이 부정으로 축출당하면 부렴(不廉)이라 하지 않고, '보궤불식(簠簋不飾)'이라 했습니다(古者大臣有坐不廉而廢者, 不謂不廉, 曰簠簋不飾)."라는 구절이 있다. 안사고(顔師古)의 주에 따르면, 보궤는 음식을 담는 제기로, 네모난 그릇은 보, 둥근 그릇은 궤라고 한다.

94 좌도어사(左道御史): 원문은 '총헌(總憲)'이다. 이전에는 도찰원(都察院)의 장관(長官) 좌도어사를 총헌이라 불렀다.

95 또 다른 견해: 원문은 '견지견인(見智見仁)'이다. 『주역』에 보면, "어진 사람은 이것을 보면 어질다고 생각하고 지혜로운 사람은 이것을 보면 지혜롭다고 생각한다(仁者見之謂之仁, 智者見之謂之智)."라는 문장이 있다. 서로 다르게 해석할 수 있음을 의미한다.

이 살아 계셨더라면, 이에 대해 과연 반론을 제기하실 수 있을지 궁금할 따름이다.

戴遂堂先生曰. 嘗見一巨公, 四月八日, 在佛寺禮懺放生. 偶散步花下, 遇一游僧合掌曰: "公至此何事?" 曰: "作好事也". 又問: "何爲今日作好事?" 曰: "佛誕日也?" 又問: "佛誕日乃作好事, 餘三百五十九日, 皆不當作好事乎? 公今日放生, 是眼前功德. 不知歲歲庖厨之所殺, 足當此數否乎?" 巨公猝不能對. 知客僧代叱曰: "貴人護法, 三寶增光. 窮和尙何敢妄語?" 游僧且行且笑曰: "紫衣和尙不語, 窮和尙不得不語也." 掉臂徑出, 不知所往. 一老僧竊嘆曰: "此闍黎大不曉事. 然在我法中, 自是突聞獅子吼矣." 昔五臺僧明玉嘗曰: "心心念佛, 則惡意不生. 非日念數聲佛, 爲功德也. 日日持齋, 則殺業永除. 非月除數日, 卽爲功德也. 燔炙肥甘, 晨昏厭飫, 而月限某日某日不食肉, 謂之善人? 然則苞苴公行, 簠簋不飾, 而月限某日某日不受錢, 謂之廉吏乎?" 與此游僧之言若相印合. 李杏浦總憲則曰: "此爲彼教言之耳. 士大夫終身茹素, 勢必不行. 得數日持月齋, 則此數日可減殺, 得數人持月齋, 則此數人可減殺. 不愈於全不持乎?" 是亦見智見仁, 各明一義. 第不知明玉儻在, 尙有所辯難否耳.

31.

300냥의 제사

항왕부(恒王府)의 장사(長史) 동악락(東鄂洛) 원주: 『팔기씨족보(八旗氏族譜)』에 따르면 동악(董鄂)이라 해야 하나, 정작 본인은 동악(東鄂)이라 썼다. 공문서나 장부에도 동악(東鄂)이라 썼다. 이것이 바로 『공양전(公羊傳)』에서 말하는 "이름은 그 주인을 따른다(名從主人)"라고 하는 것이다. 은 마나스(Manasi)[96]에 폄적되어 살고 있는데, 마나스는 우루무치의 속현이다.

하루는 우루무치로 가는데, 더위를 피하기 위해 밤에 길을 갔다. 도중에 나무아래서 말을 멈추고 잠시 쉬고 있는데, 한 사람이 다가와 반쯤 무릎을 꿇은 채 안부를 물으며 자칭 수비병 유청(劉靑)이라고 했다. 한참 그와 이야기를 나눈 뒤 다시 길을 떠나려 말을 타자, 유청이 말했다.

"작은 일이 하나 있어 감히 말씀드립니다. 인방(印房)의 관노 희아(喜兒)가 제게 돈 300냥을 빚졌습니다. 지금 저는 몹시 가난하니, 꼭 갚았으면 한다고 전해주십시오."

동악락은 다음날 희아를 만나 유청의 말을 전했다. 그러자 희아는 땀을 비 오듯 흘리며 얼굴빛이 사색이 되었다. 이를 괴이하게 생각해 그 까닭을

---

96 마나스(Manasi): 원문은 '마납사(瑪納斯)'로, 지금의 중국 신강 위구르자치구 내에 위치한다.

물어보고서야 유청이 오래전에 병으로 죽었다는 사실을 알게 되었다. 원래 유청이 죽었을 때, 진죽산(陳竹山)은 그의 성실하고 근면한 성품을 안타까워하며, 희아에게 돈 300냥을 건네고 술과 포(脯)를 마련해 제를 올리라고 하며, 지전을 함께 태워 제사를 지내게 하였다. 그러나 희아는 유청에게 가족이 없다는 이유로 그 돈을 모두 가로챘다.[97] 그 사실을 아는 이가 없을 것이라 여겼는데, 뜻밖에도 귀신이 나타나 빚을 독촉했다. 평소 인과응보를 믿지 않던 진죽산도 이 일을 보고 모골이 송연해져 이렇게 말했다.

"이 일은 결코 거짓이 아니며, 이 말 또한 꾸며낸 것이 아니다. 나는 평소 살아오면서 나쁜 짓을 할 때 사람들에게 들킬까만 두려워했고, 또 사람들이 모르면 하고 싶은 대로 해도 괜찮다고 생각했거늘. 무귀론(無鬼論)[98]이란 족히 믿을 바가 못 된다는 것을 내 지금에야 알겠다. 그런즉 남몰래 죄를 짓는 자들이야말로 더욱 두려워해야 할 것이다."

恒王府長史東鄂洛, 原註: 據『八旗氏族譜』嘗爲董鄂, 然自書爲東鄂. 案牘册籍, 亦書爲東鄂.『公羊傳』所謂名從主人也. 謫居瑪納斯, 烏魯木齊之支屬也.

一日詣烏魯木齊, 因避暑夜行. 息馬樹下, 遇一人半跪, 問起居, 云是戍卒劉青. 與語良久, 上馬欲行, 青曰: "有瑣事, 乞公寄一語. 印房官奴喜兒, 欠青錢

---

97 가로챘다: 원문은 '건몰(乾沒)'로,『사기』「장탕전(張湯傳)」주에 보인다.

98 무귀론(無鬼論):『진서(晉書)』「완첨전(阮瞻傳)」에 보면, 완첨은 평소 무귀론을 주장하면서 자칭 이 이치로 유명세계를 구별할 수 있다고 했다고 한다. 어느 날 한 객이 완첨을 찾아와 귀신에 대한 이야기를 나누기를 청했다. 그 객은 거듭 곤욕을 당하자 마침내 굴복하고는 낯빛을 바꾸며 말했다. "고금의 성현들도 모두 귀신이 있다며 함께 전했는데, 어찌하여 그대만 홀로 귀신이 없다고 하오. 내가 바로 귀신이요!" 그러고는 모습을 바꾸더니 바로 사라졌다고 한다.

三百. 青今貧甚, 宜見還也.” 次日見喜兒, 告以青語. 喜兒駭汗如雨, 面色如死灰. 怪詰其故, 始知青久病死. 初死時, 陳竹山閔其勤愼, 以三百錢付喜兒, 市酒脯靑錢奠之. 喜兒以靑無親屬, 遂盡乾沒. 事無知者, 不虞鬼之見索也. 竹山素不信因果, 至是悚然曰: “此事不誣, 此語當非依託也. 吾以爲人生作惡, 特畏人知, 人不及知之處, 卽可爲所欲爲也. 今乃知無鬼之論, 竟不足恃. 然則負隱慝者, 其可慮也夫.”

32.

비단신 네 켤레

창길(昌吉)의 난[99]이 평정된 뒤, 전쟁포로나 역당의 자녀들이 장수들에게 상으로 분배되었다. 우루무치의 아무개 참장(參將)[100]이 그 일을 맡아 주관하였는데, 그는 그 가운데 가장 아름다운 여자 네 명을 골라 직접 가무를 가르쳤다. 지분을 바르고, 곱게 단장시켜 비단옷과 구슬 단 귀걸이[101]로 치장하니, 자태가 만 가지로 아름다워 마치 애첩처럼 보였다. 그래서 이들을 본 사람들은 누구나 마음을 빼앗겼다. 그 뒤 아무개 참장은 금탑사(金塔寺)의 부장(副將)으로 승진하여 기한에 맞추어 부임길에 오르게 되었다. 떠나기 전, 가동들을 시켜 옷가지를 점검하는데, 갑자기 옷상자 안에서 비단신

99 창길(昌吉)의 난: 청나라 고종 때 중가르를 평정하고, 이곳에 둔전(屯田)을 설치했다. 건륭 32년(1767) 중추절날 밤에 둔관(屯官)이 유인(流人)들에게 음식을 나눠주고, 산등성이에 술자리를 마련했다. 둔관이 술에 취해 유인들의 처에게 농을 걸자, 순식간에 상황이 돌변해 유인들은 둔관을 죽이고 그들의 무기를 빼앗은 뒤 성을 점거하고 난을 일으켰다. 도통(都統) 온복(溫福)과 수비(守備) 유덕(劉德)이 그들을 물리치고 난을 평정했다.

100 참장(參將): 명청 시대의 무관직으로, 총병(總兵)의 부장(副將)이다. 독자적으로 군영을 지휘하지는 못했지만, 일정 지역의 병력과 군무를 관리했다. 그 아래로는 유격, 수비, 천총, 파총 등이 있다.

101 비단 옷과 구슬 단 귀걸이: 원문은 '채복명당(綵服明璫)'이다. 초중경(焦仲卿)의 아내를 위해 지은 고시 「공작동남비(孔雀東南飛)」에 보면, "허리엔 하얀 비단 띠를, 귀에는 구슬 단 귀걸이를(腰若流紈素, 耳著明月璫)"이라는 시구가 있다.

네 켤레가 펄쩍 뛰쳐나와, 나비 떼처럼 온 집안을 날아다니며 춤을 췄다. 막대기로 내려쳐 땅에 떨어뜨렸는데도 여전히 꿈틀거리며[102] 움직이려 하고, 희미한 신음 소리까지 냈다. 식자들은 불길한 징조라며 수상히 여겼다. 아무개 참장은 피잔[103]에 이르러 대원(臺員)을 채찍한 일로, 진수대신(鎭守大臣)의 탄핵을 받아 일리로 폄적되었고, 마침내 그곳에서 생을 마감했다.

昌吉平定後, 以軍俘逆黨子女, 分賞諸將. 烏魯木齊參將某, 實司其事, 自取最麗者四人, 教以歌舞. 脂香粉澤, 綵服明璫, 儀態萬方, 宛如嬌女. 見者莫不傾倒. 後遷金塔寺副將, 届期啓行. 諸童檢點衣裝, 忽篋中繡履四雙, 翩然躍出, 滿堂翔舞, 如蛺蝶群飛. 以杖擊之, 乃墮地, 尙蠕蠕欲動, 呦呦有聲. 識者訝其不祥. 行至闢展, 以鞭撻臺員, 爲鎭守大臣所劾, 論戍伊犁, 竟卒於謫所.

---

102 꿈틀거리며: 원문은 '연연(蠕蠕)'이다.

103 피잔: 원문은 '벽전(闢展)'으로, 신강성(新疆省) 선선현(鄯善縣)에 해당한다.

33.

노부인의 지혜

매우 위태롭고 급박한 상황속에서, 뜻밖에 묘책이 나올 때가 있다. 이치에도 맞지 않고 인정에도 어긋나는 일이라 해도, 그 속에 나름의 사정이 있기도 하다. 파격적으로 일을 한다고 해서 기러기발을 아교로 붙이는 것처럼[104] 굳이 원칙만을 고집해 억지로 단정해서도 안 된다. 고향의 한 노부인이 아무런 이유도 없이 계집종과 노파 수십 명을 거느리고, 돌연 이웃 마을 어느 집에 들이닥쳐 문을 열고 그 집 딸을 훔쳐갔다. 원한을 갚으려는 일인가 했으나, 두 집안은 평소에 왕래도 없었다. 보쌈이라 생각했으나, 그 노부인에겐 자식조차 없었다. 마을 사람들 모두 기이하게 여겼으나, 그 이유를 알 수 없었다. 여자의 집에서 관아에 고발하자, 관에서는 곧장 공문을 내려 체포하러 갔지만, 노부인은 이미 그 딸을 데리고 달아나 종적을 알 수

104 기러기발을 아교로 붙이는 것처럼: 원문은 '교주(膠柱)'이다. 『사기』「조사전(趙奢傳)」에 보면, 진(秦)나라와 조(趙)나라의 병사들이 장평(長平)에서 대치하고 있을 때 조나라 왕은 ["진나라가 싫어하는 것은 마복군(馬服君) 조사의 아들 조괄(趙括)을 장군에 봉하는 것을 두려워하고 있습니다."라는] 진나라 간첩의 말을 믿고, 조괄을 장군으로 삼아 염파(廉頗)를 대신하게 했다고 한다. 그러자 인상여(藺相如)가 "왕께서 그런 명분으로 조괄을 장군으로 삼는 것은 마치 기러기발을 아교로 붙여 놓고 거문고를 타는 것처럼 조금의 융통성도 없습니다. 조괄은 그저 부친의 책이나 읽을 줄 아는 위인이지 임기응변을 모르는 사람입니다."라고 말했다고 한다.

없었다. 함께 왔던 계집종과 할멈들도 이미 사방으로 흩어졌다. 이 사건에 연루된 사람이 많아 이리저리 수소문하고 추국한 끝에 비로소 어떤 사람이 실토했다. 노부인에게는 폐결핵에 걸려 죽음을 앞둔 아들 한 명이 있었다고 한다. 노부인은 아들을 어루만지며 애통해했다.

"얘야, 네가 죽는 것은 하늘의 뜻이라지만, 손자 하나 남기지 못하고 죽는 것이 참으로 애통하구나. 네 할아버지와 아버지 또한 이대로라면 모두 아귀가 되고 말 터."

아들이 신음하며 말했다.

"손자를 반드시 얻을 수 있다고 장담할 수는 없지만, 그래도 희망은 있습니다. 제가 아무개 집 딸과 몰래 정을 나누었고, 지금 그녀는 아이를 가진 지 여덟 달이 되었습니다. 다만 아이를 출산하면 죽임을 당할까 두렵습니다."

아들이 숨진 뒤, 노부인은 십여 일 동안 내내 중얼거리며[105] 혼잣말을 하더니, 돌연 그 일을 벌였다. 아마도 그 딸을 데려간 것은, 뱃속의 아이를 살리기 위한 것이었을 것이다.

관리는 멍하니 있다가 말했다.

"그렇다면 굳이 뒤쫓을 필요는 없겠다. 두어 달이면 제 발로 돌아올 것

---

105 중얼거리며: 원문은 '돌돌(咄咄)'로, '돌돌'은 의외의 일에 놀라 지르는 소리이다. 『세설신어(世說新語)』「출면(黜免)」에 보면, 은중군[殷中軍 즉 은호殷浩]이 [서인(庶人)으로] 폐출당하고 신안현(信安縣)에 있을 때, 온종일 허공에다 무슨 글자를 썼다고 한다. 양주(揚州)의 관리와 주민들이 그의 옛 은혜를 잊지 못하여 그를 좇아 왔었는데, 그들이 가만히 살펴보았더니, [은중군은] 오직 '돌돌괴사(咄咄怪事)'라는 네 글자를 쓰고 있을 뿐이었다. 이로부터 '돌돌(咄咄)'은 상식적으로 이해할 수 없는 아주 이상한 일 혹은 괴상망측한 뜻밖의 일을 만났을 때 내는 소리로 굳어졌다.

이다."

과연 그의 말대로 노부인은 손자를 안고 자수하러 나타났지만, 관리는 어떻게 할 방법이 없었다. 다만 중률(重律)[106]에는 해당하지 않는다고 판단하고, 곤장형에 처한 뒤 속전을 내게 하는 선에서 마무리하였다. 이 일은 토끼가 튀고 송골매가 내리꽂히듯[107] 눈 깜짝할 사이에 벌어진 일이었고, 노부인의 재빠른 행동은 마치 신들린 듯하였다.

안정함(安靜涵)이 말했다.

"노부인은 그 딸을 데리고 밤에 달아날 때, 계집종과 할멈은 수레 세 대에 나눠 태우고, 자신은 그 딸과 함께 네 번째 길을 택해 달아났기 때문에 그 행방을 알 수 없었습니다. 또한 대로로 가지 않고 구불구불한 길을 따라 가면서, 갈림길에 다시 갈림길이 있어,[108] 달아난 방향을 알 수 없었습니다. 또 하루도 쉬지 않고 날이 밝으면 길을 가고 밤이면 몸을 숨기면서, 분만 때가 되어서야 비로소 집을 세내었기 때문에 어디서 머물렀는지 알 수 없었습니다. 이 노부인의 계책은 참으로 치밀하다 할 수 있습니다."

그 딸은 집으로 돌아간 뒤 부모에게 버림을 받아, 결국 노부인과 함께 아이를 기르고 살면서 재가하지 않았다. 그녀는 처음부터 혼례를 치르지 않고 정을 맺었기 때문에,[109] 절부로 표창할 수 없어, 여기서도 그녀의 이름

---

106 중률(重律): 청대 형벌에 불응죄가 있는데, 죄의 경중에 따라 중률과 경률로 나누었다.

107 토끼가 튀고 송골매가 내리꽂히듯: 원문은 '토기골락(兎起鶻落)'이다. 토끼가 튀고 송골매가 내리꽂히듯 일이 빨리 진행되는 것을 비유한 말이다.

108 갈림길에 다시 갈림길이 있어: 『열자(列子)』에 보면, "갈림길에 또 갈림길이 있어서였소(岐路之中, 又有岐焉)"라는 문장이 있다.

109 혼례를 치르지 않고 정을 맺었기 때문에: 원문은 '진유(溱洧)'이다. 진유는 『시경』「정풍」의 편명으로 음란함을 풍자한 시이다. 여기서는 정식으로 혼례를 치르지 않고 정을 통했음을

을 적지 않는다.

至危至急之地, 或忽出奇焉. 無理無情之事, 或別有故焉. 破格而爲之, 不能膠柱而斷之也. 吾鄕一媼, 無故率媼嫗數十人, 突至鄰村一家, 排闥强劫其女去. 以爲尋釁, 則素不往來. 以爲奪婚, 則媼又無子. 鄕黨駭異, 莫解其由. 女家訟於官, 官卽出牒拘攝, 媼已攜女先逃, 不知踪跡. 同行婢嫗亦四散逋亡. 累絏多人, 輾轉推鞫, 始有一人吐實曰: 媼一子病瘵垂歿. 媼撫之慟曰: "汝死自命, 惜哉不留一孫. 使祖父竟爲餓鬼也." 子呻吟曰. "孫不可必得, 然有望焉. 吾與某氏女私暱, 孕八月矣. 但恐産必見殺耳." 子歿後, 媼咄咄獨語十餘日, 突有此擧. 殆劫女以全其胎耳. 官憮然曰: "然則是不必緝. 過二三月自返耳." 屆期果抱孫自首, 官無如之何. 僅斷以不應重律, 擬杖納贖而已. 此事如兎起鶻落, 少縱卽逝, 此媼亦捷疾若神矣. 安靜涵言: "其攜女宵遁時, 以三車載婢嫗, 與己分四路行, 故莫測所在. 又不遵官路, 橫斜曲折, 歧復有歧, 故莫知所向. 且曉行夜宿, 不淹留一日, 俟分娩乃稅宅, 故莫跡所居停. 其心計尤周密也." 女歸爲父母所棄, 遂偕媼撫孤, 竟不再嫁. 以其初涉溱洧, 故旌典不及, 今亦不著其氏族也.

의미하는 것으로 보았다.

34.

미약과 쥐

이경자(李慶子)가 해준 이야기이다.

예전에 한 친구의 서재에서 하룻밤을 묵은 적이 있었는데, 동이 틀 무렵 갑자기 쥐 두 마리가 나타나 온 방안을 풍차처럼 돌면서 헤집고 탄환처럼 이리저리 튀어 오르내리며[110] 서로를 쫓아다녔다고 한다. 단지, 술그릇, 대야[111] 등 기물들이 부딪쳐 나뒹굴며 쟁그랑 소리와 함께 깨졌고, 그 소리에 사람들은 깜짝 놀랐다. 잠시 뒤에 쥐 한 마리가 몇 자 높이로 뛰어올랐다가 땅에 떨어지고, 또다시 뛰어오르다가 다시 넘어지기를 반복한 끝에 결국 쓰러져 죽었다. 살펴보니 일곱 구멍에서 모두 피가 흘렀지만, 그 이유를 알 수 없었다. 급히 그 집 하인들을 불러 방안 기물들을 모두 수거해 살펴보게 했더니, 주발에서 말리던[112] 미약(媚藥) 수십 알이 반쯤 갉아 먹힌 흔

---

110 이리저리 튀어 오르내리며: 원문은 '병(迸)'으로, 달아나서 여기저기로 흩어지는 것을 말한다.

111 대야: 원문은 '뇌세(罍洗)'로, 옛날에 씻을 때 사용하는 그릇이다. 『구당서(舊唐書)』「고려전(高麗傳)」에 다음 문장이 있다. "음식은 변두, 보궤, 준조, 뇌세에다 담았는데, 기자의 풍조가 강했다(食用籩豆·簠簋·樽俎·罍洗, 頗有箕子之風)." 또한 「예악지(禮樂志)」에 보면, "여섯 번째로 익힌 음식을 진상하는 것을 '진숙'이라 하는데, 황제는 대야에 가서 손을 씻고 술잔을 씻는다(六曰進熟, 皇帝詣罍洗盥手洗爵)."라는 문장이 있다.

112 말리던: 원문은 '량(晾)'이다.

적이 있었다. 그제야 비로소 그 쥐가 이 약을 잘못 먹고 지나치게 흥분한 나머지 미쳐 날뛴 것임을 알게 되었다.

암컷 쥐는 수컷 쥐의 장난을 참지 못해 달아나 숨었고, 수컷 쥐는 욕정을 풀지 못해 속에 열이 쌓여 죽고 말았다. 친구가 나와 그 광경을 보고는 놀라면서도 한편으로는 웃었다. 그러다 이내 두려운 기색으로 "이 지경이 되다니! 미약이 얼마나 무서운지 알겠네."라고 말하며, 모아 두었던 약을 모두 물에 쏟아버렸다. 무릇 성질이 뜨겁고 강한 약이 제련을 거치면 그 힘이 강력해질 뿐만 아니라 독성도 더욱 깊어진다. 나는 이 약 때문에 일을 그르친 사람을 많이 보았다. 한유(韓愈)조차 유황을 복용하고 목숨을 잃었으니, 아무리 현자라도 그 해로움은 피하기 어려운 것이다.[113] 이경자의 이 친구 또한 하마터면 명대로 살지 못했을 것인데, 이 쥐를 보고 문득 깨달은 바가 있었던 것 같다.

李慶子言. 嘗宿友人齋中, 天欲曉, 忽二鼠騰擲相逐, 滿室如飈輪旋轉, 彈丸迸躍. 瓶彝罍洗, 擊觸皆翻, 砰鏗碎裂之聲, 使人心駴. 久之, 一鼠躍起數尺, 復墮於地, 再踊再仆, 乃僵. 視之七竅皆流血, 莫知其故. 急呼其家僮收驗器物, 見柈中所晾媚藥數十丸, 囓殘過半. 乃悟鼠誤呑此藥, 狂淫無度. 牝不勝嬲而竄避, 牡無所發洩, 蘊熱內燔以斃也. 友人出視, 且駭且笑. 既而悚然曰: "乃至是哉! 吾知懼矣." 盡覆所蓄藥於水. 夫燥烈之藥, 加以鍛鍊, 其力既猛, 其毒亦深. 吾見敗事者多矣. 蓋退之硫黃, 賢者不免. 慶子此友, 殆數不應盡, 故鑒於鼠而忽悟歟.

113 한유(韓愈)조차…것이다: 한유는 만년에 유황으로 만든 선약을 복용하다가 죽었다.

35.

죽을 자리

장작(張鷟)[114]의 『조야첨재(朝野僉載)』에 다음 이야기가 실려 있다.

당(唐)나라의 청주자사(青州刺史) 유인궤(劉仁軌)는 해운(海運)을 관리하던 중 지나치게 배를 많이 잃어버리는 바람에 관직을 박탈당하고 평민으로 강등되었다. 그 뒤 요동(遼東)으로 가서 군무에 힘쓰게 되었다. 어느 날 병에 걸려서 평양성(平襄城)[115] 아래에 누워 있다가, 장막을 걷고 병사들이 성을 공격하는 모습을 바라보고 있었다. 그때 한 병사가 곧장 그의 앞으로 달려오더니 등을 돌리고 앉았다. 유인궤가 그를 꾸짖어 물러가게 하려 했지만, 병졸은 그대로 앉아 있었다. 별안간 성 위에서 쏜 화살 한 대가 날아와 그의 심장에 박혀, 그는 그 자리에서 죽었다.[116] 만약 그 병사가 아니었다면 유인궤는 아마도 그 화살에 맞아 죽었을 것이다.

대학사 온공(溫公)[117]이 우츠투르판으로 정벌 나갔을 때, 그는 영대대신

---

114 장작(張鷟): 자는 문성(文成)으로, 당나라 심주(深州) 사람이다. 『조야첨재』는 『구당서』「예문지」에는 30권으로 적혀 있으나, 청대에는 6권만 남아 있다.

115 평양성(平壤城): 조선 평안북도의 수도이다.

116 당(唐)나라의…죽었다: 이상은 모두 『조야첨재』에 실려 있다.

117 온공(溫公): 창길에서의 반란을 평정한 도통(都統) 온복을 가리킨다.

(領隊大臣)[118]의 직책을 맡고 있었다. 병사들을 지휘해 성격을 공격하던 중 몹시 목이 말라 장막으로 돌아와 물을 마시고 있었다. 그때 한 호위병도 [목이 말랐던지] 들어와서 물을 달라고 해서, 온공은 자리를 내주며 함께 물을 마시게 했다. 막 그릇을 집으려는 순간, 적이 갑자기 대포를 발사했다. 납탄 한 발이 날아와 호위병의 가슴을 꿰뚫고 지나가, 그는 그 자리에서 죽었다. 만일 그 사람이 조금만 늦게 들어왔다면 온공은 틀림없이 죽음을 피하지 못했을 것이다.

이 이야기는 온공께서 직접 내게 들려주신 것으로, 유인궤의 일과 아주 유사하다. 훗날 온공은 대금천(大金川) 정벌에 나섰다가 목과목(木果木)[119]에서 전사했다. 이로보아 사람은 각자의 생사에 따라 죽을 곳이 따로 정해져 있음을 알 수 있다. 전장에서 죽을 팔자라 할지라도, 그 땅이 아니면 위기에 처하더라도 살아남기 마련이다. 그런 즉 몸을 사리고 재빨리 피하려 하는 자들은 결국 부질없이 한 번 더 달아나는 꼴이 아닌가!

張鷟『朝野僉載』曰: 唐青州刺史劉仁軌, 以海運失船過多, 除名爲民. 遂遼東效力. 遇病, 卧平壤城下, 褰幕看兵士攻城. 有一兵直來前頭背坐. 叱之不去. 須臾, 城頭放箭, 正中心而死. 微此兵, 仁軌幾爲流矢所中.

大學士溫公征烏什時爲領隊大臣. 方督兵攻城, 渴甚, 歸帳飲. 適一侍衛亦來

118 영대대신(領隊大臣): 청대 관직명으로, 신강 등지에 둔 고위관리이다. 청나라 때 군대를 파견해 신강에서 둔전을 일구고, 영대대신을 두어 솔론, 오이라트 등의 군대를 통솔했는데, 주로 일리, 아크수(Aksu) 등지에 주둔했다.

119 목과목(木果木): 지금의 사천성 금천현(金川縣) 잡살향(卡撒鄉)으로, 건륭 38년(1773) 2차 금천 전투에서 정변장군(定邊將軍) 온복이 이곳에서 전사했다.

求飮, 因讓茵與坐. 甫拈碗, 賊突發巨砲. 一鉛丸洞其胸死. 使此人緩來頃刻, 則必不免矣. 此公自爲余言, 與劉仁軌事絶相似. 後公征大金川, 卒戰歿於木果木. 知人之生死, 各有其地. 雖命當陣隕者, 苟非其地, 亦遇險而得全. 然畏縮求免者, 不徒多一趨避乎哉!

36.

여우의 세계

사람과 동물은 서로 다른 존재이지만, 여우는 그 중간에 속한다. 이승과 저승은 서로 길이 다르지만, 여우는 그 경계에 머문다. 신선과 요괴는 본래 길이 다르지만, 여우는 신선과 요괴의 중간에 속한다. 그래서 여우를 만나는 일은 기이하다고도 할 수 있고, 동시에 흔한 일이라고도 할 수 있다.

삼대이전의 여우에 관한 기록은 확인할 수 없다. 『사기』「진섭세가(陳涉世家)」에 보면, 횃불을 피워놓고 여우 울음소리를 흉내 내며 "대초가 일어나고 진승이 왕이 되리라."라고 했다.[120] 이는 당시 사람들에게 이미 여우가 기이한 존재로 인식되어 있었기에, 여우의 울음소리를 빌려 읊은 것이 틀림없다. 오균(吳均)의 『서경잡기(西京雜記)』에 보면, 광천왕(廣川王)이 난서총(欒書冢)을 파헤치고 그 속에 있던 여우에게 상처를 입힌 뒤, 꿈에 한 노

---

120 『사기』「진섭세가(陳涉世家)」에…라고 했다: 『사기』에 보면, 2세 원년(기원전 209) 7월에 이항(里巷) 왼쪽에 사는 장정들을 징발하여 어양(漁陽)을 지키게 해 900여 명이 대택향(大澤鄕)에 머물게 되었다고 한다. 진승과 오광도 그 행렬에 들어 둔장(屯長)을 맡게 되었다. 때마침 큰 비가 내려 길이 막히는 바람에 도착 시간을 넘겼다. 당시에는 기한을 놓치면 목이 달아나게 되어 있었다. 이에 진승과 오광은 반란을 일으켰다. 이에 비단에 붉은 글씨로 '진승이 왕이 된다'라고 적어 물고기의 뱃속에 넣어두었다. 또 오광에게 몰래 숲속 사당에 가서 밤에 모닥불을 피워놓고 여우 울음소리로 "대초가 일어나고 진승이 왕이 된다."라고 울게 했다. 이를 들은 군사들은 밤에 깜짝 놀라며 두려워했다.

인이 나타나 복수했다고 한다.[121] 이것은 여우가 최초로 사람의 모습으로 변한 사례로, 한대의 일로 보인다. 장작의 『조야첨재』에 보면, 당나라 초부터 백성들 사이에 여우 신을 섬기는 일이 많아져, 당시에 "여우가 없으면, 마을이 형성되지 않는다."라는 속담이 떠돌았는데,[122] 당대에 와서 여우이야기가 가장 많았던 것이다. 『태평광기(太平廣記)』에는 여우 관련 이야기가 모두 12권에 걸쳐 실려 있는데,[123] 그중 당대의 이야기가 10분의 9를 차지하고 있으니, 이것이 그 증거라 할 수 있다. 여우요괴(狐怪)의 기원과 전말에 대해서는 책마다 기록이 다르지만, 그래도 유사퇴(劉師退)[124] 선생이 진술한 것이 가장 상세하다. 아마도 예전에 창주(滄州)의 남쪽에 살고 있는 한

---

121 광천왕(廣川王)이…복수했다고 한다: 『서경잡기』에 보면, 한나라 광천왕은 무덤 발굴을 좋아했다고 한다. 난서총의 무덤을 파헤치고 관을 열어보니 온갖 유명한 기물이 다 있었다. 그러나 모두 훼손되어 제 모양을 갖춘 것이 없었는데, 오직 흰 여우머리만이 제 형태를 갖추고 있었다. 여우는 사람을 보고 깜짝 놀라 달아났다. 수하들이 여우를 뒤쫓았으나 잡지는 못하고 단지 왼쪽 다리에 상처만 입혔다. 그날 저녁 왕은 꿈에서 머리와 수염이 흰 사내를 보았다. 그는 왕에게 "무슨 이유로 내 왼쪽 다리에 상처를 내었는고?"라고 하면서 몽둥이로 왕의 왼쪽다리를 쳤다. 왕은 깜짝 놀라 잠에서 깨어났는데, 맞은 곳이 부어올라 통증이 느껴졌다. 그리하여 결국 그곳에 종기가 나 죽을 때까지 낫지 않았다고 한다. 또한 『서경잡기』는 구본(舊本)에는 한나라 유흠(劉歆) 찬(撰) 혹은 진(晉)나라 갈홍(葛洪) 찬이라 적혀 있으나, 『사고전서(四庫全書)』에서는 양(梁)나라 오균(吳均)이 지었다고 되어 있다.

122 당나라 초부터…떠돌았는데: 『조야첨재』에 보면, 당초 이래로 백성들 가운데 호신(狐神)을 섬기는 사람들이 많아졌다고 한다. 방에서 제사를 올리며 사람에게 바치는 것과 같은 음식을 여우에게 바쳤다. 그러나 섬기는 여우는 각각 달랐다. 당시에 민간에서는 "여우가 없으면, 마을이 형성되지 않는다."라는 말이 떠돌았다.

123 『태평광기(太平廣記)』에는 …실려 있는데: 『태평광기』 500권은 송나라 이방(李昉)이 칙명을 받고 지은 것이다. 여우에 관한 이야기가 실려 있는데, 권447부터 권455까지가 그에 해당한다. 모두 9권으로, 12권에 걸쳐 실려 있다고 잘못 알고 있는 것 같다.

124 유사퇴(劉師退): 유과실(劉果實)이다. 유과실은 자가 사퇴이고, 호는 제인(提因)으로, 창주 사람이다. 강희 18년(1679)의 진사로, 『여시아문』(3)에 나온다.

학구(學究)[125]가 여우와 친구로 지냈는데, 유사퇴는 그 학구의 소개로 여우와 직접 만나봤기 때문이다.

여우는 몸집이 작고 왜소했으며, 얼굴은 50~60세 쯤 되어 보였다. 차림새는 옛것도, 지금의 것도 아니어서, 흡사 도사와 같았다. 그가 절을 하는데, 아주 겸손하고 조심스러워 보였다. 인사[126]를 마친 뒤에, 여우가 "굳이 만나고자 하시는 뜻이 무엇인지요?"라고 물었다.

유사퇴가 말했다.

"세상에 당신들과 만났다는 사람마다 전하는 말이 다르고, 그 사이에 명확하지 않은 점도 있었소. 들으니 그대는 확 트이신 분으로 숨김없이 말씀하신다 하기에, 감히 궁금증을 풀고자 이렇게 찾아왔습니다."

여우가 웃으면서 말했다.

"하늘이 만물을 내면, 각각 이름을 부여하니, 여우라 부름은 사람이 사람이라 불리는 것과 다를 바 없지요. 여우를 여우라 부르는 것이 곧 사람을 사람이라 부르는 것이니, 여기에 꺼릴 것이 뭐가 있습니까? 우리 여우 사이에서도 잘난 여우와 못난 여우가 섞여 있는데, 이는 마치 사람들 사이에도 잘생긴 사람과 못생긴 사람이 뒤섞여 있는 것과 같습니다. 사람이 사람의 결점을 숨기지 않거늘, 여우라고 결점을 꺼릴 필요가 뭐가 있겠습니까? 부디 거리낌 없이 말씀해 주시지요."

---

125 학구(學究): 일반적으로는 융통성이 없는 지식인을 말한다. '학구'라는 어휘는 당대(唐代) 과거제도에서 유래했다. 『구당서』「선거지(選擧志)」에 따르면, 명경과(明經科)에도 오경(五經), 삼경(三經), 이경(二經), 학구일경(學究一經)과가 있었다. 학구일경과 출신을 일러 학구라고 했는데, 하나의 경서에만 통달했음을 가리킨다.

126 인사: 원문은 '한온(寒溫)'이다. 『진서(晉書)』「왕헌지전(王獻之傳)」에 보면, 왕헌지가 왕휘지(王徽之), 왕조지(王操之)와 함께 사안(謝安)을 만나 뵈러 갔다고 한다. 두 형은 속세의 일에 대해 말을 많이 했지만, 왕헌지는 그저 안부만을 물었을 따름이다.

"여우들 사이에도 차이가 있습니까?"

"무릇 여우는 누구나 도를 닦을 수 있으나, 그중 가장 영특한 이들을 비호(狉狐)라 부릅니다. 이는 마치 농가에는 글 읽는 사람이 드물고, 선비의 집안에는 글 읽는 이가 많은 것과 같습니다."

"비호는 태어날 때부터 모두 영특합니까?"

"그것은 종족의 내력에 달려 있습니다. 도를 완성하지 못한 여우에게서 태어난 여우는 평범한 여우가 되고, 도를 완성한 여우에게서 태어난 여우는 저절로 변화할 수 있습니다."

"도를 완성했다면 스스로 젊음을 유지할 수 있을 터인데,[127] 소설에 나오는 여우 중에는 노인과 할멈이 많은데, 이는 어찌된 까닭입니까?"

"이른바 도를 완성한다[成道]는 것은 바로 사람이 되는 도(成人之道)를 뜻합니다. 그래서 음식과 남녀, 생로병사는 사람과 매한가지입니다. 신선이 되어 승천하는 것은 별개의 일입니다. 이는 마치 수십만 명 가운데 한두 사람이 관직에 오르는 것과 같습니다. 수련하고 복식 호흡을 하는 것은 학식을 쌓아 명성을 얻는 것과 같고, 사람을 미혹해 정기를 보하는 것은 지름길로 출세하는 것과 같습니다. 그런 즉 선도에서 노닐며 하늘에 오르려면 반드시 몸을 단련하고 기를 마셔야만 가능합니다. 사람을 미혹해 정기를 보하는 자는 해를 많이 입히고 종종 하늘의 법을 어기게 됩니다."

"금령(禁令)과 상벌(賞罰)은 누가 관장합니까?"

"작은 상벌은 우두머리가 관리하고, 큰 상벌은 지하세계의 귀신들이

---

127 젊음을 유지할 수 있을 터인데: 원문은 '주안(駐顔)'이다. 『신선전(神仙傳)』에 보면, "허한 기를 보충하여 젊음을 머무르게 할 수 있으며, 오곡을 먹지 않고도 기를 더할 수는 있지만(補虛駐顔, 斷穀益氣)"이라는 구절이 있다.

감찰합니다. 만약 금령이 없다면 형체 없이 왕래하고, 흔적 없이 출입하는 우리가 못할 일이 뭐가 있겠습니까?"

"사람을 미혹해 정기를 보하는 것이 정도(正道)가 아니라면, 어째서 금령에 넣지 않고, 하필 사람에게 상해를 입힌 뒤에야 비로소 다스리는 것입니까?"

"이는 마치 교묘하게 남의 재물을 유도하여, 상대가 기꺼이 내주도록 만드는 것과 같아, 왕법에도 금하고 있지 않습니다. 하지만 남의 것을 강제로 빼앗고 살인을 하게 되면, 비로소 죄를 논하여 그에 상응하는 벌을 받습니다. 『열선전(列仙傳)』에 나오는 주모가 언제 저승의 벌을 받을 일을 한 적이 있었습니까?"[128]

"여우가 사람의 자식을 낳았다는 말은 들어봤으나, 사람이 여우의 새끼를 낳았다는 말은 듣지 못했습니다. 이는 어찌된 일입니까?"

여우가 웃으면서 말했다.

"그건 논할 필요도 없습니다. 여우는 취할 것은 있으되, 줄 것이 없기 때문이지요."

"베틀 받치던 돌[129]을 남에게 주고도, 견우의 질투가 염려되진 않으십니

---

128 『열선전(列仙傳)』에…있었습니까?: 『열선전』에 보면, 호자선(呼子先)은 한중(漢中)의 점술사였다고 한다. 나이는 100여 살이다. 한중을 떠날 때 주모를 불러 행장을 꾸리게 했다. 뒷날 한 선인이 띠풀로 만든 개 두 마리를 데리고 왔다. 호자선은 개 한 마리는 주모에게 주고 각자 그것을 탔다. 타고 보니 그 개는 용이었다. 이들은 화음산(華陰山)으로 올라갔다. 또한 『여선전』에 보면, 도성에서 술파는 주모가 어느 날 우로(于老)라 불리는 스승을 만났다고 한다. 주모는 그가 남다르다고 느껴 매번 더욱 예를 갖추어 공경했다. 어느 날 갑자기 그가 와서 주모와 함께 하늘로 올라갔다고 한다. 여기서는 『여선전』의 이야기가 맞는 것으로 보인다. 즉 이 주모는 자원하여 우로와 함께 승천했기 때문에 하늘에서도 이에 대해서 뭐라 하지 않은 것으로 보인다.

129 베틀 바치던 돌: 원문은 '지기(支機)'이다. 『집림(集林)』에 보면, 옛날에 어떤 사람이 강의

까?"

또 웃으면서 말했다.

"자세한 사정을 모르시면서 공께서는 말씀을 지나치게 단정 지으시는군요. 무릇 여자들은 계희(季姬)와 증자(鄫子)의 이야기[130]처럼 스스로 짝을 선택할 수 있습니다. 이미 정혼한 부인들이라면 정해진 규범을 감히 벗어나려 하지 않습니다. 무릇 사내가 작약을 꺾어 주고 난초를 건네는[131] 일이 가끔 예를 넘기도 하지만, 이는 인지상정이니 사람이나 우리 여우나 감정의 이치는 다르지 않습니다. 진실로 이런 사례를 들어 비교해보면 알 수 있습니다."

"어떤 여우는 인가에 살고 어떤 여우는 광야에 살고 있는데, 왜 입니까?"

물줄기를 찾아가다가 한 부인이 비단을 씻는 것을 보고 "여기가 은하수입니까?"라고 물었다고 한다. 그러자 여인은 돌을 하나주고 돌아갔다. 돌아와서 엄군평(嚴君平)에게 물어보자, 엄군평이 "이것은 바로 직녀의 지기석입니다."라고 했다. 또한 이상은(李商隱)의 「해객(海客)」에 보면, "견우의 질투도 꺼리지 않은 채, 배틀 받치던 돌 그대에게 준다네(只應不憚牽牛妒, 聊用支機石贈君)."라는 시구가 있다. 여기서 돌은 시인이 가진 재주를 의미하고, 견우의 질투를 꺼리지 않는다는 것은 당인(黨人)들의 시기에 개의치 않고 정아(鄭亞)를 돕고 그에게 보답하겠다는 의미이다. 직녀가 견우에게 시집가는 이야기는 『형초세시기(荊楚歲時記)』에 보인다.

130 계희(季姬)와 증자(鄫子)의 이야기: 『공양전(公羊傳)』에 보면, 여름 6월 계희(季姬: 증나라로 시집간 노희공의 딸)가 증자(鄫子: 증나라의 군주)와 방(防)에서 만났다고 한다. 증자에게 노나라에 내조하게 했다. 증자는 어찌하여 계희에게 사신을 보내 입조하게 했는가? 내사(內辭: 군주를 위해서 감추는 말)이다. 입조하라고 시킨 것이 아니라 사신을 보내 계희를 데려가 부인으로 삼을 것을 청한 것이다.

131 작약을 꺾어 주고 난초를 건네는: 원문은 '증작채란(贈芍采蘭)'이다. 『시경』「정풍·진유(溱洧)」에 보면, "진수와 유수 넘실대는데, 남자와 여자는 난초를 들고 있네(溱與洧方渙渙兮, 士與女方秉蕑兮.)", "남자와 여자 서로 장난치며, 작약 꺾어 주네(維士與女, 伊其相謔, 贈之以勺藥)."라는 시구가 있다. 이는 음란한 말을 풍자한 것이다. 난(蘭)는 난초로 정나라 풍속에 삼짇날에 봄을 맞이해 남녀가 함께 나오는데, 이때 향기가 나는 꽃을 꺾어주었다고 한다. 이는 음란한 행동이다.

“도를 완성하지 못한 여우는 여전히 수성을 가지고 있어 사람을 멀리하는 것이 이로우니, 산림을 떠나면 불편합니다. 도를 완성한 여우는 매사 인간과 다르지 않아 사람 가까이에 사는 것이 오히려 편하니, 도시나 시장에서 살지 않으면 불편합니다. 기타 도행이 높은 여우는 산림과 도시를 가리지 않고 어디서든 지낼 수 있는데, 이는 바로 대부호나 고관대작이 그 힘으로 온갖 물건을 다 손에 넣을 수 있는 것과 같습니다. 따라서 산간벽지에 살아도 대도시에 사는 것과 매한가지입니다.”

유사퇴가 그와 이야기를 나누다 보니, 그의 말은 사람들이 도를 배웠으면 하는데 큰 뜻이 있었다. 여우가 말했다.

“우리는 100~200년 동안 고생하고서야 비로소 사람의 몸이 될 수 있습니다. 그러나 공 등은 사람으로 태어났으니, 이미 절반을 이룬 것이나 다름없습니다. 그런데도 빈둥대며 세월을 보내고 초목과 더불어 썩어 가고 있으니, 참으로 안타까운 일이오.”

유사퇴는 삼장(三藏)[132]에 조예가 깊어,[133] 그를 이끌어 선(禪)에 대해 이야

---

132 삼장(三藏): 불가에서 경장(經藏), 율장(律藏), 논장(論藏)을 삼장이라고 한다. 경장은 부처가 말한 것이고, 논장은 보살이 저술한 것으로 불의(佛義)를 밝힌 것이다. 율은 계율(戒律)을 기록한 것으로 스님들이 지켜야 할 바이다. 장(藏)은 일체의 알아야 될 뜻을 의미한다.

133 조예가 깊어: 원문은 ‘복사(腹笥)’이다. 『후한서』「변소전(邊韶傳)」에 보면, “내 배는 오경(五經)으로 가득 찬 책 상자이다(腹使便五經笥)”라는 구절이 있다. 변소는 후한 진류(陳留) 준의(浚儀) 사람으로 자는 효선(孝先)이며, 문장으로 이름났다고 한다. 변소가 한번은 대낮에 옷을 입은 채 잠을 자고 있었다. 제자 한 명이 “선생님의 배는 빵빵하니 아주 큰데, 책 읽을 생각은 않고 잠만 자려 하시네.”라고 비웃었다. 변소가 이 말을 듣고 “내 배는 오경(五經)으로 가득 찬 책 상자이다. 내가 눈을 감은 것은 학문을 생각하고 꿈에서 주공과 공자를 뵙기 위함인데, 네놈들은 어째서 스승을 비웃느냐”라고 했다. 복사는 여기서 유래한 고사로, 변소복사 혹은 변소복(邊韶腹), 오경사(五經笥)이라고도 하는데, 책을 많이 읽어 학식이 풍부하고 조예가 깊음을 비유한다.

기할 작정이었다. 그러자 그는 이를 거절하며 말했다.

"불가의 경지는 실로 높습니다. 다만 수행하지 못한 상태로 윤회의 길로 들게 되면, 도리어 본래의 모습을 잃게 됩니다. 그러니 차라리 수련을 통해 불사(不死)를 구하면서 완성하는 것만 못합니다. 저 또한 여러 차례 뛰어난 고승(高僧)[134]을 만나보았지만, 감히 생각이 바뀌지는 않았습니다."

유사퇴가 떠나며 말했다.

"오늘 이렇게 만나 뵙게 된 것도 하늘의 인연인데, 한 말씀 남겨 주시겠습니까?"

여우는 한참 망설이다가 말했다.

"삼대 이하의 사람들은 좋은 평판을 얻지 못할까 걱정하는데, 이것은 천박한 사람이나 하는 말입니다. 자고이래의 성현들은 오히려 마음을 편안히 하여 조금의 위선이나 꾸밈이 없습니다. 그러나 요즘의 이학자(理學者)[135]들은 눈썹을 치켜 올리고 눈을 부라려 온갖 갈등을 일으키고 있습니다. 선생께서는 부디 이를 유념하십시오."

유사퇴는 망연자실했다. 아마도 그는 성격이 모나고 거칠어 다른 사람과 잘 어울리지 못했으며,[136] 때로는 지나친 태도를 보이기도 했기 때문인 듯하다.

---

134 고승(高僧): 원문은 '선지식(善知識)'으로, 모든 것을 이해할 수 있는 있음을 의미한다. 『법화경(法華經)』에 보면, "선지식은 나의 스승이니(善知識者是我師傅)"라는 구절이 있다.

135 이학자(理學者): 원문은 '낙민(洛閩)'으로, 송대 낙양의 정호·정이, 민중의 주희를 합쳐 이르는 말이다. 여기서는 이학자의 의미로 보았다.

136 다른 사람과 잘 어울리지 못했으며: 원문은 '애안(崖岸)'이다. 다른 사람과 조화롭지 못함을 의미한다. 『구당서』「정군전(鄭群傳)」에 보면, "오만한 행동은 하지 않았다(不爲崖岸斬絶之行)"라는 구절이 있다.

人物異類, 狐則在人物之間. 幽明異路, 狐則在幽明之間. 仙妖殊途, 狐則在仙妖之間. 故謂遇狐爲怪可, 謂遇狐爲常亦可. 三代以上無可考. 『史記』「陳涉世家」, 稱篝火作狐鳴, 曰: “大楚興, 陳勝王.” 必當是已有是怪, 是以託之. 吳均『西京雜記』稱, 廣川王發欒書冢, 擊傷冢中狐, 後夢見老翁報冤. 是初化人形, 見於漢代. 張鷟『朝野僉載』, 稱唐初已來, 百姓多事狐神, 當時諺曰: “無狐魅, 不成村.” 是至唐代乃最多. 『太平廣記』載狐事十二卷, 唐代居十之九, 是可以證矣. 諸書記載不一, 其源流始末, 則劉師退先生所述爲詳. 蓋舊滄州南一學究與狐友, 師退因介學究與相見.

軀幹短小, 貌如五六十人. 衣冠不古不時, 乃類道士. 拜揖亦安詳謙謹. 寒溫畢, 問: “枉顧意?” 師退曰: “世與貴族相接者, 傳聞異詞, 其間頗有所未明. 聞君豁達, 不自諱, 故請祛所惑.” 狐笑曰: “天生萬物, 各命以名, 狐名狐, 正如人名人耳. 呼狐爲狐, 正如呼人爲人耳, 何諱之有? 至我輩之中, 好醜不一, 亦如人類之內良莠不齊. 人不諱人之惡, 狐何諱狐之惡乎? 第言無隱.” 師退問: “狐有別乎?” 曰: “凡狐皆可以修道, 而最靈者曰狴狐. 此如農家讀書者少, 儒家讀書者多也.” 問: “狴狐生而皆靈乎?” 曰: “此係乎其種類. 未成道者所生, 則爲常狐, 已成道者所生, 則自能變化也.” 問: “既成道矣, 自必駐顏, 而小說載狐亦有翁媼, 何也?” 曰: “所謂成道, 成人道也. 其飮食男女, 生老病死, 亦與人同. 若夫飛升霞擧, 又自一事. 此如千百人中, 有一二人求仕宦. 其煉形服氣者, 如積學以成名, 其媚惑採補者, 如捷徑以求售. 然游仙島, 登天曹者, 必煉形服氣乃能. 其媚惑採補, 傷害或多, 往往干天律也.” 問: “禁令賞罰, 孰司之乎?” 曰: “小賞罰統於長, 其大賞罰, 則地界鬼神鑒察之. 苟無禁令, 則往來無形, 出入無跡, 何事不可爲乎?” 問: “媚惑採補, 既非正道, 何不列諸禁令, 必俟傷人乃治乎?” 曰: “此譬諸巧誘人財, 使人喜助, 王法無禁也. 至奪人殺人, 斯論抵耳. 『列仙傳』載酒家嫗, 何嘗干冥誅乎?" 問: "聞狐爲人生子, 不聞人爲狐生子. 何也?" 微哂曰: "此不足論. 蓋有所取, 無所與耳." 問: "支機別贈, 不憚牽牛妒乎?" 又哂曰: "公太放言, 殊未知其審. 凡女則如季姬鄫子之故事, 可自擇配. 婦則既有定偶, 弗敢踰防. 若夫贈芍采蘭, 偶然越禮, 人情物理, 大抵不殊. 固可比例而知耳." 問: "或居人家, 或居曠野, 何也?" 曰: "未成道者, 未離乎獸, 利於遠人, 非山林弗便也. 已成道者, 事事與人同, 利於近人, 非城市弗便也. 其道行高者, 則城市山林皆可居, 如大富大貴家, 其力百物皆可致. 住荒村僻壤與通都大邑, 一也." 師退與縱談其大旨, 惟勸人學道. 曰: "吾曹辛苦一二百年, 始化人身. 公等現是人身, 功成已抵大半. 而悠悠忽忽, 與草木同朽, 殊可惜也." 師退腹笥三藏, 引與談禪. 則謝曰: "佛家地位絶高. 然或修持未到, 一入輪迴, 便迷却本來面目. 不如且求不死, 爲有把握. 吾亦屢逢善知識, 不敢見異而遷也." 師退臨別曰: "今日相逢, 亦是天幸, 君有一言贈我乎?" 躊躇良久曰: "三代以下, 恐不好名, 此爲下等人言. 自古聖賢, 却是心氣和平, 無一毫做作. 洛閩諸儒, 撑眉努目, 便生出如許葛藤. 先生其念之." 師退憮然自失. 蓋師退崖岸太峻, 時或過當云.

37.

여우나 귀신의 눈에 비친 세상

구문달(裘文達)[137]공이 해준 이야기이다.

예전에 석동촌(石東村)에게서 다음 이야기를 들었다고 한다. 한 효기교가 있었는데, 글을 많이 읽어 문장의 의미를 논하기를 좋아했다고 한다. 어느 날 선무문성(宣武門城)[138]에서 당직을 서던 중, 밤에 바람을 쐬다가 초루[139]의 동쪽까지 갔는데, 그곳에서 두 사람이 성가퀴에 기대 이야기하는 것을 보았다. 여우 아니면 귀신이라는 것을 알아채고 숨죽인 채 그들의 행동을 지켜보았다. 그중 한 사람이 손을 들어 북쪽을 가리키며 말했다.

"이곳은 본래 명나라 시절의 수선서원(首善書院)[140]이었으나, 지금은 서

---

137 구문달(裘文達): 구왈수(裘曰修)이다. 구왈수(1712~1773)는 자가 숙도(叔度)이며, 청강(淸江) 서신건(西新建) 사람으로, 공부상서랑(工部尙書郞)을 지냈으며, 시호는 문달이다.

138 선무문성(宣武門城): 북경 내성 주위의 9개문 중 하나로, 북경성 남쪽에 위치한다. 선무문 밖에 위치한 채시구(菜市口)에서 사형이 집행되어, 그곳으로 사형수를 실어 나르는 문이라고 해서 사문(死門)이라고도 불렸다.

139 초루: 원문은 '여초(麗譙)'로, 초루의 별칭이다. 성문 위에 있는 높은 누각으로 멀리 바라볼 수 있다.

140 수선서원(首善書院): 『연도유람지(燕都游覽志)』에 따르면, 수선서원은 선무문 내의 왼쪽에 위치한다고 한다. 명나라 천계(天啓: 1621~1627) 초에 도어사(都御史) 역원표(酈元標)와 부도어사(副都御史) 풍종오(馮從吾)가 도찰원 인사들을 위해 강학하던 장소였다. 당파싸움이 일어나자 위충현이 교지를 내려 천하의 서원들을 없애고, 그 땅에 역국(曆局)을 열고 역법을

양의 천주교당[141]이 되었소. 그들은 천체를 관측하고 별자리를 계산하며 기물을 제작하는데, 그 정교함은 정말 따라잡을 수 없을 정도요. 천주교는 『불경』으로 탈바꿈하고, 유교의 이치를 억지로 끼워 맞춘 것이오. 내가 일전에 가서 몰래 들어보았더니, 대개 논의가 귀결점을 찾지 못하면 언제나 '천주'로 결론지었기 때문에, 결국 믿을 수가 없었소. 그런데 그들이 하는 일을 보면 속셈이 매우 교묘했습니다."

그러자 다른 사람이 말했다.

"그대는 저들이 교묘하다고 말하지만, 나는 도리어 그들이 너무 어리석다고 생각하오. 그들이 국왕의 명을 받고 바다를 건너온 것은, 그저 중국을 천주교로 개종하기 위해서였소. 그런데 정황을 따져 보면, 어찌 그런 일이 가능하겠소? 더구나 마테오 리치(Matteo Ricci)[142] 이후로 끊임없이 사람들이 들어왔지만, 뜻을 이루지 못했으면서도 끝내 그만두지 않으니, 이것이야말로 정신나간 일이 아니겠소?"

앞선 사람이 다시 말했다.

"어찌 이 무리들만 어리석다고 하겠소? 본래 수선서원을 세운 자들 또

개수했다.

141 천주교당: 원문은 '천주당(天主堂)'이다. 기독교는 예수가 세웠다. 기독교는 신구 두개의 파로 구분되는데, 신교는 예수교이고 구교를 천주교라 불렀다. 『제경경물략(帝京景物略)』에 보면, 천주교당은 북경 선무문내의 동성 모퉁이에 있다고 한다.

142 마테오리치(Matteo Ricci): 원문은 '이마두(利瑪竇)'이다. 마테오리치(1552~1610)는 로마 가톨릭교회의 사제이자, 중국을 비롯한 아시아 대륙에 기독교 신앙을 정착시킨 이탈리아 출신 예수회 선교사이다. 명나라 만력(萬曆) 9년(1581) 배를 타고 광동의 마카오로 들어왔다가 후에 북경으로 들어와 전도사가 되었다. 천문, 역법에 밝고, 중국어에도 능통했다. 중국어로 『건곤체의(乾坤體義)』 2권을 저술했다. 서양의 역법을 번역해 중국에 처음으로 소개했다.

한 크게 어리석었소. 간사한 환관[143]들이 권력을 쥐고, 군자들의 빈틈을 몰래 엿보며 제멋대로 비방하고 있었는데, 그런 때에 군자들이 모여 청담(淸談)[144]이나 늘어놓으니, 도리어 그들에게 작당한다는[145] 구실을 주어 일망타진[146]되고 말았소. 그러니 또 누구를 원망하겠소? 게다가 3천 제자[147]를 거느릴 수 있었던 이는 오직 공자뿐이었소. 맹자(孟子) 역시 자신이 공자를 따라갈 수 없음을 알았으며, 함께 강론하고 익혔던 사람은 공손축(公孫丑)과 만장(萬章) 등 몇 명뿐이었소. 그런데 주자와 정호 형제 등 송대의 이학자들은 공자의 도덕도 없으면서 수백만의 제자를 불러 모았소. 그 결과 소인과 군자가 한데 섞여 모이고, 문호를 다투다가 붕당을 초래했으며, 결국 나라는 이로 인해 망하고 말았소. 동림(東林)[148]의 이학자들은 전인들의 실패

143 환관: 원문은 '당(璫)'으로, 환관들이 관(冠)에 다는 장식을 말한다.

144 청담(淸談): 『후한서』「정태전(鄭太傳)」에 보면, "공공서(孔公緖: 孔伷)는 청담과 고론(高論)이 특기이나, 마른 나무에 숨을 불어 넣어 살아나게 하는 것처럼 말재주가 있을 뿐이다(孔公緖, 淸談高論, 噓枯吹生)."라는 문장이 있다. 또한 "진(晉)나라 때의 왕연(王衍) 등은 노장에 대해서는 잘 알았으며, 입으로는 세상사에 대해 언급하지 않았다. 이들을 청담이라 불렀다."라는 구절이 있다.

145 작당한다는: 원문은 '구(鉤)'로, 서로 끌어 들이는 것을 말한다. 명나라 희종(熹宗) 5년(1625) 어사(御史) 장눌(張訥)이 천하의 서원을 없애자고 주청했다. 노승흠(盧承欽)은 또 동림당의 비를 세워 천하에 알리자고 주청했다. 이에 위충현은 크게 기뻐하며 동림당의 이름을 모두 적어 천하에 공개했다.

146 일망타진: 『동헌필록(東軒筆錄)』에 보면, 유원유(劉元瑜)가 소순흠(蘇舜欽)을 탄핵하고 난 뒤 많은 사람이 연루되어 재주와 지혜가 뛰어난 사람도 이로 인해 모두 사라졌다고 한다. 유원유는 재상을 찾아뵙고 "상공을 위해 일망타진했습니다."라고 했다고 한다.

147 3천 제자: 『사기』「공자세가(孔子世家)」에 보면, 공자는 시서예악으로써 제자들을 가르쳤는데, 육예에 통달한 사람은 72명이었다고 한다.

148 동림(東林): 무석(無錫)에 있는 서원의 이름이다. 송나라의 양시(楊時)가 세웠으나 후에 절로 사용되었다. 명나라 만력에 고헌성(顧憲成) 등이 이를 중수해 고반룡(高攀龍) 등과 함께 강학했으며, 그 위세가 천하를 떠들썩하게 했다. 위충현은 정권을 잡고 휘두를 때, 당파싸움

를 거울삼지 않고,[149] 헛된 명성만을 좇다가 화를 입었소. 그런데 지금 그들을 추모하고 있으니, 어찌 현자들을 꾸짖지[150] 않을 수 있겠소?"

두 사람은 서로 마주보며 탄식하던 중, 돌연 고개를 돌려 사람을 발견하자 갑자기 사라졌다. 석동촌이 말했다.

"천하의 사람들이 오리 떼처럼 몰려다니니 세상 밖의 여우나 귀신들조차 몰래 불만을 쏟아놓는구나. 이것은 사람의 잘못인가? 아니면 여우나 귀신의 잘못인가?"

裘文達公言. 嘗聞諸石東村曰: 有驍騎校, 頗讀書, 喜談文義. 一夜寓直宣武門城上乘凉, 散步至麗樵之東, 見二人倚堞相對語. 心知爲狐鬼, 屛息伺之. 其一擧手北指曰: "此故明首善書院, 今爲西洋天主堂矣. 其推步星象, 製作器物, 實巧不可階. 其教則變換『佛經』, 而附會以儒理. 吾曩往竊聽, 每談至無歸宿處, 輒以天主解結, 故迄不能行. 然觀其作事, 心計亦殊黠." 其一曰: "君謂其黠, 我則怪其太癡. 彼奉其國王之命, 航海而來, 不過欲化中國爲彼教. 揆度事勢, 甯有是理? 而自利瑪竇以後, 源源續至, 不償其所願終不止, 不亦傎乎?" 其一又曰: "豈但此輩癡? 卽彼建首善書院者, 亦復大癡. 姦璫柄國, 方陰伺君子之隙, 肆其詆排, 而群聚淸談, 反予以鉤黨之題目, 一網打盡. 亦復何尤? 且三千弟子, 惟孔子

이 일어나자 많은 학자들을 모두 동림당으로 치부해 죽이고 천하에 반포했다.

149 전인들의 실패를 거울삼지 않고: 원문은 '복철(覆轍)'이다. 『한서』「가의전(賈誼傳)」에 보면, "앞의 수레가 넘어지면 뒤 수레는 이를 거울삼는다(前車覆, 後車鑑)."라는 구절이 있는데, 복철은 바로 여기서 유래되었다.

150 현자들을 꾸짖지: 원문은 '책비어현자(責備於賢者)'이다. 『구당서』「태종기찬(太宗紀贊)」에 보면, "『춘추』의 법은 늘 현자에게 엄격함을 요구했다(『春秋』之法, 常責備於賢者)."라는 문장이 있다.

則可. 孟子揣不及孔子, 所與講肄者, 公孫丑萬章等數人而已. 洛閩諸儒, 無孔子之道德, 而亦招聚生徒, 盈千累萬. 梟鸞并集, 門戶交爭, 遂釀爲朋黨, 而國隨以亡. 東林諸儒不鑒覆轍, 又鶩虛名而受實禍. 今憑弔遺踪, 能無責備於賢者哉?"

方相對嘆息, 忽回顧見人, 翳然而滅. 東村曰: "天下趨之如鶩, 而世外之狐鬼, 乃竊竊不滿也. 人誤耶? 狐鬼誤耶?"

38.

귀신도 피한 이름

왕서원(王西園) 선생이 하간태수로 있을 때의 일이다. 사람들의 말에 따르면, 밤에 헌현의 팔리장하(八里莊河)를 지나가면 귀신을 만나는 일이 많았다고 한다. 다만 현의 하급관리인 풍대방(馮大邦)이 그곳을 지나가면 귀신이 감히 모습을 드러내지 않았다. 그래서 어떤 사람이 귀신을 만나자 자신을 '풍 아무개'라고 속였는데, 귀신은 그 말만 듣고도 그대로 물러났다. 왕서원 선생이 이 말을 듣고 말했다.

"하급 관리 한 명이 귀신을 물리칠 수 있다니, 틀림없이 무슨 곡절이 있을게다."

그러고는 몰래 풍대방을 조사해 벌을 주려 했다. 그러자 어떤 사람이 그를 위해 해명했다.

"애초에 그런 일은 없으며 사람들이 지어낸 말에 불과합니다."

그러자 선생이 말했다.

"하급관리가 한둘이 아니거늘, 어찌하여 유독 풍대방에 대해서만 이러한 말이 생긴단 말인가. 틀림없이 무슨 사연이 있을게야."

그리고는 공문을 보내 그를 잡아오게 오자, 풍대방은 두려운 나머지 멀리 달아났다. 이는 경오년(1750)과 신미년(1751) 사이에 일어난 일이다. 왕서원 선생이 하간을 떠난 뒤 몇 년이 지나도록 풍대방은 돌아오지 않았다. 지금까지도 그의 행방은 알 수 없다.

王西園先生, 守河間時. 人言獻縣八里莊河, 夜行者多遇鬼. 惟縣役馮大邦, 過則鬼不敢出. 有遇鬼者, 或詐稱馮姓名, 鬼亦却避. 先生聞之曰: "一縣役能使鬼畏, 此必有故矣." 密訪將懲之. 或爲解曰: "本無是事, 百姓造言耳." 先生曰: "縣役非一, 而獨爲馮大邦造言. 此亦必有故矣." 仍檄拘之, 大邦懼而亡去. 此庚午辛未間事. 去郡後數載, 大邦尚未歸. 今不知如何也.

39.

저승의 심판

마을에 사는 최(崔) 아무개는 세도가와 소송만 벌이면, 정당한 이유가 있어도 이길 수가 없었다. 그래서 분을 참지 못하고, 목숨을 끊으려 했다. 어느 날 밤, 꿈에 아버지가 나타나 말했다.

"사람은 속일 수 있어도, 신은 속일 수 없다. 사람에게는 당파가 있으나, 신은 아무 편도 없다. 인간 세상에서 억울함이 클수록, 저승에서는 그만큼 시원하게 풀리는 법이다. 지금 제 마음대로 세상을 휘두르는 자들도, 십 년 뒤엔 업경대(業鏡臺)[151] 앞에서 벌벌 떨며[152] 심판을 받게 된다.[153] 나는

---

151 업경대(業鏡臺): 유월(兪樾)은 『다향실총초(茶香室叢鈔)』에서 『유양잡조』의 문장을 인용하고 있다. 명경(明經) 조업(趙業)은 뜻을 잃고 병들었다고 한다. 붉은 옷에 정수리가 평평하게 생긴 사람이 그를 끌고 동쪽으로 갔다. 사조(司曹)에 가서 보니 매제 가혁(賈奕)이 있었다. 일찍 그와 죽은 소 때문에 다툰 일이 있었다. 가로로 1길 정도 되는 커다란 거울이 공중에 걸려 있었다. 거울을 보니 가혁은 칼을 들고 있고, 자신은 문 뒤에서 화를 내고 있었다. 가혁은 이것을 보고 나서 자신의 죄를 인정했다. 이것이 바로 세상에서 말하는 '업경'이라고 하는 것인가?"라고 했다고 한다.

152 벌벌 떨며: 원문은 '곡속(觳觫)'이다.

153 심판을 받게 된다: 원문은 '대부(對簿)'이다. 『사기』「이장군열전(李將軍列傳)」에 보면, "대장군이 장사(長史)를 시켜 급히 이광(李廣)의 막부로 가서 문서에 근거해 사실을 심문하고 엄히 질책했다(大將軍使長史急責廣之幕府對簿)."라는 문장이 있는데, 여기서 '부(簿)'는 문서를 말한다. 따라서 대부는 문서에 근거해 사실에 부합하는지 아닌지를 심문하는 것을 말한다.

저승에서 차를 내는 일을 맡고 있는데, 판사가 네 억울함을 명부에 기입하는 것을 보았느니라. 너는 어찌 이리 화를 내고 있느냐?"

이 꿈을 꾼 뒤로, 최 아무개는 원망을 모두 잊고 더는 한마디도 하지 않았다.

里有崔某者, 與豪强訟, 理直而弗能伸也. 不勝其憤, 殆欲自戕. 夜夢其父語曰: "人可欺, 神則難欺. 人有黨, 神則無黨. 人間之屈彌甚, 則地下之伸彌暢. 今日之縱橫如志者, 皆十年外, 業鏡臺前斅餗對簿者也. 吾爲冥府司茶, 更見判司注籍矣. 汝何恚焉?" 崔自是怨尤都泯, 更不復一言.

40.

조물주의 계책

소송을 잘하는 이가 있었다. 하루는 누군가의 부탁을 받아 소장을 작성하였는데, 무고한 이들을 여럿 엮어 넣으려 하였다. 그러나 단서들이 서로 얽히고설켜,[154] 순간 명확하게 정리할 수 없었다. 이에 그는 조용히 앉아 구상할 생각에 빈객도 들여보내지 못하게 했으며, 아내조차도 다른 곳에 가 있으라고 했다. 그런데 그 아내는 본래 이웃집 남자와 눈이 맞았으나, 집 안에 틈이 없어 해를 넘기도록 기회만 엿보다가 한 번도 가까이할 수 없었다. 그러던 차에, 이날 마침 틈이 생긴 것이다. 그 뒤로 그가 구상에 잠기기만 하면, 아내는 어김없이 시끄럽게 굴어 그의 정신을 어지럽게 했다. 그러면 그는 매번 아내를 꾸짖어 밖으로 내보냈는데, 이것이 차츰 하나의 관례가 되었다. 이웃집 남자 역시 그 틈을 타 드나들었고, 그 또한 습관처럼 굳어져, 그가 죽을 때까지 들통 나지 않았다. 그가 죽고 나서 1년쯤 지난 어느 날, 아내가 아이를 갖게 되었는데, 원수에 의해 그 사실이 드러났다. 관아에서 외간 남자와의 정을 추궁하자 아내는 마침내 모든 내막을 실토하

154 얽히고설켜: 원문은 '격요(繳繞)'이다. 『사기』「태사공자서(太史公自序)」에 보면, "명가는 뒤엉켜 있는 사물을 철저하게 관찰하다(名家苛察繳繞)"라는 문장이 있다. 격요는 앞뒤가 얽히고설켜 대체적인 뜻이 통하지 않는 것을 말한다.

였다. 이 말을 들은 관리가 책상을 만지며 탄식했다.

"이 자는 소장을 꾸며내는 데 능했지만, 조물주가 더 능란하다는 것을 어찌 알았겠는가?"

有善訟者. 一日, 爲人書訟牒, 將羅織多人. 端緖繳繞, 猝不得分明. 欲靜坐搆思, 乃戒毋通客, 倂妻亦避居別室. 妻先與鄰子目成, 家無隙所窺, 伺歲餘, 無由一近也. 至是乃得間焉. 後每搆思, 妻則嘈雜以亂之. 必叱其避出, 襲爲例. 鄰子乘間而來, 亦襲爲例, 終其身不敗. 歿後歲餘, 妻以私孕, 爲怨家所訐. 官鞫外遇之由, 乃具吐實. 官拊几喟然曰: "此生刀筆巧矣, 烏知造物更巧乎?"

41.

법관의 무게

반드시 판결하기 어려운 안건이라 해서 꼭 정리 밖에 있는 것은 아니다. 정리에 사로잡혀 있는 일일수록 더욱 명확히 판단하기 어렵다. 문인 오관현(吳冠賢)이 안정현(安定縣)의 현령으로 있을 때, 나는 서역에서 종군을 마치고 돌아오는 길에 그의 관서에 묵게 되었다. 그에게 들은 이야기로, 16~17세쯤 되어 보이는 어린 남녀가 함께 수레 앞에서 억울함을 호소했다고 한다. 남자 아이가 말했다.

"이 아이는 민며느리로 들어온 제 아내인데, 부모님이 돌아가신 뒤 저를 버리고 다른 곳으로 시집가려 합니다."

그러자 여자 아이가 말했다.

"저는 본디 친 여동생인데, 부모님이 돌아가신 뒤 저를 억지로 아내로 삼으려합니다."

이름을 물어보자 이름은 아직 기억하고 있었다. 고향을 묻자, 부모가 모두 거지로 떠돌며 살아 날마다 거처를 옮긴 탓에, 어디 출신인지조차 기억하지 못한다고 했다. 함께 떠돌던 거지에게 묻자 이렇게 대답했다.

"이곳에 온 지 며칠 되지 않아 부모가 모두 죽는 바람에, 그 내막은 잘 모릅니다. 다만 서로를 오누이라 부르던 것은 들었습니다."

그러나 가난한 집안에서는 민며느리와 장래 남편이 관례적으로 서로를 오누이라 부르므로, 그것만으로는 구별할 수 없었다. 그러자 한 나이든 하급관리가 나서서 이렇게 말했다.

"이 일은 마치 바람을 잡고 그림자를 붙드는 것처럼,[155] 아무런 실증도 없는 일입니다. 또한 고문으로 자백을 강요할 수도 없습니다. 따라서 둘을 갈라놓든, 맺어주든, 어느 쪽이든 잘못될 가능성을 완전히 배제할 수는 없습니다. 그러나 만일 갈라놓는 쪽으로 판결해서 잘못되면, 이것은 그저 혼인 관계 하나를 잘못 끊은 것에 불과하니 그 잘못은 작습니다. 반면 맺어주는 쪽으로 판결해서 잘못되면 이것은 윤리강상을 어지럽지는 결과가 되니, 그 잘못은 매우 큽니다. 그러니 어찌 헤어지라고 판결하지 않으십니까?"

재차 살펴보고 여러 차례 검토했지만, 마땅한 결정을 내릴 수 없어 결국 나이든 관리의 의견을 따랐다.

이 일로 인해 문득 하나의 사건이 떠올랐다. 아버지 요안공(姚安公)께서 형부(刑部)에 재직할 당시, 직조(織造) 해보(海保)의 재산을 몰수해 국고에 귀속시키려고 보병 세 명을 보내 그 집을 지키게 했다. 그 집은 방이 수백 칸에 이를 정도로 컸다. 깊은 밤, 눈보라가 몰아치자 세 사람은 바깥문을 단단히 걸어 잠그고 모두 깊숙한 침실로 들어가, 등불을 켜고 함께 술을 마시며 몸을 녹였다. 그러다 술에 취해 있던 중, 누군가 우연히 등불을 건드려 불이 꺼졌다. 세 사람은 어둠속에서 서로 몸이 부딪히자, 급기야 서로

155 바람을 잡고 그림자를 붙드는 것처럼: 원문은 '착풍포영(捉風捕影)'으로, 포풍착영(捕風捉影)이라고도 한다. 『한서』「교사지(郊祀志)」에 보면, "바람을 잡고 그림자를 붙드는 것처럼 끝내 얻지 못했다(如係捕風捉影, 終不可得)."라는 문장이 있다.

때리기 시작했다. 한밤중까지 서로 때리다가, 결국 지쳐 각자 쓰러져 잠들었다. 날이 밝은 뒤에 보니 그중 한 사람이 죽어 있었다. 나머지 두 사람은 대부(戴符)와 칠십오(七十五)로, 이들도 아주 심하게 다쳐 죽지 않은 것이 다행일 정도였다. 심문할 때 두 사람은 모두 "셋이 함께 싸우다 한 사람이 죽었으니, 그에 상응하는 벌을 받아도 원망하지 않겠다."고 했다. 그날 밤, 칠흑같이 어두워, 누군가 자신을 붙잡는 것 같으면 곧바로 서로 붙잡았고, 누군가 때리는 것 같으면 그대로 맞받아쳤다. 그러나 누가 나를 붙잡았는지, 누가 때렸는지 알 수 없었다. 또한 내가 붙잡거나 때린 사람이 누구였는지도 전혀 알지 못했다. 상처의 경중이나, 누가 누구에게 상처를 입히고 누가 때렸는지는 두 사람 모두 알 수 없었다. 설령 죽은 자를 다시 살려내어 물어본다 해도, 역시 알 수 없을 것이다. 한 사람이 죽었다고 해서 두 사람 모두를 처형할 필요는 없고, 또 관리가 마음대로 한 사람을 지목해도 문제될 것은 없었다. 하지만 반드시 누구의 소행인지 심문해야 한다면 바로 형구(刑具)[156]를 써서 엄하게 심문하더라도, 결국은 거짓 자백이 나올 뿐이었다. 결국 관에서도 어떻게 할 수 없었다. 그렇게 서로 책임을 미루며 한 달 남짓 지났을 때 마침 대부가 병사하자, 관에서는 이를 계기로 사건을 종결지었다. 요안공께서 일찍이 이렇게 말씀하셨다.

"이 사건은 처음 시비를 일으킨 자에게 죄를 물어 사건을 구성해도 된다. 그러나 당시의 정황과 진술 내용을 살펴봐도, 그 시비를 시작한 사람이 누구인지 확실히 알 수 없었다. 설령 억지로 죄를 조작해[157] 범인을 찾아낸

---

156 형구(刑具): 원문은 '삼목(三木)'으로, 죄인의 목, 손, 발에 채우던 세 가지 형구를 말한다. 『한서』「사마천전(司馬遷傳)」의 주석에 보인다.

157 죄를 조작해: 원문은 '단련(鍛鍊)'이다. 혹리들이 죄를 교묘하게 조작해내는 것을 단련이라

다 해도, 이는 차라리 임의로 한 사람을 지목하는 편만 못하다. 그 뒤로 지금까지 여러 번 생각해봐도 결국 추국할 방법을 끝내 찾지 못했다. 법관[158]이 어찌 쉽게 할 수 있는 자리이겠는가!"

必不能斷之獄, 不必在情理外也. 愈在情理中, 乃愈不能明. 門人吳生冠賢, 爲安定令時, 余自西域從軍還, 宿其署中. 聞有幼男幼女, 皆十六七歲, 並呼冤於輿前. 幼男曰: "此我童養之婦, 父母亡, 欲棄我别嫁." 幼女曰: "我故其胞妹, 父母亡, 欲占我爲妻." 問其姓猶能記. 問其鄕里, 則父母皆流丐, 朝朝轉徙, 已不記爲何處人也. 問同丐者, 則曰: "是到此甫數日, 卽父母並亡, 未知其始末. 但聞其以兄妹稱." 然小家童養媳與夫亦例稱兄妹, 無以别也. 有老吏請曰: "是事如捉風捕影, 杳無實證. 又不可刑求. 斷離斷合, 皆難保不誤. 然斷離而誤, 不過誤破婚姻, 其失小. 斷合而誤, 則誤亂人倫, 其失大矣. 盍斷離乎?" 推硏再四, 無可處分, 竟從老吏之言.

因憶姚安公官刑部時, 織造海保, 方籍没官, 以三步軍守其宅. 宅凡數百間. 夜深風雪, 三人堅扃外戶, 同就煖於邃密寢室中, 篝燈共飮. 沉醉以後, 偶剔燈滅. 三人暗中相觸擊, 因而互毆. 毆至半夜, 各困踣卧. 至曙則一人死焉. 其二人, 一曰戴符, 一曰七十五, 傷亦深重, 幸不死耳. 鞫訊時並云共毆致死, 論抵無怨. 至是夜昏黑之中, 覺有扭者卽相扭, 覺有毆者卽還毆. 不知誰扭我, 誰毆我. 亦不

한다. 『한서』「노온서전(路溫舒傳)」에 보면 "말을 교묘하게 꾸며 주도면밀하게 죄를 뒤집어 씌웁니다(鍛鍊而周內之)."라는 문장이 있다. 즉 문장을 잘 아는 사람이 다른 사람의 죄를 뒤집어 쉬우는 것은 쇠붙이를 불에 달군 후 두드려서 단단하게 하는 것과 같다는 의미이다.

158 법관: 원문은 '형관(刑官)'으로, 형벌을 관장하는 관리이다. 여기서는 넓은 의미로 법관이라 번역함을 밝힌다.

知我所扭爲誰, 所毆爲誰. 其傷之重輕, 與某傷爲某毆, 非惟二人不能知. 卽起死者問之, 亦斷不能知也. 旣一命不必二抵, 任官隨意指一人, 無不可者. 如必研訊爲某人, 卽三木嚴求, 亦不過妄供耳. 竟無如之何. 相持月餘, 會戴符病死, 藉以結案. 姚安公嘗曰: "此事坐罪起釁者, 亦可以成獄. 然考其情詞, 起釁者實不知. 雖鍛鍊而求, 更不如隨意指也. 迄今反覆追思, 究不得一推鞫法. 刑官豈易爲哉!"

42.

귀신병

문안(文安) 사람 왕악방(王岳芳)이 해준 이야기이다.

그의 고향에 귀신을 볼 줄 아는 한 여자 무당(女巫)이 있었다고 한다. 예전에 그 무당이 어느 벼슬아치의 집에 갔다가, 그 집 하인의 아내에게 몰래 이렇게 말했다.

"아무개 낭자의 침상 앞에 여자 귀신이 있는데, 어두운[159] 녹색 옷을 걸치고, 가슴에는 피가 흥건하게 고여 있네. 목이 거의 끊어질 듯 꺾여서, 머리가 도리어 등 뒤로 젖혀져 매달려 있는 것이 정말 무섭네. 혹시 아무개 낭자가 병에 걸리려는 건 아닐까?"

얼마 지나지 않아 아무개 낭자는 오한과 열이 심하게 일어났다. 하인의 아내가 여자 무당의 말을 주인에게 알리자, 주인은 지전과 술, 음식을 마련해 귀신에게 제사를 지냈다. 그러자 병이 바로 나았다.

내가 예전에 "풍한(風寒)과 더위(暑暍) 같은 것도 모두 병을 일으킬 수 있는데, 하필 귀신이 병을 일으킨다고 단정하는가?"라고 말한 적 있다. 그러자 한 여자 무당이 말했다.

159 어두운: 원문은 '참(慘)'이다.

"풍한이나 더위로 생기는 병은 서서히 나타나고 서서히 낫습니다. 하지만 귀신이 일으키는 병은 갑자기 심해졌다가 갑자기 멎습니다. 이 차이로 구별하면 틀림이 없습니다."

이 말 역시 일리가 있는 듯하다.

文安王岳芳言. 其鄉有女巫能視鬼. 嘗至一宦家, 私語其僕婦曰: "某娘子牀前一女鬼, 著慘綠衫, 血漬胸臆. 頸垂斷而不殊, 反折其首, 倒懸於背後, 狀甚可怖. 殆將病乎?" 俄而寒熱大作. 僕婦以女巫言告, 具楮錢酒食送之. 頃刻而痊. 余嘗謂風寒暑暍, 皆可作疾, 何必定有鬼爲祟? 一女巫曰: "風寒暑暍之疾, 其起也以漸而覺, 其愈也以漸而減. 鬼病則陡然而劇, 陡然而止. 以此爲別, 歷歷不失也." 此言似亦有理.

43.

교제의 어려움

진석려(陳石閭)가 해준 이야기이다.

한 명문가의 아들이 손님 몇 명과 함께 구여루(九如樓)에서 연극을 보았다고 한다. 술이 거나하게 취했을 때 한 손님이 갑자기 졸도해서 땅에 쓰러졌다. 사람들이 다급히 그를 부축해 물을 먹이며 간호하던 중, 그가 벌떡 일어나 앉더니 눈을 부릅뜨고 똑바로 쳐다보았다. 먼저 가슴을 치고 통곡하며 아들의 방탕한 생활을 꾸짖었다. 다음으로 이를 악물고 주먹을 불끈 쥔 채, 아들을 끌어들인 여러 손님들을 꾸짖었다. 말투도 얼굴빛도 사납고 날카로워, 당장이라도 사람을 물어뜯을 듯한 기세였다. 그 아들은 아버지의 음성을 알아차리고, 얼굴이 하얗게 질려 땅에 엎드려 벌벌 떨었다. 손님들까지 겁에 질려 도망쳤는데, 허겁지겁 달아나다 넘어져 이마가 찢긴 자도 있었다. 그 자리에 앉아 있던 이들은 모두 한숨을 내쉬며 탄식했다.

이것은 옹정 12년(1734) 갑인년에 있었던 일이다. 진석려는 이 일을 직접 목격했지만, 당사자의 이름은 끝내 밝히려 하지 않았다. 돌아가신 스승 아문근(阿文勤)[160] 공께서 이렇게 말씀하셨다.

---

160 아문근(阿文勤): 아극돈(阿克敦)이다. 아극돈(1685~1756)은 자가 중화(仲和)이고, 시호는 문

"사람이 살아가면서 빈객과 왕래하지 않으면, 자제들은 사대부와 가까이 지낼 기회가 없다. 단지 일하는 할멈과 계집종 그리고 노복들만 보고 자란다면 배울 것이 뭐가 있겠는가? 반대로 출입하는 손님이 지나치게 많으면, 호색한이나 못된 친구도 섞여 있는 법. 그들과 어울려 놀고 친하게 지내다 보면 물들기 마련이니, 결국 자제들에게는 끝없는 해악이 될 것이다."

수십 년 동안 내가 보고 들은 경험에 따르면, 공의 말씀이 정말이지 약이 됨을 알겠다.

陳石閭言. 有舊家子偕數客觀劇九如樓. 飲方酣, 見一客中惡仆地. 方扶掖灌救, 突起坐, 張目直視. 先拊膺痛哭, 責其子之冶游. 次嚙齒握拳, 數諸客之誘引. 詞色俱厲, 勢若欲相搏噬. 其子識是父聲語, 蒲伏戰栗, 殆無人色. 諸客皆瑟縮潛遁, 有踉蹌失足破額者. 四坐莫不太息. 此雍正甲寅事. 石閭曾目擊之, 但不肯道其姓名耳. 先師阿文勤公曰: "人家不通賓客, 則子弟不親士大夫. 所見惟嫗婢僮奴, 有何好樣? 人家賓客太廣, 必有淫朋匪友. 參雜其間, 狎昵濡染, 貽子弟無窮之害." 數十年來, 歷歷驗所見聞, 知公言眞藥石也.

근이다. 만주 정람기인(正藍旗人)으로, 명장 아계(阿桂)의 부친이며, 협판대학사(協辦大學士)를 지냈다.

44.

이십여 년의 한(恨)

오군새(五軍塞)의 왕생(王生)이 해준 이야기이다.

한 농부가 밤에 대추나무 숲을 지키다가 숲 밖에 사람 그림자가 어른거리는 것을 보고 도적인가 해서 몰래 살펴보았다고 한다. 잠시 뒤 동쪽에서 한 사람이 다가와 "당신은 무슨 일로 여기 서 있소?"라고 묻자, 그 사람이 대답했다.

"내가 관속에 들어가던[161] 날, 아무개가 곁에 서서 조롱하는 말을 내뱉기에, [그날 이후] 한을 품은 지 20여 년이 되었소. 오늘 그 자가 관아에 잡혀온다 하기에, 그가 포승줄에 묶여 끌려가는 꼴을 직접 보기 위해 이 자리에서 기다리고 있는 중이오."

사람 사이의 원한이란 참으로 깊고도 무섭구나!

五軍塞王生言. 有田父夜守棗林, 見林外似有人影, 疑爲盜, 密伺之. 俄一人

---

161 관속에 들어가던: 원문은 '취목(就木)'이다. 『좌전』「희공(僖公)」 23년에 보면, "나를 25년 동안 기다렸다가, 그때까지도 내가 오지 않으면 그대는 다른 곳으로 다시 시집을 가시오.… 다시 25년을 기다려 시집을 간다면, 그때는 관 속으로나 들어갈 것이오(待我二十五年, 不來而後嫁.…又如是而嫁, 則就木焉)."라는 구절이 있다.

自東來, 問: “汝立此有何事?” 其人曰: “吾就木時, 某在旁竊有幸詞, 銜之二十餘年矣. 今渠亦被攝, 吾在此, 待其縲絏過也.” 怨毒之於人, 甚矣哉!

45.

거만함의 끝

갑과 을은 사이가 좋지 않았으나, 갑의 아내는 그 사실을 몰랐다. 갑이 죽은 뒤, 아내가 개가하려 하자 을은 많은 예물을 들고 와 그녀를 아내로 맞이했다. 결혼 사흘째 되던 날, 둘은 함께 형과 형수를 찾아뵈었다. 돌아오는 길에 을은 일부러 길을 돌아 갑의 묘 앞을 지나면서, 밭을 갈던 사람들과 새참을 나르던 사람들 앞에서 아내의 어깨를 툭 치며 외쳤다.

"아무개 갑아, 네 마누라를 알아보겠느냐?"

아내가 화가 나 나무에 머리를 박으려 하자, 사람들이 그녀를 잡아 말렸다. 그때 갑자기 쏴—하고 회오리바람이 휘몰아치며 먼지와 모래가 날려 앞이 보이지 않았는데, 두 사람은 이미 정신이 나가 있었다. 서로를 부축해 집으로 돌아온 뒤에도 두 사람은 정신이 들었다 나갔다 하며, 종신토록 낫지 않았다. 외가댁의 하인 장재(張才)가 을의 가까운 친척이라 이 일을 직접 목격했다. 무릇 올바른 방식으로 원한을 갚는 것은 성인도 금하지 않는다. 하지만 지나친 복수는 성인도 하지 않는 바이다. 『소문(素問)』[162]에서는

162 『소문(素問)』: 의학서이다. 당나라 왕빙(王冰)의 주에 따르면, 모두 24권으로 이루어져 있다. 황제와 신하 기백(岐伯)이 묻고 대답한 내용을 기록한 것으로, 중국의 의서 가운데 가장 오래된 책이다.

"지나치면 해가 된다."고 했고, 『공자가어(孔子家語)』에서는 "가득차면 엎어진다."고 했다.[163] 을은 교만함이 극에 달했고 거만함이 지나쳤으니, 그가 이와 같은 일을 겪게 된 것도 지극히 당연하다.

甲與乙有隙, 甲婦弗知也. 甲死, 婦議嫁, 乙厚幣娶焉. 三朝後, 共往謁兄嫂. 歸而迂道至甲墓, 對諸耕者饁者拍婦肩呼曰: "某甲識汝婦否耶?" 婦恚, 欲觸樹, 衆方牽挽. 忽旋飇颯然, 塵沙眯目, 則夫婦已並似失魂矣. 扶回後, 倏迷倏醒, 竟終身不瘥. 外祖家老僕張才, 其至戚也, 親目睹之. 夫以直報怨, 聖人弗禁. 然已甚, 則聖人所不爲. 『素問』曰: "亢則害." 『家語』曰: "滿則覆." 乙亢極滿極矣, 其及也固宜.

163 『공자가어(孔子家語)』에서는… 했다: 『공자가어』「삼서(三恕)」에 보면, 공자가 노나라 환공의 사당을 찾았다가 의기(欹器)가 놓여 있는 것을 보고 묻자 사당지기가 항상 곁에 두고 보는 그릇(宥坐之器)이라고 했다고 한다. 공자가 자신도 들은 적이 있다며 "이 그릇은 속이 비면 기울어지고, 알맞으면 바로 서고, 가득차면 엎어진다(宥坐之器, 虛則欹, 中則正, 滿則覆)"라고 했다고 한다.

46.

방염구

스님이 염송하는 염구경(焰口經)[164]은 언사가 아주 속되다. 그런데 그 안에 나오는 초혼(招魂)이나 시식(施食) 등의 범어 주문(梵咒)은 사실 부처가 전한 것이다. 내가 우루무치에 있을 때, 우연히 동료들과 이 일에 대해 토론했는데, 누구는 옳다고 했고, 누구는 틀렸다고 했다. 인방(印房)의 관노(官奴) 백육(白六)은 본래 극악무도한 도적으로, 이곳에 수자리 살러 왔다. 그가 갑자기 이렇게 말했다.

"그것은 거짓이 아닙니다. 예전에 한 대갓집에서 염구(焰口)[165] 의식을 올리는 것을 보고, 분주한 틈을 타서 도둑질하려 했지만 그럴 기회조차 없었습니다. 저는 높은 누각의 처마 끝에 몸을 숨기고 엎드린 채, 스님이 방울을 흔들며 주문을 외는 모습을 내려다보았습니다. 키가 2~3자 쯤 되는

---

164 염구경(焰口經): 아귀(餓鬼)에게 시주(施主)를 올리는 경을 말한다.

165 염구(焰口): 원문은 '방염구(放燄口)'이다. 『계사존고(癸巳存稿)』에 보면, 불가에서는 아귀(餓鬼)를 면연(面然), 염구(燄口)라고 부른다. 아귀는 배가 고프면 입에서 불꽃을 뿜어내기 때문에 그렇게 부른다. 당나라 때 『불설구면연아귀다라니신주경(佛說救面然餓鬼陀羅尼神咒經)』과 『불설구발염구아귀다라니경(佛說救拔燄口餓鬼陀羅尼經)』 등을 번역했고, 한 감로승(甘露僧)이 몽산시식(蒙山施食)의 의례를 만들었다. 이것이 불가에서 말하는 방염구의 연기로, 이 시식은 '아귀'로 상징되는 사후중생에게 음식을 베푸는 의식이다.

무수한 검은 그림자들이 나타났는데, 어떤 것은 담을 넘어 들어오고, 어떤 것은 구멍을 통해 들어오면서 이리저리 떠돌았고, 사람이 없는 곳마다 그림자로 가득 찼습니다. 쌀을 뿌리자, 그 그림자들은 순식간에 모였다가 흩어지고, 앞섰다 뒤섰다 하며, 쌀을 뺏으려고 빙 둘러싸는 것 같았습니다. 어떤 그림자는 위로 받는 듯했고, 어떤 것은 아래로 줍는 듯한 모습이 희미하게 보였는데, 마치 가벼운 연기 같았습니다. 생김새는 사람의 모습과 비슷했지만, 이목구비와 사지는 분간할 수 없었습니다. 귀신들이 이처럼 음식을 구하는데,[166] 귀신이 있다는 걸 어찌 믿지 않겠습니까?"

僧所誦焰口經, 詞頗俚. 然聞其召魂施食諸梵咒, 則實佛所傳. 余在烏魯木齊, 偶與同人論是事, 或然或否. 印房官奴白六, 故劇盜遣戍者也. 卒然曰: "是不誣也. 曩遇一大家放焰口, 欲伺其匆擾取事, 乃無隙可乘. 伏卧高樓簷角上, 俯見搖鈴誦咒時. 有黑影無數, 高可二三尺, 或踰垣入, 或由竇入, 往來搖漾, 凡無人處皆滿. 迨撒米時, 倏聚倏散, 倏前倏後, 如環繞攘奪. 併仰接俯拾之態, 亦仿佛依稀, 其色如輕煙. 其狀略似人形, 但不辨五官四體耳. 然則鬼猶求食, 不信有之乎?"

166 귀신들이 이처럼 음식을 구하는데: 원문은 '귀유구식(鬼猶求食)'이다. 『좌전』「선공(宣公)」 4년에 보면, "귀신도 먹을 것이 필요하거늘, 우리 약오씨의 귀신만은 장차 굶주리지 않겠는가(鬼猶求食, 若敖氏之鬼, 不其餒而)!"라는 문장이 있다.

47.

가짜와 진짜

후한(後漢)의 돈황(燉煌)[167] 태수 배잠(裵岑)이 호연왕(呼衍王)을 격파한 뒤 세운 비석 「파호연왕비(破呼衍王碑)」[168]가 바리쿤[169] 호수[170] 근처의 관제사(關帝祠) 안에 있다. 이 비석은 과거 군대가 둔전을 일구던 중, 땅속에서 우연히 발견된 것으로, 『후한서』에서도 보이지 않는 사실이다. 그러나 비문의 문장이 고아하고, 자획이 질박하면서도 힘찬 것으로 보아, 결코 후세의 사람들이 쓴 것은 아니다. 벽지인 서역(西域)[171]에 위치한 덕분에 탁본을 뜬 사람이 없어서 석각의 필봉이 아직도 완전하게 남아 있다.

건륭 35년(1770) 경인년에 유격(遊擊)[172] 유존인(劉存仁) 원주: 존인은 자이고,

---

167 돈황(燉煌): 한대의 군(郡) 이름이다. 지금의 감숙성(甘肅省) 돈황현(燉煌縣)이다.

168 「파호연왕비(破呼衍王碑)」: 「배잠기공비(裵岑紀功碑)」, 「돈황태수배잠기공비(燉煌太守裵岑紀功碑)」라고도 한다. 한나라 영화(永和) 2년(137), 돈황태수 배잠이 3천 명의 병사를 데리고 가서 북흉노인 호연왕부를 물리친 내용을 기록하고 있다.

169 바리쿤: 원문은 '파리곤(巴里坤)'으로, 신강진 서현에 위치해 있다.

170 호수: 원문은 '해자(海子)'로, 북방에서는 호수를 해자라고 부른다.

171 서역(西域): 신강을 말한다. 한나라 때는 신강을 서역이라 불렀다.

172 유격(遊擊): 유격장군이라고도 하는데, 한나라 때 처음 생겨나 당나라를 거쳐 청대까지 이어졌다. 한 성(省)이나 한 진(鎭) 단위 군영의 책임자를 말한다.

이름은 어쩌다가 잊어버렸는데, 그는 무진(無進) 사람이다. 이 목판본 하나를 모각하고, 그 위에 화약을 뿌려 불태우자 얼룩져서 마치 오래된 비석처럼 보였다. 두 판본이 모두 세상에 전해졌는데, 감정가들은 흔히 돌에 새긴 옛 판본을 오히려 신판본으로 여기고, 새로 만든 목판본을 구판본으로 보았다. 이를 바로잡으려고 이야기해보았지만, 그들은 거만을 떨며 믿지 않았다. 유존인의 판본은 동시대의 물건으로 당시 목판본을 만드는 과정을 직접 본 사람이 있는데도 진위가 이처럼 뒤바뀌니, 하물며 천백 년이 넘는 것이야 말해 무엇 하겠는가!

『주역(周易)』의 상수(象數),[173] 『시경』의 소서(小序),[174] 『춘추』 삼전(三傳)[175]은 그 지은이가 성인을 직접 뵌 이이거나, 혹은 고대와 그리 멀지 않은 시기의 사람이거나, 경사(經師)에게서 전수받은 것으로, 단서와 유래가 아주

---

173 『주역(周易)』의 상수(象數): 『한서』「예문지고(藝文志攷)」에 보면, 『주역』은 상구(商瞿, 공자의 제자) 이후로 이가지학이 있었지만, 모두 상수를 으뜸으로 받들었다라고 한다. 고대에는 『주역』을 점복의 책으로 삼았고, 한대의 『주역』은 모두 상수를 밝혔다. 위(魏)나라 왕필(王弼)에 와서야 상수를 몰아내고 의리(義理)를 이야기하기 시작했다.

174 『시경』의 소서(小序): 『시경』에는 대서(大序)와 소서(小序)가 있고, 매 편의 머리글자를 따서 편명으로 삼았다. 정원(鄭元: 鄭玄)은 대서는 자하(子夏)가 지은 것이고, 소서는 자하와 모공(毛公)이 함께 지은 것이라 했다. 그러나 고금의 학설에서는 의견이 분분하다. 『사고전서』에는 "「소서」는 모장(毛萇)이전의 경사(經師)에 의해서 전해진 것이고, 「소서」 이후의 「대서」는 모장 이하의 제자들에 의해 덧붙여진 것이다."라고 되어 있다.

175 『춘추』 삼전(三傳): 삼전은 『좌씨전(左氏傳)』, 『공양전(公羊傳)』, 『곡량전(穀梁傳)』이다. 좌구명(左丘明)이 친히 공자에게서 전수받고, 『공양전』은 공양고(公羊高)에 의해 전해진 것으로, 공양고가 자하에게 구전 받은 것이다. 『춘추공양전』, 『춘추곡량전』, 『춘추좌전』, 『춘추추씨전(春秋鄒氏傳)』, 『춘추협씨전(春秋夾氏傳)』 등 춘추오전은 공양고의 손자 공양수(公羊壽)와 그의 제자인 호모자도(胡母子都)에 와서 정착되었다. 곡양자(穀梁子)는 이름이 숙(俶)이고, 자는 원시(元始)이다. 일명 적(赤)이라고도 하는데, 자하에게서 경을 전수받았으나, 그에 대해 알려진 것이 없다. 이로 인해 공양고와 곡량적을 동일인으로 보기도 하고, 서로 다른 인물로 보기도 한다.

분명하다. 그런데도 송대의 유학자들은 “한나라 이전 사람들조차 모두 [이들 책의 뜻을] 이해하지 못했으나, 우리들은 이학을 통해 그 원리를 안다.” 라고 말했는데, 이 일도 그와 같은 경우이다.

後漢燉煌太守裴岑「破呼衍王碑」, 在巴里坤海子上關帝祠中. 屯軍耕墾, 得之土中也, 其事不見『後漢書』. 然文句古奥, 字畫渾樸, 斷非後人所依託. 以僻在西域, 無人摹石刻, 鋒棱猶完整. 乾隆庚寅游擊劉存仁, 原註: 此是其字, 其名偶忘之矣, 武進人也. 摹刻一木本, 洒火藥於上, 燒爲斑駁, 絶似古碑. 二本並傳於世, 賞鑒家率以舊石本爲新, 新木本爲舊. 與之辯, 傲然弗信也. 以同時之物, 有目睹之人, 而眞僞顚倒尙如此, 況以千百年外哉! 『易』之象數, 『詩』之小序, 『春秋』之三傳, 或親見聖人, 或去古未遠, 經師授受, 端緖分明. 宋儒曰: “漢前人皆不知, 吾以理知之也.” 其類此也.

48.

사자

강희 14년(1675), 서양에서 사자 한 마리를 황제에게 공물로 바치자, 당시 한림원[176] 선배학자들은 대부분 시를 지어 이를 읊었다. 전하는 말에 따르면 사자가 얼마 지나지 않아 달아났는데, 바람처럼 빨라 사시(오전 9~11)에 쇠사슬을 끊고 달아났으며, 오시(오전 11~13)에 이미 가욕관(嘉峪關)[177]을 벗어났다고 한다. 이는 사실 터무니없는 이야기[178]이다. 성조(聖祖) 강희제가 남순(南巡)[179]을 마치고 위하(衛河)[180]를 거쳐 돌아올[181] 때도 이 사자를 배에 태

176 한림원: 원문은 '관각(館閣)'이다. 한림원의 별칭으로 송대 때부터 세워졌다. 관(館)은 소문관(昭文館)·사관(史館)·집현원(集賢院) 삼관을 가리킨다. 각(閣)은 비도(祕圖)·용도(龍圖)·천장각(天章閣)을 가리킨다.

177 가욕관(嘉峪關): 감숙성(甘肅省) 주천현(酒泉縣) 서쪽에 위치한다.

178 터무니없는 이야기: 원문은 '제동어(齊東語)'이다. 『맹자』「만장(萬章)」(상)에 보면 맹자의 제자 함구몽(咸丘蒙)의 질문에 답변할 때 맹자가 했던 말로, "이것은 제나라 동쪽에 사는 야인들의 말이다(此齊東野人之語也)"라는 구절이 있다.

179 남순(南巡): 청나라 성조 강희제는 강절(江浙) 지방을 여섯 차례 순수했다.

180 위하(衛河): 수(隋)나라 대운하의 시작인 영제거(永濟渠)가 전신으로, 백구(白溝), 남운하(南運河), 어하(御河)라고도 한다. 강물이 춘추시대 위(衛) 땅에서 발원해서 산동성 임청주(臨清州)를 거쳐 천진위(天津衛)에서 끝난다. 청대에 들어와 강물의 처음과 끝이 모두 위에서 시작해 위에서 끝나는 데서 위하라 부르게 되었다고 한다.

181 돌아올: 원문은 '회란(回鑾)'이다. 란(鑾)은 천자가 타는 수레의 말 고삐 위에 다는 방울이

워 도성으로 데려왔다.

돌아가신 외조모 조(曹) 태부인께서 일찍이 도범루(度帆樓)의 창틈을 통해 사자를 본 적이 있는데, 몸통은 누런 개와 같고 꼬리는 호랑이보다 약간 길며, 얼굴은 사람처럼 둥근 것이 여느 짐승처럼 왜소하거나 뾰족하지 않았다. 사람들이 사자를 뱃머리의 장군주(將軍柱)[182]에 매놓고, 돼지 한 마리를 묶어 먹이로 주었다. 돼지는 해안에서는 그래도 울부짖으며 몸을 떨었지만, 배 가까이로 끌려가자 소리조차 내지 못했다. 사자 앞에 놓이자, 사자가 고개를 숙여 한 번 냄새를 맡았을 뿐인데, 돼지는 그 자리에서 겁에 질려 죽고 말았다. 닻줄을 끊고 떠나려 할 무렵, 사자가 갑자기 포효하는데, 그 소리가 마치 수많은 징들이 일제히 한꺼번에 울리는 듯하였다. 외가댁의 마구간에 있던 말 십여 마리가 담 너머로 그 소리를 듣고는 모두 벌벌 떨며 구유 밑에 엎드렸다. 배가 떠난 뒤에도 한참이 지나도록 감히 몸을 움직이지 않았다. 사자가 백수의 왕임은 진실로 믿을만하다.

사자가 처음 왔을 때, 청나라의 고개지(顧愷之), 육탐미(陸探微)[183]로 불리

다. 『설문(說文)』에 보면, 임금이 수레를 탈 때 네 마리의 말에 재갈을 물리고, 여덟 개의 방울을 달았는데, 소리가 난새의 소리처럼 온화했다고 한다. 그래서 천자의 수레를 난가(鑾駕)라 한다.

182 장군주(將軍柱): 일반적으로는 대청 양쪽에 세워둔 큰 기둥을 말한다.

183 고개지(顧愷之), 육탐미(陸探微): 원문은 '고육(顧陸)'이다. 고개지는 자가 장강(長康)이고, 회화에 특히 뛰어났다. 세상에서는 그를 삼절(三絶)이라 불렀는데, 재주가 많아 재절(才絕), 그림이 출중하여 화절(畫絕), 재치가 뛰어나 치절(癡絕)이라 했다. 육탐미(陸探微)는 오(吳) 땅 사람으로 그림을 아주 잘 그렸다. 송나라 명제는 그림에는 육법(六法)이 있는데, 탐미가 그 법을 갖추었다고 했다. 소식(蘇軾)의 「진계상이 소장한 「주진촌가취도」(陳季常所蓄「朱陳村嫁娶圖」)에 보면, "어느 세월에 고개지 육탐미와 같은 화가가 나와 「주씨 진씨의 가취도」를 그리려나(何年顧陸丹青手, 畫作朱陳嫁娶圖)."라는 시구가 있다.

던 이부시랑 아례패(阿禮稗)[184]는 사자를 직접 마주하고 그림을 그렸는데, 아주 정묘하게 잘 그렸다. 이 그림은 한때 박석재 선배의 댁에 소장되어 있었는데, 이는 아례패가 친히 그 선배의 조부에게 증정한 것이다. 후에 내가 그것을 사서 한 감정가에게 제첨(題籤)을 부탁했다. 아공이 그림에 이름을 남기지 않은 것은 원나라 때에도 사자를 바친 기록이 있기 때문이다.[185] 그래서 감정가는 이를 근거로 그림에 "원인사자진형도(元人獅子眞形圖)"라 적어 넣었다. 박석재가 "이부시랑의 그림 솜씨는 원나라 사람보다 낫네."라고 했는데, 이 감상평 역시 틀리지 않다.

康熙十四年, 西洋貢獅, 館閣前輩多有賦詠. 相傳不久卽逸去, 其行如風, 巳刻絶鎖, 午刻卽出嘉峪關. 此齊東語也. 聖祖南巡, 由衛河回鑾, 尙以船載此獅. 先外祖母曹太夫人, 曾於度帆樓窗隙窺之, 其身如黃犬, 尾如虎而稍長, 面圓如人, 不似他獸之狹削. 繫船頭將軍柱上, 縛一豕飼之. 在岸猶號叫, 近船卽噤不出聲. 及置獅前, 獅俯首一嗅, 已怖而死. 臨解纜時, 忽一震吼, 聲如無數銅鉦陡然合擊. 外祖家廐馬十餘, 隔垣聞之, 皆戰栗伏櫪下. 船去移時, 尙不敢動. 信其爲百獸王矣.

獅初至時, 吏部侍郞阿公禮稗畫, 爲當代顧陸, 曾橐筆對寫一圖, 筆意精妙.

---

184 아례패(阿禮稗): 아이패(阿爾稗)라고도 하며, 만주(滿洲) 사람이다. 도통(都統) 담태(譚泰)의 손자로 그림에 정통하며, 특히 호랑이 그림으로 유명하다. 감정가들은 그의 호랑이 그림을 보물로 여기며 스님 요용(繇龍)에 비할만하다고 평가했다.

185 원나라 때에도…때문이다: 『계신잡지(癸辛雜志)』에 보면, 원나라 때 사자를 바친 사람이 있었다고 한다. 사자는 머리가 호랑이처럼 생겼고, 몸은 개와 비슷했다. 궁중에서 그림과 다르게 생겼다고 생각해 시험 삼아 사자를 호랑이 우리에 넣어 보았다. 그러자 호랑이들이 모두 고개를 숙이고 귀를 오므린 채 꼼짝도 하지 않았다. 그제야 모두 사자임을 알게 되었다고 한다.

舊藏博晰齋前輩家, 阿公手贈其祖者也. 後售於余, 嘗乞一賞鑒家題籤. 阿公原未署名, 以元代曾有獻獅事. 遂題曰「元人獅子眞形圖」. 晰齋曰: "少宰丹青, 原不在元人下." 此賞鑒未爲謬也.

49.

계선시

건륭 25년(1760) 경진년에 선배 과개주(戈芥舟)가 부계점을 쳤는데, 계선은 자칭 당대(唐代)의 장자란(張紫鸞)이라고 했다. 그는 장차 영주도(瀛洲島)[186]에 있는 유장경(劉長卿)[187]을 방문해 함께 천모산(天姥山)[188]에서 노닐 것이라고 했다. 어떤 사람이 그에게 세상사를 묻자, 이렇게 시를 썼다.

이 몸 이역에서 와서,
가끔 영주도에 들렀네.
해지고 저녁 바람 시원하니,
기러기 한 마리 구름 속으로 아득히 사라지네.

---

186 영주도(瀛洲島): 『사기』「진시황본기」에 보면, 서불(徐市)이 "바다가운데 삼신산 즉 봉래산, 방장산, 영주산이 있는데, 신선이 살고 있습니다."라고 했다고 한다.

187 유장경(劉長卿): 자는 문방(文房)이고, 당대 하간 사람이다. 오언시를 잘 지어 오언장성(五言長城)이라 불렸다.

188 천모산(天姥山): 산 이름이다. 신창현(新昌縣) 동남쪽 50리에 위치해 있다. 도가에서 말하는 16번째 복지(福地)이다.

세속을 초월해[189] 인간세상의 시비에는 더 이상 관여하지 않겠다는 뜻을 은근히 내비추었다. 과개주가 그와 시를 논하면 그는 흔쾌히 화답시를 지었다. 그는 자신이 노닐었던 명산을 주제로 삼아 「파석애(破石崖)」,[190] 「천모봉(天姥峰)」, 「여산[191]련구(廬山聯句)」 세 편의 시문을 남기고 떠났다. 당시 과개주는 『헌현지(獻縣志)』를 편찬 중이었기에, 이들 시문을 책 말미에 부록으로 실었다.

그중 「파석애」는 앞부분이 오언율시팔운(五言律詩八韻)으로 되어 있어, 대우와 시사(詩詞)의 성률(聲律)[192]이 모두 조화로운 반면, 제9운 이하는 갑자기 포참군(鮑參軍)의 「세상살이 어렵기도 하여라(行路難)」이나 이태백(李太白)의 「촉 땅으로 가는 길 험난하기도 하여라(蜀道難)」 같은 악부체(樂府體)로 바뀌었다. 이는 당대 삼백 년 간의 시인들 가운데 이런 체재로 시를 지은 사람이 없으며, 시격(詩格)에도 부합하지 않는다. 또 시는 동(東), 동(冬), 경(庚), 청(靑) 4운으로 통압(通押)하고 있는데, 이는 한유의 「오늘은 아쉽기

---

189 세속을 초월해: 원문은 '홍명(鴻冥)'으로, 홍비(鴻飛)이다. 양웅(揚雄)의 『방언(方言)』에 보면, "큰 기러기 아득한 하늘 속으로 높이 날아가니, 사냥꾼들이 어찌 쏘아 맞출 수 있겠는가(鴻飛冥冥, 弋人何篡焉)!"라는 구절이 있다.

190 「파석애(破石崖)」: 사령운(謝靈運)의 『유명산지(遊名山志)』에 보면, 파석계(破石溪) 남쪽 200여 리 떨어진 곳에 석범(石帆)이 있는데, 너비와 길이가 파석 등과 같고, 색깔도 같다고 한다. 전해오는 바에 따르면 옛날에 어떤 사람이 파석을 반으로 잘라 석범을 만들었기 때문에 그 이름을 파범이라 지었으며, 여기서 파석의 이름이 나왔다고 한다.

191 여산(廬山): 강서성 성자현(星子縣) 서북쪽과 구강현(九江縣)의 남쪽에 위치한다. 은주시대 때 광씨(匡氏) 7형제가 이곳에다 집을 지었다. 그래서 여산이라 부르게 되었으며, 광산(匡山), 광려(匡廬)라 부르기도 한다.

192 시사(詩詞)의 성률(聲律): 원문은 '성병(聲病)'으로, 시를 지을 때 평측(平仄)과 운율을 맞추는 것을 말한다.

만 하구나(此日足可惜)」 시와 비슷하다. 천비성(穿鼻聲)[193] 7운을 한 부(部)로 분류하고 있는 것으로 보아, 고서(古書)를 조금 읽은 자인 것 같다. 아마도 문재가 약간 있는 귀신이 당나라 사람의 이름을 빌려 위탁한 듯하다.

乾隆庚辰, 戈芥舟前輩扶乩, 其仙自稱唐人張紫鸞. 將訪劉長卿於瀛洲島, 偕遊天姥. 或叩以事, 書一詩曰: "身從異域來, 時見瀛洲島, 日落晩風凉, 一雁入雲杳." 隱示鴻冥物外, 不預人世之是非也. 芥舟與論詩, 卽欣然酬答. 以所遊名勝「破石崖」, 「天姥峰」, 「廬山聯句」三篇而去. 芥舟時修『獻縣志』, 因附錄志末. 其「破石崖」一篇, 前爲五言律詩八韻, 對偶聲病俱諧, 第九韵以下, 忽作鮑參軍「行路難」, 李太白「蜀道難」體. 唐三百年詩人無此體裁, 殊不入格. 其以東冬庚靑四韵通押, 仿昌黎「此日足可惜」詩. 以穿鼻聲七韵爲一部例, 又似稍讀古書者. 蓋略涉文翰之鬼, 僞託唐人也.

---

193 천비성(穿鼻聲): 성운학 용어이다. 혀뿌리(설근)를 입천장의 뒷부분(연구개)에 대서 공기 흐름을 막고, 코로 소리를 내는 비음으로, 오늘날의 설근비음에 해당한다. 청대의 『심정풍아유음(審定風雅遺音)』에 따르면, 동(東)·동(冬)·종(鍾)·강(江)·양(陽)·당(唐)·경(庚)·경(耕)·청(淸)·청(靑)·증(蒸)·등(登) 12운은 모두 천비성에 속했다(東·冬·鍾·江·陽·唐·庚·耕·淸·靑·蒸·登, 皆收穿鼻聲)고 한다.

50.

신비한 거울

하성(河城) 원주: 현 동쪽 15리에 있으며, 수(隋)나라 악수현(樂壽縣)의 옛 성터이다. 서쪽에 사는 촌민들이 땅을 파다가 거울 하나를 발견했는데, 한 길 조금 넘는 너비에 절반은 깨진 상태였다. 그걸 본 사람들이 한 조각씩 가져가 방안에 두었더니, 밤마다 밝은 빛을 뿜어냈으며, 몇몇 집이 모두 그러했다. 이 또한 왕도(王度)의 신경(神鏡)[194]처럼, 달의 차고 기움에 반응하는 기이한 물건이다. 하물며 깨지고 남은 조각일 뿐인데도 이와 같이 빛을 발하다니, 더욱 신기할 따름이다. 누군가는 거울이 어떻게 이렇게 클 수 있을까 의심했지만, 나는 이것이 하간왕(河間王)[195]의 궁전에서 나온 물건일 것이라 생각한

---

194 왕도(王度)의 신경(神鏡): 왕도의 『고경기(古鏡記)』에 보면, 수나라 분음(汾陰) 땅의 후생(侯生)이 일전에 왕도에게 옛 거울(古鏡) 하나를 주었다고 한다. 그 해 8월 15일에 친구 설협(薛俠)이 동검(銅劍) 하나를 가지고 나를 찾아와서 말했다. "이 검을 내가 시험해 보았는데, 매달 15일 천지사방이 환할 때 어두운 방안에 두면 몇 길이나 되는 빛이 절로 났네. 자네와 한번 시험해보고 싶네." 나는 매우 기뻤다. 그날 밤 검을 밀폐된 방안에 두고 설협과 함께 밤을 보냈다. 나도 거울을 꺼내어 그 옆에다 두었다. 잠시 후 거울에서 빛이 나더니 온 방안을 밝게 비추어 대낮처럼 잘 보였다. 그러나 검은 아무 빛도 내지 않았다. …… 그 뒤로 매월 보름이면 보경을 꺼내 암실에 두었는데, 늘 몇 길의 빛이 났다고 한다.

195 하간왕(河間王): 한나라 경제(景帝)의 아들로 이름은 유덕(劉德)이며, 하간에 봉해졌다. 시호는 헌(獻)이다. 청나라 때의 직례성 헌현이 바로 한나라 하간헌왕의 봉지이다.

다. 육기(陸機)[196]의 「동생 육운(陸雲)[197]에게 보내는 편지」에 보면 "인수전(仁壽殿)에는 너비 한 길 정도 되는 큰 네모난 거울이 있어, 그 앞을 지나기만 하면 곧 사람의 모습이 비쳤다"라는 구절이 있는데, 이로보아 진대(晉代)에도 이런 거울이 있었음을 알 수 있다.

河城 原註: 在縣東十五里, 隋樂壽縣故城也. 西村民掘地得一鏡, 廣丈餘, 已觸碎其半. 見者人持一片去, 置室中, 每夕吐光, 凡數家皆然. 是亦王度神鏡, 應月盈虧之類. 但殘破之餘, 尙能如此, 更異耳. 或疑鏡何以如此之大, 余謂此必河間王宮殿中物. 陸機「與弟雲書」曰: "仁壽殿中, 有大方鏡廣丈餘, 過之輒寫人影." 是晉代猶沿此制也.

---

196 육기(陸機): 육기(222~280)는 자가 사형(士衡)으로, 진(晉) 오군(吳郡) 사람이다.

197 육운(陸雲): 육운(262~303)은 자는 사룡(士龍)이다.

51.

옛 것을 좋아할 뿐

건륭(乾隆) 24년(1759) 기묘년과 25년(1760) 경신년 사이에, 헌현에서 당대(唐代) 사람 장군평(張君平)의 묘지가 발굴되었다. 묘지명은 대중(大中) 7년(853) 명경(明經) 유신(劉伸)이 지은 것으로, 글씨는 그래도 볼만했으나 문장의 내용은 아주 상스럽고 천박했다. 내가 그것을 탁본해 선배 이렴의(李廉衣)에게 보여주며 말했다.

"공께서는 매사 고인이 오늘날의 사람보다 뛰어나다고 하셨는데, 지금 이 글도 당나라 사람의 문장이 아닙니까? 세상 사람들은 대개 이름값만으로 서로 뽐낼 따름입니다. 그러나 실제로 조사해본다면, 서법의 경우, 진대(晉代)의 서법이 좋다고들 하지만, 그 당시에도 아주 형편없는 글씨가 있었습니다. 당대 사람들이 시를 잘 읊조린다고들 하지만, 그 시절에도 아주 형편없는 시가 있었습니다. 그러기에 진대의 하인[198]이 모두 왕

198 하인: 원문은 '시역(厮役)'이다. 『사기』「장이진여열전(張耳陳餘列傳)」에 보면, "[장이와 진여는] 빈객과 종들까지도 천하의 준걸이 아닌 자가 없습니다(其賓客厮役, 莫非天下俊傑)."라는 문장이 있다. 여기서 하인은 준걸을 의미한다.

희지(王羲之)와 왕헌지(王獻之)[199]는 아니고, 당대의 백정과 술장수[200]가 모두 이백과 두보[201]는 아닙니다. 서시(西施)와 동시(東施)[202]는 사실 같은 성씨이고, 도척(盜跖)과 유하혜(柳下惠)[203]는 실제로는 형제입니다. 그러니 어찌 아름답다고 해서 모두가 아름답고, 어질다고 해서 모두 어질다 할 수 있겠습니까? 감정가들은 송대의 벼루를 얻으면 벼루가 매끄러워 먹이 잘 스며들지 않는데도 천구(天球)와 하도(河圖)[204]처럼 보물로 여깁니다. 한나라 때의 도장을 얻으면 비뚤어져 글자가 완전하지 않는데도 진주와 옥

---

199 왕희지(王羲之)와 왕헌지(王獻之): 원문은 '희헌(羲獻)'이다. 진대 왕희지와 그의 아들 왕헌지를 말한다. 모두 서법으로 이름을 날렸으며, 고금의 으뜸이다. 그래서 세상에서는 이들을 이왕(二王)이라 칭한다.

200 백정과 술장수: 원문은 '도고(屠沽)'로, 도는 고기를 파는 사람이고, 고는 술을 파는 사람으로, 모두 천한 직업이다. 『후한서』「곽태전(郭太傳)」에 보면, 소공자(召公子), 허위강(許偉康)은 모두 백정과 술장수 출신이라 되어 있다. 여기서 백정과 술장수는 모두 뛰어난 은자를 가리킨다.

201 이백과 두보: 원문은 '이두(李杜)'이다. 당나라 천보(天寶) 말년에 시인 이백과 두보는 동시에 이름을 날렸기에 세상에서 이렇게 불렀다.

202 서시(西施)와 동시(東施): 원문은 '서자동가(西子東家)'이다. 『태평환우기(太平寰宇記)』에 보면, "월주(越州) 제기현(諸暨縣)에 서시와 동시가 살았다."라고 되어 있고, 『장자』에 보면, 서시가 가슴에 병을 앓아 눈썹을 찌푸렸다고 한다. 그 마을에 사는 못생긴 여자가 그것을 보고 아름답다고 여겨 집으로 돌아와서는 가슴을 받치고 동시를 본받아 눈썹을 찌푸렸다고 한다.

203 도척(盜跖)과 유하혜(柳下惠): 원문은 '도척유하(盜跖柳下)'이다. 유하혜는 춘추시대 노(魯)나라의 현인이고, 그의 동생 도척은 천하의 대도(大盜)이다. 『사기』주에 따르면, 도척은 본래 황제(黃帝) 시대의 대도라고 한다. 유하혜의 동생이 도적이 되었기에 세상에서는 황제 시대 도척의 이름을 본받아 그를 도척이라 불렀다고 한다.

204 천구(天球)와 하도(河圖): 원문은 '구도(球圖)'이다. 천구와 하도는 동서(東序)에 있다. 전에 따르면 천구는 옹주(雍州)에서 바친 것이고, 하도팔괘(河圖八卦)는 복희가 천하에서 왕 노릇할 때 황하의 용과 말이 지고 나왔다고 한다. 마침내 그 무늬를 가지고 팔괘를 그렸다. 그리하여 하도라 불렀다. 대대로 그것을 전하여 보배로 삼았다. 왕숙(王肅)이 말하기를, "천구와 옥경(玉磬)은 왕이 전한 보물이다."라고 했다.

보다 귀하게 여깁니다. 그런데 무엇 때문에 그렇게 귀하게 여길까요?" 그러자 이렴의 선배가 말했다.

"다만 옛것이라는 이유로 좋아하는 것이지요. 소동파의 시에 보면, '기호가 세속의 입맛과 다르다네.'라는 구절이 있는데,[205] 바로 이런 경우를 두고 하는 말이 아니겠습니까!"

乾隆己卯庚辰間, 獻縣掘得唐張君平墓誌. 大中七年明經劉伸撰, 字畫尙可觀, 文殊鄙俚. 余拓示李廉衣前輩曰: "公謂古人事事勝今人, 此非唐文耶? 天下率以名相耀耳. 如核其實, 善筆札者必稱晉, 其時亦必有極拙之字. 善吟詠者必稱唐, 其時亦必有極惡之詩. 非晉之厮役皆羲獻, 唐之屠沽皆李杜也. 西子東家, 實爲一姓, 盜跖柳下, 乃是同胞. 岂能美則俱美, 賢則俱賢耶? 賞鑒家得一宋硯, 雖滑不受墨, 亦寶若球圖. 得一漢印, 雖謬不成文, 亦珍逾珠璧. 問何所取?" 曰: "取其古耳. 東坡詩曰: '嗜好與俗殊酸鹹', 斯之謂歟!"

---

205 소동파의 시에 보면…구절이 있는데: 이 시구는 한유의 「노운부 사문 원장이 가을을 바라보며 지은 시에 답하다(酬司門盧四兄雲夫院長望秋作)」에 보인다.

52.

이치로 사람을 이긴 여우

교하현(交河)의 나이 든 유생 유군탁(劉君琢)은 이름이 박(璞)이다. 평소에 신중하고 인품이 너그러워, 어진 양반으로 이름났다. 우리 집에서 20여 년 동안 서당을 열고 아이를 가르쳤는데,[206] 사촌형 기무원(紀懋園),[207] 기탄거(紀坦居),[208] 종동생 기동백(紀東白),[209] 기희륜(紀羲輪)[210]이 모두 그의 제자였다.

예전에 그가 하간현에서 거행하는 세시(歲試)를 보고 돌아오던 길에 비

---

206 서당을 열고 아이를 가르쳤는데: 원문은 '설장(設帳)'이다. 『후한서』「마융전(馬融傳)」에 보면, "마융은 늘 높은 당상에서 강론하면서 자리에 붉은 휘장을 치고 휘장 앞에는 가르치는 학생들을, 휘장 뒤에는 여자 악사를 두었다. 제자들이 순서대로 들어가 그의 학설을 전수받았는데, 마융의 처소에 들어와 본 제자는 거의 없다고 한다(融常坐高堂, 施絳紗帳, 前授生徒, 後列女樂, 弟子以次相傳, 鮮有入其室者)."라는 문장이 있는데, 여기서는 이것을 근거로 했다.

207 기무원(紀懋園): 기윤의 종형 기소(紀昭)이다. 기소(1717~1770)는 자가 무원이고 호는 이헌(怡軒)이며, 기용아(紀容雅)의 장자이다. 기윤과 함께 제생(諸生)이 되었고, 건륭 22년(1757)에 진사가 되어 중서사인(中書舍人)을 지낸 뒤 귀향했다. 저서로는 『모시광의(毛詩廣義)』 5권이 있다.

208 기탄거(紀坦居): 기윤의 종형 기역(紀易)이다. 기역(1720~1783)은 자가 탄거로, 기용아의 둘째 아들이며, 기소의 친동생이다. 저서로는 『근언집(近言集)』 4권이 있다.

209 기동백(紀東白): 기윤의 종동생 기분(紀昐)이다. 기분(1725~1789)은 자가 동백으로, 기용순(紀容恂)의 장자이다. 후선지부(候選知府)를 지냈다.

210 기희륜(紀羲輪): 기윤의 종동생 기질(紀晊)이다. 기질(1726~1780)은 자가 희륜으로, 기용순의 차남이며, 기분의 친동생이다. 광록시(光祿寺) 장해서(掌醢署) 서정(署正)을 지냈다.

를 만나, 한 민가에서 묵게 되었다. 주인이 말했다.

"저희 집에 두 칸짜리 방밖에 없지만, 머무르셔도 괜찮습니다. 그런데 평소에 요괴가 나타나 소란을 피우곤 하는데, 여우인지 귀신인지는 저희도 모릅니다. 군께서 무서워하지 않을 자신이 있으시면 여장을 푸셔도 좋습니다."

유군탁은 부득이 그곳에 묵을 수밖에 없었다. 촛불을 끄고 난 뒤, 천장에서 쿵쿵![211] 하는 소리가 진동했는데, 마치 성난 말이 내달리는 듯하였다. 그는 일어나 의관을 갖추고 길게 읍한 뒤, 천장을 우러르며 이렇게 빌었다.

"한 가난한 서생이 우연히 이곳에 머물게 되었는데, 저에게 화를 내리시려는 것입니까? 저는 그대의 원수도 아닌데, 저를 희롱하려 하십니까? 평소에 그대와 친한 사이도 아니고, 가까이 지낸 적도 없는데, 저를 쫓아내려 하십니까? 오늘밤엔 도무지 떠날 수 없고, 내일이면 그대가 붙잡아도 있지 않을 터인데, 하필 이렇게 난리를 치십니까?"

잠시 뒤, 천장에서 얼핏 노파의 말소리가 들렸다.

"손님의 말이 일리가 있으니, 너희들은 더 이상 시끄럽게 떠들지 말거라."

이윽고 탁탁 하는 발소리가 나더니, 서북 모퉁이로 사라져 순식간에 고요해졌다. 그는 일찍이 문인들에게 이 일을 예로 들어 말했다.

"뜻밖의 일을 만나도 마음을 가라앉히고 침착하게 대하면 간혹 그 순간을 벗어날 수도 있단다. 그때 내가 화를 내고 욕설을 퍼부었더라면, 그들은 틀림없이 기와와 벽돌을 던졌을 게다."

---

211 쿵쿵: 원문은 '굉굉(轟轟)'이다.

또 유경남(劉景南)이 예전에 방 한 칸을 세내어 살았는데, 이사한 첫날 밤에 여우에게 심하게 괴롭힘을 당했다. 유경남이 화를 내며, "내가 돈을 내고 이 집을 빌렸거늘, 너는 어찌 이 방을 차지하려 하느냐?"[212]라고 말하자 여우가 사나운 목소리로 대답했다.

"만약 그대가 이 집에 먼저 살고 있는데, 내가 뒤늦게 와서 다투었다면 그 잘못은 내게 있소. 하지만 내가 이 집에서 산 지 50~60년이 되었다는 것을 모르는 이가 누가 있단 말이오? 그대가 집을 세낼 수 없는 곳이 어디 있다고, 굳이 이곳에 와서 나와 함께 살려 하오? 이것은 본인의 기세를 믿고 나를 욕보이는 일이니, 내가 어찌 그대에게 집을 양보하겠소?"

유경남은 결국 다음날 다른 곳으로 이사 갔다. 하려암(何勵庵)[213] 선생이 말했다.

"유군탁이 만난 여우는 이치에 밀려 물러났지만, 유경남이 만난 여우는 오히려 이치로 사람을 굴복시켰다."

죽은 형 기청호(紀晴湖)[214]가 말했다.

"여우를 굴복시키는 일은 쉬우나 여우에게 스스로를 굽히기란 어렵네."

交河老儒劉君琢, 名璞. 素謹厚, 以長者稱. 在余家設帳二十餘年, 從兄懋園·

---

212 차지하려 하느냐: 원문은 '구점작소(鳩占鵲巢)'이다. 『시경』「소남(召南)」에 보면, "까치집이 있는데, 구욕새가 살고 있네(維鵲有巢, 維鳩居之)."라는 구절이 있다.

213 하려암(何勵庵): 하수(何琇)이다. 하수는 청대의 정치가로, 직례성 순천부(順天府) 완평현(宛平縣) 사람이다. 옹정 11년(1733)에 진사가 되었으며, 종인부주사(宗人府主事)를 지냈다.

214 기청호(紀晴湖): 기윤의 이복형 기탁(紀晫)이다. 기탁(1706~1777)은 자가 청호로, 기용서의 맏아들이다. 부공생(附貢生)을 지냈다.

坦居, 從弟東白·羲軒, 皆其弟子也. 嘗自河間歲試歸, 中途遇雨, 借宿民家. 主人曰: “家惟有屋兩楹, 尙可栖止. 然素有魅, 不知狐與鬼也. 君能不畏, 則請解裝.” 不得已宿焉. 滅燭以後, 承塵上轟轟震响, 如怒馬奔騰. 君琢起著衣冠, 長揖仰祝曰: “偃蹇寒儒, 偶然宿此, 欲禍我耶? 我非君讐, 欲戲我耶? 與君素不狎昵, 欲逐我耶? 今夜必不能行, 明朝亦必不能住, 何必多此擾攘耶?” 俄聞承塵上似老媼語曰: “客言殊有理, 爾輩勿太造次.” 聞足音橐橐然, 向西北隅去, 頃刻寂然矣. 君琢嘗以告門人曰: “遇意外之橫逆, 平心靜氣, 或有解時. 當時如怒詈之, 未必不抛磚擲瓦.”

又劉景南嘗僦一寓, 遷入之夕, 大爲狐擾. 景南訶之曰: “我自出錢租宅, 汝何得鳩占鵲巢?” 狐厲聲答曰: “使君先居此, 我續來爭, 則曲在我. 我居此宅五六十年, 誰不知者? 君何處不可租宅, 而必來共住? 是恃氣相淩也, 我安肯讓君?” 景南次日遂移去. 何勵庵先生曰: “君琢所遇之狐, 能爲理屈, 景南所遇之狐, 能以理屈人.” 先兄晴湖曰: “屈狐易, 能屈於狐難.”

53.

강시

도가(道家)의 태음연형법(太陰鍊形法)[215]에 따르면, 사람이 매장된 지 수백 년이 지나 일정한 기한이 차면 다시 살아날 수 있다고 하는데, 이는 다만 말만 있을 뿐, 실제로 이런 일을 본 사람은 없다. 반면에 고대에 수은으로 염한 사람은 시신이 썩지 않았는데, 그 일은 확실히 있었다.

동곡강(董曲江)[216]이 말했다.

"대개 죽어 마땅한 죄를 지은 사람은 사후 매장한 지 몇 년이 지나도 시신이 썩지 않네. 여유량(呂留良)[217]을 참시할 때 관을 열어보니 모습이 생

---

215 태음연형법(太陰鍊形法): 『신선전』에 보면, 선가(仙家)에 태음연형법이란 것이 있는데, 대낮에 모습을 보이지 않게 할 수 있다고 한다.

216 동곡강(董曲江): 동곡강(1712~1787)은 이름이 원도(元度)이고, 평원(平原) 사람이다. 그는 건륭 17년(1752) 임진년의 진사로 한림원에 들어가 서길사(庶吉士)로 있다가, 후에 부학교수(府學敎授)를 지냈다.

217 여유량(呂留良): 여유량(1629~1683)은 자가 장생(莊生)이고 호는 만천(晩村)이며 절강 석문(石門) 사람이다. 명나라 말기에 태어나서 청나라 때 제생(諸生)이 되었다. 정주학(程朱學)에 심혈을 기울이다가 후에 깨달은 바가 있어 은거하면서 출사하지 않았다. 저서의 대부분이 종족과 사상에 관한 것이다. 증정(曾靜)이란 사람이 있었는데, 호남(湖南) 정주(靖州) 사람이다. 여유량이 평한 시문(時文)을 읽고 크게 감동을 받아 악종기(岳鍾琪)에게 글을 올려 그 뜻을 알렸다. 악종기는 이 일을 상소했는데, 이때 여유량은 이미 죽은 뒤였다. 결국 그는 부관참시를 당했다.

존 그대로였고, 칼로 시신을 자르자 피가 미세하게 나왔다고 하네. 이는 아마도 귀신이 그의 시신에 붙어 천벌을 받게 한 것이네. 아무개가 원주: 이 사람은 동곡강의 친척으로, 당시에는 이름을 들었으나, 지금은 잊어버렸다. 절강에서 벼슬하고 있을 때, 칙명을 받들어 그 일을 집행하면서 직접 이 일을 목격했다고 하네. 그러나 이들은 모두 해를 끼치지는 않았네. 사람들에게 해를 끼치는 시신을 강시(僵尸)라고 하는데, 강시에도 두 종류가 있네. 하나는 막 죽어 아직 염하지 않은 시신이 갑자기 벌떡 일어나 사람을 공격하는 경우요. 다른 하나는 묻힌 지 오래되었는데도 썩지 않은 시신이 이매(魑魅)[218]처럼 형상이 변해, 밤이면 어슬렁거리며 돌아다니다가 사람을 만나면 바로 덮친다네. 혹자는 한발(旱魃)[219]이 바로 강시라고 하는데, 이는 자세히 알 수 없네. 무릇 사람은 죽으면 육신과 정신이 분리되는데, 정신이 육신에 깃들어 있지 않다면 어찌 능히 지각이 있어 움직일 수 있단 말인가? 정신이 육신에 깃들어 있다면 다시 살아난 것이니, 어째서 사람이 안 되고 요괴가 되었단 말인가? 또 어떤 강시는 죽은 직후에 벌떡 일어나[220] 부모 형제, 자녀 등을 끌어안고 놓지 않는데, 그러면 열 손가락이 살과 뼈를 파고들어가네.

---

218 이매(魑魅): 산림의 이기(異氣)가 살아나 사람에게 해를 끼치는 것을 말한다. 『좌전』주에 보인다.

219 한발(旱魃): 『시경』「운한(雲漢)」에 보면, "한발이 사나워(旱魃爲虐)"라는 시구가 있다. 『모전(毛傳)』에는 "한신(旱神)"이라고 되어 있다. 『신이경(神異經)』에 보면, 남방에 키는 2~3척이고, 옷을 걸치지 않았으며, 눈이 머리 위에 달려 있는 사람이 있었다고 한다. 그는 바람처럼 빨리 달리는데, 이름이 발이다. 한발이 나타난 나라는 큰 가뭄이 들고, 천 리 땅에 초목이 나지 않는다. 일명 한모(旱母)라고도 한다. 한발과 마주친 사람이 잡아서 뒷간에 던지면 곧 죽고 가뭄도 그쳤다고 한다.

220 벌떡 일어나: 원문은 '시궐(尸厥)'로, 궐은 궐(蹶)과 같다. 『사기』「편작전」에 보면, "태자의 병과 같은 것을 시궐이라 합니다. 마치 죽은 것 같지만, 태자께서는 아직 죽지 않았습니다."라고 되어 있다. 여기서는 시신이 일어나 난동을 피우는 것을 의미한다.

지각이 없다면 어찌 벌떡 일어날 수 있으며, 지각이 있다면 어떻게 한순간 숨이 끊어졌다고 해서 그 피붙이를 알아보지 못하겠는가? 그러니 이는 아마도 떠도는 혼이 변한 것이 아니라 요물이 그 몸에 들러붙고 사기(邪氣)가 미혹한 것이 아니겠는가? 원자재(袁子才) 선배의 『신재해(新齊諧)』에 따르면, 남창(南昌)의 강시가 된 한 서생이 밤에 친구를 찾아간 일이 적혀 있다네. 처음에는 그 강시가 무엇인가를 간청하는 듯하더니, 곧 감격에 젖고, 이어서 다시 애절한 그리움에 잠기더니, 마침내 형상이 일그러지며 사람을 공격하고 물려고 했다네. 이에 식자들이 '사람의 혼은 선하나 백(魄)은 악하고, 사람의 혼은 신령스러우나, 백은 우매하다 할 수 있네. 강시가 처음 나타났을 때는 혼이 완전히 소멸되지 않아 백이 혼을 따라 움직인 것이네. 강시가 떠날 때는 마음속의 걱정거리를 다 말한 뒤라 혼은 흩어졌지만, 백은 그대로 남아 있었던 것이네. 혼이 머물러 있으면 그 사람은 사람이요, 혼이 떠나면 이미 사람이라 할 수 없네. 세상에 시체가 걷고, 그림자가 움직이는 것은 모두 백이 그렇게 시킨 것이네. 오직 득도한 사람만이 백을 제압할 수 있네.'[221]라고 했다네."

---

221 원자재(袁子才) 선배의…제압할 수 있네: 이상은 『신제해』의 문장이다. 남창현의 한 서생이 북란사(北蘭寺)에서 글을 읽었다고 한다. 그곳에 한 나이 많은 서생과 젊은 서생이 있었는데, 서로 사이가 좋았다. 나이 많은 서생이 집으로 가다가 갑자기 죽었으나, 젊은 서생은 그 사실을 몰랐다. 어느 날 해질 무렵 나이 많은 서생이 갑자기 문지방을 넘어 들어와 침상에 누워 젊은 서생의 등을 어루만지며 말했다. "내가 그대와 헤어진 지 10일도 안 되어 갑자기 죽었네. 지금 나는 귀신일세. 자네에게 부탁할 일이 있어서 이곳에 잠시 들렀네." 젊은 서생은 마음이 안정되자 "무슨 일을 부탁하러 오셨습니까?"라고 물었다. 그러자 나이 많은 서생이 말했다. "나에게는 늙으신 어머님이 계시니, 어머님을 돌봐주시게. 그리고 또 출판하지 않은 원고가 있으니, 부디 자네가 출판해 내 이름이 사라지지 않게 해주게. 마지막으로 붓을 파는 이에게 빚이 있으니 대신 갚아주시게."라고 말했다. 젊은 서생이 알겠다고 대답했다. 나이 많은 서생이 떠나려 하자 젊은 서생이 울면서 그를 잡았다.

이 말 역시 조리가 있고 이치에 맞는다. 그러나 내 좁은 소견으로는 다른 원인이 있을 지도 모른다는 생각이 든다.

道家有太陰煉形法, 葬數百年, 期滿則復生, 此但有是說, 未睹斯事. 古以水銀斂者, 尸不朽, 則鑿然有之. 董曲江曰: "凡罪應戮尸者, 雖葬多年, 尸不朽. 呂留良焚骨時, 開其棺, 貌如生, 刃之尚有微血. 蓋鬼神留尸伏誅也. 某人 原註: 是曲江之親族, 當時舉其字, 今忘之矣. 時官浙江, 奉檄涖其事, 親目擊之. 然此類皆不爲祟. 其爲祟者曰僵尸, 僵尸有二. 其一新尸未斂者, 忽躍起搏人. 其一久葬不腐者, 變形如魑魅, 夜或出遊, 逢人卽攫. 或曰旱魃卽此, 莫能詳也. 夫人死則形神離矣, 謂神不附形, 安能有知覺運動? 謂神乃附形, 是復生矣, 何又不爲人而爲妖? 且新死尸厥者, 并其父母子女, 或抱持不釋, 十指抉入肌骨. 使無知何以能踊躍, 使有知何以一息才絶, 卽不識其所親? 是則殆有邪物憑之, 戾氣惑之, 而非游魂之爲變歟? 袁子才前輩『新齊諧』載南昌士人行尸夜見其友事. 始而祈請, 繼而感激, 繼而凄戀, 繼而變形搏噬. 謂人之魂善而魄惡, 人之魂靈而魄愚. 其始來也, 一靈不泯, 魄附魂以行. 其既去也, 心事既畢, 魂一散魄滯. 魂在則爲人也, 魂去則非其人也. 世之移尸走影皆魄爲之. 惟有道之人, 爲能制魄." 語亦鑿鑿有精理. 然管窺之見, 終疑其別有故也.

그러자 나이 많은 서생이 다시 침상으로 돌아와 몇 마디하고는 다시 일어나 말했다. "나는 가야하네." 그리고는 서서 움직이지 않았다. 두 눈을 동그랗게 뜨고 있었는데, 그 모습이 점점 추해졌다. 젊은 서생이 깜짝 놀라 달아나자 시신도 그를 쫓아왔다. 이에 젊은 서생은 더욱 빨리 달아났다. 그러자 시신도 따라서 빨리 달리면서 몇 리나 쫓아왔다. 젊은 서생이 담장을 넘어 땅에 엎드려 숨었다. 시신은 담장을 넘지 못하자 담장 밖으로 머리를 내밀고 젊은 서생의 얼굴에 침을 줄줄 흘렸다고 한다.

54.

합장

임자전(任子田)[222]이 해준 이야기이다.

그의 고향에 어떤 사람이 밤길을 걷다가, 달빛 아래 묘도(墓道)의 소나무와 잣나무 사이에 나란히 앉아 있는 두 사람을 보았다고 한다. 한 사람은 열여섯이나 열일곱쯤 되어 보이는 소년으로 아주 수려하게 생겼고, 다른 한 사람은 백발이 목덜미까지 내려오고 등이 굽은 채 지팡이를 짚은, 일흔이나 여든은 되어 보이는 노파였다. 두 사람은 서로의 어깨에 기댄 채 두런두런 이야기하는데, 서로 아주 좋아하는 것 같았다. 이를 이상하게 여긴 그 사람은 어떤 음탕한 할망구가 나이 어린 소년을 희롱한다고 생각했다. 그러나 가까이 다가가자 두 사람은 서서히 사라져 버렸다. 다음날 그 무덤이 누구의 것인지 물어보고 나서야 아무개가 일찍 요절하고, 그의 아내는 과부가 된 뒤로 오십여 년 동안 정절을 지키다가 죽은 후 그와 합장되었다는 것을 알게 되었다. 『시경』에 보면 "살아서는 각자 다른 방에 거처하지만,

222 임자전(任子田): 임자전(1738~1789)은 태주(泰州) 사람으로, 이름은 대춘(大椿)이며, 박학다식하다. 『삼례(三禮)』의 주소(註疏)와 육서(六書)의 훈고(訓詁)에 특히 뛰어났다. 건륭 34년(1769) 기축년에 이갑(二甲) 제1등 진사로 과시에 합격했으나, 낭중 원외랑에서 부침을 겪다가 만년에 비로소 어사에 임명되었지만 부임 전에 죽었다.

죽어서는 같은 구덩이에 묻히네."[223]라는 시구가 있는데, 이는 정(情)의 지극함을 이른 것이다. 『예기(禮記)』에 보면, "은나라 사람들은 합장할 때 곽(槨) 속의 두 관 사이에 물건을 넣어 서로를 격리시켰지만, 주나라 사람들은 합장할 때 곽 속에 두 관을 나란히 붙여 합장하였으니, 주나라의 제도가 참으로 좋구나!"[224]라고 했다. 성인은 이승과 저승의 예법에 대해 잘 알고 있기 때문에, 인정으로 귀신의 감정을 이해할 수 있었던 것이다. 인정에 어둡다면, 또한 어찌 『예기』의 뜻을 이해할 수 있겠는가!

任子田言. 其鄉有人夜行, 月下見墓道松柏間有兩人並坐. 一男子年約十六七, 韶秀可愛, 一婦人白髮垂項, 佝僂攜杖, 似七八十以上人. 倚肩笑語, 意若甚相悅. 竊訝何物淫嫗, 乃與少年狎暱. 行稍近, 冉冉而滅. 次日詢是誰家冢, 始知某早年夭折, 其婦孀守五十餘年, 歿而合窆於是也. 『詩』曰: "生則異室, 死則同穴." 情之至也. 『禮』曰: "殷人之葬也離之, 周人之葬也合之, 善夫!" 聖人通幽明之禮, 故能以人情知鬼神之情也. 不近人情, 又烏知『禮』意哉!

---

223 살아서는…묻히네: 『시경』「왕풍(王風)·대거(大車)」에 나오는 시구로, "살아서는 각각 다른 방에 거처하지만, 죽어서는 같은 구덩이에 묻히네(穀則異室, 死則同血)"는 바로 노나라의 합장을 말하며, 곡(穀)은 생(生)의 뜻이다. 즉 생전에는 다른 곳에 거하지만, 죽어서는 같은 무덤에 묻힌다는 뜻이다.

224 은나라…좋구나: 『예기』「단궁(檀弓)」(하)에 보면, "공자가 말하기를 '위(衛)나라 사람들은 곽 속의 두 관 사이에 물건을 넣어 서로를 떨어뜨려놓았지만, 노(魯)나라 사람들은 곽 속에 두 관을 나란히 붙여 합장하였으니, 노나라의 제도가 참으로 좋구나(衛人之祔也離之, 魯人之祔也合之, 善夫)!'라고 했다"라는 문장이 있다. 소(疏)에 보면, 부(祔)는 합장을 말한다. 이지(離之)는 곽 속의 두 관 사이에 물건을 넣어 두는 것을 말한다. 노나라에서는 합장할 때 두 관을 곽 속에 함께 넣고, 그 사이에 다른 물건을 놓지 않았는데, 이는 다른 세상에서는 더 이상 헤어지지 말라는 뜻을 의미한다. 여기서는 은나라와 주나라로 고쳐 쓰고 있다.

55.

가짜 성현

조카 기조선(紀肇先)이 해준 이야기이다.

한 서생이 절에 머물며 글을 읽다가 스님이 염구(焰口)하는 것을 보았다고 한다. 스님이 위풍당당하게 귀신을 지휘하고 호령하는데, 마치 귀신을 부리는 것 같았다. 이를 본 서생이 "저승에서는 유교보다 불교를 더 공경하는구나."라고 탄식했다. 그 순간 등불이 희미해지더니 한 노인이 옆에서 말을 건넸다.

"천하를 경륜하고 다스리는 일은 오직 성현에게 의지해야하오. 저들 신선이나 스님은 그저 신도(神道)의 방법으로 성현이 미치지 못하는 바를 보충할 뿐이오. 그래서 저승에서도 성현을 신선이나 스님보다 위에 두오. 하지만 그들이 존중하는 것은 참된 성현이오. 만약 가짜 성현이라면, 암암리에 하늘의 노여움을 사게 되고, 그 죄는 가짜 신선과 가짜 스님보다 오히려 더 무겁소. 고대에는 풍속이 순박하여 가짜 성현이 드물었소. 400~500년 이래로 가짜 성현이 날로 많아져 결국 옥사를 따로 하나 만들게 되었소. 대개 스님과 도사들은 교묘하게 죄와 복을 늘어놓으며 사람들의 시주를 유도할 따름이오. 종교를 사칭하고 무리들을 모아 반란을 도모하는 것 이외에, '나는 신선이다(我仙)', '나는 부처다(我佛)'라고 거짓으로 칭하는 자는 천만 명 중에 한 명도 없소이다. 그런데 유생들 중에는 스스로 성현이라 하는 자들이 비일비재하오. 백성들은 들으면 미혹될 수 있지만, 신은 이치를 따르는 사람이라 속이기 어렵소이다. 그런 까닭에 살아서는 호피를 깔고 강의하다가,[225] 죽어서는 아비지옥[226]에 떨어지는데, 이는 이들이 민심에 해를 끼쳤기 때문이오. 이는 성현들도 싫어하는 바입니다."

서생이 깜짝 놀라며 "이것은 저승의 일인데, 공께서 어찌 알고 있습니까?"라고 물었다. 순식간에[227] 노인은 사라지고 없었다.

族侄肇先言. 有書生讀書僧寺, 遇放焰口. 見其威儀整肅, 指揮號令, 若可驅役鬼神. 喟然曰: "冥司之敬彼教, 乃逾於儒." 燈影朦朧間, 一叟在旁語曰: "經綸宇宙, 惟賴聖賢. 彼仙佛特以神道補所不及耳. 故冥司之重聖賢, 在仙佛上. 然所重者眞聖賢. 若僞聖賢則陰干天怒, 罪亦在僞仙僞佛上. 古風淳樸, 此類差稀. 四五百年以來, 累囚日衆, 已別增一獄矣. 蓋釋道之徒, 不過巧陳罪福, 誘人施捨. 自妖黨聚徒, 謀爲不軌外, 其僞稱我仙我佛者, 千萬中無一. 儒則自命聖賢者, 比比皆是. 民聽可惑, 神理難誣. 是以生擁皐比, 歿沈阿鼻, 以其貽害人心. 爲聖賢所惡故也." 書生駭愕, 問: "此地府事, 公何由知?" 一彈指間, 已無所睹矣.

---

225 호피를 깔고 강의하다가: 원문은 '고비(皐比)'이다. 『송사』「장재전(張載傳)」에 따르면, 장재(1020~1077)가 일찍이 『주역』을 강의할 때 호피를 깔고 앉아 강의했는데, 도성에서 이를 들으러 오는 사람이 아주 많았다고 한다. 어느 날 저녁에 정자(程子) 형제가 찾아와서 함께 『주역』을 논했다. 장재는 스스로 그들을 따라갈 수 없다고 생각해 마침내 호피를 걷어치웠다. 주자의 「횡거찬(橫渠贊)」에 나오는 구절로, 고비는 대체로 학문을 강연하는 스승의 자리를 의미한다.

226 아비지옥: 원문은 '아비(阿鼻)'로, 지옥이름이다. 산스크리트어로, 아비치(Avici) 즉 끊임없이 고통 받는 지옥(無間獄)을 말한다.

227 순식간에: 원문은 '일탄지(一彈指)'이다. 『여씨춘추(呂氏春秋)』에 보면, 눈을 24번 깜빡이는 동안을 일탄지라고 한다고 되어 있다.

56.

복수의 끝

갑과 을 사이에는 오래된 원한이 있었다. 을은 밤낮으로 갑을 무너뜨릴 계략을 꾸몄다. 이를 알아챈 갑은 몰래 심복 아무개를 시켜 다른 방법으로 을의 집에 들어가게 했다. 그 심복은 을을 위해 모의하면서 빠짐없이 계책을 세웠다. 을이 무슨 일을 하려 하면 갑의 재물로 몰래 비용을 보태줘, 을은 적은 비용으로도 두 배의 성과를 올릴 수 있었다. 그렇게 한두 해가 지나자, 심복은 을의 큰 신임을 받게 되었고, 을이 원래 의지하고 신임했던 자들은 모두 물러나게 되었다. 그러자 심복은 틈을 타서 을에게 이렇게 말했다.

"갑이 일전에 제 아내를 희롱했지만, 두려워 감히 입 밖에 내지 못했습니다. 그 원한은 뼛속까지 사무쳤지만, 제 힘으로는 감히 대적하거나 나설 수조차 없습니다. 그런데 그대 또한 갑에게 원한이 있다고 들어서 개나 말처럼 온 힘을 다해 섬겨 왔습니다. 제가 그대에게 마음을 다한 것은 저를 알아주신 것에 대한 보답이기도 하지만, 복수를 도모하기 위한 것이기도 했습니다. 이제 원한을 갚을 기회가 왔으니, 어찌 마다하겠습니까?"

이 말을 들은 을은 뜻밖의 기회에 크게 기뻐하며 거금을 내어 갑을 도모하는데 필요한 돈으로 쓰도록 하게 했다. 그러자 심복은 을의 돈으로 오히려 갑을 위하여 뇌물을 돌리며, 모든 방면에 철저히 손을 뻗쳤다. 함정을 다 파고 난 그는 거짓으로 갑의 악행을 날조하고, 가짜 증인들의 이름을 꾸며 을에게 보고한 뒤, 을에게 고소장을 써서 갑을 관에 고발하도록 하였다. 재판정에서 심문이 열리자, 모든 일은 사실무근[228]으로 드러났고, 증인들도 하나같이 을을 배신하여 입장을 바꾸었다.[229] 결국 을은 완전히 패하고 무고죄로 다스려져 변경으로 유배되었다. 을은 분통이 터졌지만, 심복과 오랫동안 가깝게 지냈고 평생 저지른 음험한 일은 모두 그의 손에서 이루어졌기 때문에 더 이상 거론할 수도 없었다. 을은 결국 기가 막혀 죽었다.

죽을 때 그는 저승에 가서라도 반드시 고소하겠다고 맹세했지만 수십 년이 지나도록 끝내 아무런 보응이 없었다. 논자들은 모든 것이 을에게서 시작되었다고 보았다. 갑은 자신의 힘으로 대적할 수 없자 험지로 뛰어들었는데,[230] 이는 스스로를 구하기 위한 행동에 불과해 그 죄가 갑에게 있지 않다고 말했다. 또 심복은 본래 갑의 밀정으로, 각자 섬기는 자에게 충성을 다했으니, 을을 배반한 것이 아니며, 역시 그에게 어떤 죄도 물을 수 없었다. 그래서 귀신도 따지지 않았다고 했다.

---

228 사실무근: 원문은 '자허오유(子虛烏有)'이다. 한나라 사마상여(司馬相如)가 지은 「자허부(子虛賦)」는 자허, 오유선생, 망시공(亡是公) 세 사람을 가상으로 만들어 내 이들이 서로 문답한 내용을 적은 것이다. 자허는 '허언(虛言)'을 말하고, 오유선생은 '어찌 그런 일이 있겠는가[烏有此事]'를 말하며, 망시공은 '이런 사람은 없다[亡是人]'를 의미한다.

229 배신하여 입장을 바꾸었다: 원문은 '도과(倒戈)'이다. 『서경』「무성(武成)」에 보면, "선봉에 선 군사들은 무왕의 군대에 대적하지 않고 오히려 창을 자기편을 향해 공격하며 패퇴시키니(前徒倒戈, 反於後以北)."라는 문장이 있다.

230 험지로 뛰어들었는데: 원문은 '정이주험(鋌而走險)'이다. 『좌전』「문공(文公)」 17년에 보면, "다급한 나머지 험지로 뛰어들고 있으니, 급박한데 어찌 이것저것 가릴 수 있겠습니까(鋌而走險, 急何能擇)?"라는 문장이 있는데, 정(鋌)은 급히 내달리는 모양을 말한다.

이 일은 강희말년에 있었던 일이다. 『월절서(越絶書)』에 보면, 자공(子贛)이 월왕(越王)에게 "무릇 사람을 해치려는 마음을 품고 있으면서 그것을 남에게 들키는 것은 참으로 위태로운 일입니다."라고 한 말이 있는데, 어찌 믿지 않을 수 있겠는가!

甲乙有夙怨. 乙日夜謀傾甲. 甲知之, 乃陰使其黨某, 以他途入乙家. 凡爲乙謀, 皆算無遺策. 凡乙有所爲, 皆以甲財密助其費, 費省而功倍. 越一兩歲, 大見信, 素所倚任者皆退聽. 乃乘間說乙曰: "甲昔陰調我婦, 諱弗敢言. 然銜之實刺骨, 以力弗敵, 弗敢攖. 聞君亦有讐於甲, 故效犬馬於門下. 所以盡心於君者, 以報知遇, 亦爲是謀也. 今有隙可抵, 盍圖之?" 乙大喜過望, 出多金使謀甲. 某乃以乙金, 爲甲行賂, 無所不曲到. 穽既成, 僞造甲惡迹, 乃證佐姓名以報乙, 使具牒. 比庭鞫, 則事皆子虛烏有, 證佐亦莫不倒戈. 遂一敗塗地, 坐誣論戍. 憤恚甚, 以暱某久, 平生陰事, 皆在其手, 不敢再舉. 竟氣結死.

死時誓愬於地下, 然越數十年, 卒無報. 論者謂難端發自乙. 甲勢不兩立, 乃鋌而走險, 不過自救之兵, 其罪不在甲. 某本爲甲反間, 各忠其所事, 於乙不爲負心, 亦不能甚加以罪. 故鬼神弗理也. 此事在康熙末年. 『越絶書』載子貢謂越王曰: "夫有謀人之心, 而使人知之者, 危也." 豈不信哉!

57.

고개 돌린 여우

마을 사람 범홍희(范鴻禧)는 한 여우와 친구로 가깝게 지냈다. 여우는 술을 잘 마셨고, 범홍희 역시 주량이 셌기에 서로 의형제를 맺고, 늘 함께 술에 취해 잠들었다. 그러다가 여우가 한동안 모습을 보이지 않았다. 어느 날 수수밭에서 여우를 만난 범홍희가 말했다.

"어찌하여 갑자기 나를 버리고 떠난 것이오?"

그 말에 여우가 고개를 돌리며 말했다.

"친형제끼리도 서로 못살게 구는데, 하물며 의형제야!"

이렇게 말하고 여우는 뒤도 돌아보지도 않은 채 가버렸다. 당시 범홍희는 친동생과 한창 소송 중이었다. 양철애(楊鐵崖)[231]는 「백두음(白頭吟)」에서 이렇게 말했다.

황금 천 냥으로 저를 샀다 해도

---

231 양철애(楊鐵崖): 양유정(楊維楨)이다. 양유정(1296~1370)은 자가 염부(廉夫)이고, 호가 철애이다. 원나라 제기(諸暨) 사람이다. 시문이 남달라 일시에 이름을 날렸다. 저서로는 『동유자집(東維子集)』, 『철애고악부(鐵崖古樂府)』, 『복고시집(復古詩集)』, 『여칙유음(麗則遺音)』 등 수십 권이 있다.

몸은 줄 수 있지만, 마음까지는 줄 수 없다오.
태수께 부인이 계시듯,[232]
저는 밤마다 「백두음」을 읊어요.[233]

이는 여우의 말과 정확히 같은 뜻을 담고 있다.

里人范鴻禧, 與一狐友暱. 狐善飲, 范亦善飲, 約爲兄弟, 恒相對醉眠. 忽久不至. 一日遇於秫田中, 問: "何忽見棄?" 狐掉頭曰: "親兄弟尙相殘, 何有於義兄弟耶?" 不顧而去. 蓋范方與弟訟也. 楊鐵崖「白頭吟」曰: "買妾千黃金, 許身不許心. 使君自有婦, 夜夜白頭吟." 與此狐所見正同.

232 황금 천 냥으로…계시듯: 『고금주(古今註)』에 보면, 진씨(秦氏)는 한단(邯鄲) 사람이었다고 한다. 딸의 이름은 나부(羅敷)로, 천승지가(千乘之家)인 읍 사람 왕인(王仁)의 아내이다. 나부가 밭두둑에서 뽕을 따고 있었다. 조왕(趙王)이 그녀를 보고 마음에 들어 그녀를 남편에게서 뺏으려 했다. 이에 나부는 쟁을 타면서 「맥상상(陌上桑)」을 지어 거절의 뜻을 밝혔다. "태수께 부인이 계시듯(使君自有婦)"이라는 시구는 자신에게 남편이 있음을 밝힌 구이다.

233 저는 밤마다 「백두음」을 읊어요: 원문은 '야야백두음(夜夜白頭吟)'이다. 『서경잡기』에 보면, 사마상여(司馬相如)가 무릉(茂陵) 사람의 딸을 첩으로 맞아들이자, 탁문군(卓文君)은 「백두음(白頭吟)」을 짓고 자살하려 했다. 이에 사마상여는 그 일을 그만두었다.

58.

포졸 번장

헌현의 포졸 번장(樊長)은 동료와 함께 대도를 잡으러 갔다. 도둑은 달아났고, 대신 그의 처를 인질로 잡아 관점(官店) 원주: 포졸들이 도적을 고문하던 장소로, 실제로는 그들의 사택이다. 에 가두었다. 동료가 그녀를 껴안고 희롱했지만, 그녀는 매를 맞을까 두려워 말도 못 하고, 그저 고개를 숙인 채 흐느끼고 있었으며, 옷이 이미 끌러진 상태였다. 번장이 갑자기 이를 보고 크게 꾸짖었다.

"아내와 딸이 없는 사람이 누가 있겠는가? 누가 그들을 환난속에서 남의 손에 떨어지지 않게 지켜낼 수 있겠는가? 자네가 이렇게 행동한다면 지금 당장 관에 고하겠네."

그러자 동료는 겁이 나 그만두었다. 그때가 옹정 4년(1726) 7월 17일 술시(저녁 7~9시)였다. 번장의 딸은 농가에 시집가 살고 있었는데, 그날 밤 도적의 습격을 받아 옷은 벗겨지고, 뒤로 결박당했다. 한 도적이 그녀를 욕보이려는 직전에 다른 도적의 꾸지람을 듣고 그만두었다. 그 일이 일어난 시각은 자시(밤 11~1시)로, 이 두 사건은 불과 해시(밤 9~11시)를 사이로 벌어진 일이다. 다음날, 소식을 들은 번장은 하늘을 우러러 보다가 혀가 굳어[234] 말을 잇지 못했다.

獻縣捕役樊長, 與其侶捕一劇盜. 盜跳免, 縶其婦於官店. 原註: 捕役拷盜之所, 謂之官店, 實是私居也. 其侶擁之調謔, 婦畏箠楚, 噤不敢動, 惟俯首飲泣, 已緩結矣. 長突見之, 怒曰: "誰無婦女? 誰能保婦女不遭患難落人手? 汝敢如是, 吾此刻卽鳴官." 其侶懼而止. 時雍正四年七月十七日戌刻也. 長女嫁爲農家婦, 是夜爲盜所劫, 已褫衣反縛. 垂欲受汚, 亦爲一盜呵而止. 實在子刻, 中間僅僅隔一亥刻耳. 次日, 長聞報, 仰面視天, 舌撟不能下也.

234 굳어: 원문은 '교(撟)'이다. 『사기』「편작전(扁鵲傳)」에 보면, "혀가 굳어 말을 잇지 못했다(舌撟然而不下)."라는 구절이 있는데, 즉 그만큼 놀랐음을 의미한다.

59.

우영모를 쓴 전생(錢生)

구문달이 하사받은 저택은 선무문 안 석호호동(石虎衚衕)[235]에 위치해 있다. 그 이전에는 우익(右翼) 종학(宗學)[236]이 살았고, 종학 이전에는 부마(駙馬)[237] 오응웅(吳應熊)[238]이 살았으며, 그 이전에는 명대의 대학사 주연유(周延儒)[239]가 살았던 집이었다. 세월이 흘러 집이 오래되고 넓고 조용했기 때문에 때때로 괴이한 일이 일어나기는 했지만, 사람에게 해를 끼치는 일은 없었다. 청사(廳事)[240]의 서쪽에 있는 두 칸짜리 작은 건물인 '호춘헌(好春軒)'은

235 석호호동(石虎衚衕): 북경 서단북대가로(西單北大街路) 동쪽으로 나 있는 작은 골목이다. 청나라 때 대학사를 비롯한 고위직 관리나 권문세가가 많이 살았다.

236 종학(宗學): 청나라 순치(順治) 9년(1652)에 종학을 설치하고, 종실의 자제들을 가르쳤다. 좌, 우익 두 학교로 나누었으며, 학생은 각각 1백 명이다.

237 부마(駙馬): 원문은 '액부(額駙)'로, 만주어로는 엑부(efu)라고 한다.

238 오응웅(吳應熊): 원문은 '오(吳)'이다. 오응웅(1634~1674)은 오삼계(吳三桂)의 아들로, 오삼계가 1644년 화석평서친왕에 봉해지자 평서왕세자에 책봉되었다. 1653년 효장태후의 주선으로 홍타이지의 막내딸 화석건녕공주(和碩建甯公主)와 혼인했으나, 오삼계가 삼번의 난을 일으켰을 때 폐위되어 교수형에 처해졌다.

239 주연유(周延儒): 주연유(1589~1644)는 자가 옥승(玉繩)으로, 명나라 의흥(宜興) 사람이다. 숭정 초에 동각대학사(東閣大學士)에 임명되어 기무(機務)의 일을 보다가 얼마 뒤에 그만 두었다. 후에 다시 재상으로 재기용되었다가 죄를 지어 파직된 뒤 죽임을 당했다.

240 청사(廳事): 본래는 '청사(聽事)'로, 옛날에 사무를 처리하는 관서를 '청사'라고 불렀다.

구문달이 손님을 대접하는 곳이다. 북쪽 벽에 문이 하나 있는데, 이를 통해 가로질러 가면 두 칸짜리 작은 건물이 나온다. 하인들이 밤에 이곳에서 자면, 잠이 든 뒤에 대부분 요괴에게 들려 나왔는데, 귀신인지 여우인지 알 수 없었다. 그래서 어느 누구도 그 안에서 잠을 자려 하지 않았다. 금사(琴師) 전생(錢生)은 유독 두려워하지 않았으며, 실제로 그에게는 아무 일도 벌어지지 않았다. 전생은 얼굴에 백반증[241]이 있어 몰골이 아주 늙고 추했다. 장춘농(蔣春農)[242]이 장난삼아 이렇게 말했다.

"자네의 얼굴이 귀신보다 더해, 귀신이 놀라 도망간 게야."

어느 날 전생이 문을 잠그고 외출했다가 돌아오니 책상 위에 우영모(雨纓帽)[243] 하나가 놓여 있었다. 아주 정교하게 만들어진 것이 여태까지 써 보지 못한 참신한 모자였다. 사람들은 서로 돌려보며, 놀라고 웃지 않는 이가 없었다. 이를 통해 귀신이 아닌 여우의 소행임을 알게 되었지만, 어느 누구도 우영모를 쓰려고 하지 않았다. 전생이 말했다.

"늙고 병들자[244] 사람들 대부분이 저를 무시하고 싫어했습니다. 사공(司

---

241 백반증: 원문은 '전풍(癜風)'이다.

242 장춘농(蔣春農): 장종해(蔣宗海)이다 . 장종해(1720~1796)는 자가 춘암(春岩), 성암(星岩)이고, 호는 춘농, 청농(靑農) 등으로, 단도(丹徒, 지금의 강소성 진강鎭江) 사람이다. 건륭 17년(1752)의 진사로, 내각중서(內閣中書)를 지냈다. 청대의 유명한 장서가로, 중년이후 고향으로 돌아와 제자 양성에 힘을 기울여 '춘농선생(春農先生)'이라 불렸다.

243 우영모(雨纓帽): 청대의 관리들이 기우제를 지낼 때나 더운 여름에 착용하던 모자를 말한다.

244 늙고 병들자: 원문은 '노병용종(老病龍鍾)'으로, 늙은 모습을 말한다. 용종을 용종죽(龍鍾竹)으로 보기도 하는데, 대나무가 오래되면 줄기나 잎이 늘어져 제 모습을 유지할 수 없다고 한다. 이로부터 용종죽을 나이 들어 쇠약해진 노인을 비유하는 말로도 사용되었다. 이는 『광운(廣韻)』에 보인다.

空)[245] 원주: 구문달공은 당시 공부상서(工部尙書)로 있었다. 이외에 저를 안됐다 생각하는 사람도 몇 되지 않습니다. 그런데 여우가 제 모자가 너무 낡은 걸 보고 불쌍히 여겨 준 모양입니다."

그는 기쁜 마음으로 우영모를 썼고, 여우도 더는 모자를 가져가지 않았다. 여우가 정말로 전생에게 모자를 준 것일까? 전생에게 모자를 주었다면 여기에는 또한 무슨 뜻이 있을까? 참으로 알 수 없는 일이다.

裘文達公賜第, 在宣武門內石虎衚衕. 文達之前, 爲右翼宗學, 宗學之前, 爲吳額駙府, 吳額駙之前, 爲前明大學士周延儒第. 越年既久, 又窈窕閎深, 故不免時有變怪, 然不爲人害也. 廳事西小屋兩楹, 曰好春軒, 爲文達燕見賓客地. 北壁一門, 又橫通小屋兩楹. 僮僕夜宿其中, 睡後多爲魅舁出, 不知是鬼是狐. 故無敢下榻其中. 琴師錢生獨不畏, 亦竟無他異. 錢面有癜風, 狀極老醜. 蔣春農戲曰: "是尊容更勝於鬼, 鬼怖而逃耳."

一日, 鍵戶外出, 歸而几上得一雨纓帽. 製作絶佳, 新如未試. 互相傳視, 莫不駭笑. 由此知是狐非鬼, 然無敢取者. 錢生曰: "老病龍鍾, 多逢厭賤. 自司空 原註: 文達公時爲工部尙書 以外, 憐念者曾不數人. 我冠誠敝, 此狐哀我貧也." 欣然取著, 狐亦不復攝去. 其果贈錢生耶? 贈錢生者又何意耶? 斯眞不可解矣.

---

245 사공(司空): 공부상서의 별칭이다.

60.

주씨 형수

나는 일전에 형부시랑(刑部侍郎)[246] 두응대(杜凝臺)[247]와 함께 남석조(南石槽)[248]에서 묵은 적이 있다. 그때 두 집의 가마꾼이 서로 이야기하는 소리를 들었는데, 이러하였다.

"어젯밤에 참 괴이한 일이 있었어. 내 외사촌형 주(朱) 아무개가 해정(海淀)[249]에서 묘지기로 있는데, 성안에 들어갔다가 미처 돌아오지 못해 형수가 혼자 잠들었다고 하네. 뜰의 나무아래에서 다투는 소리가 들려 창호지를 찢고 몰래 내다보니, 두 사람이 팔을 걷어붙이고 격렬히 싸우고 있었고, 한 노인이 지팡이를 들어 말리려 하였으나 말리지 못했다고 하네. 잠시 뒤, 두 사람이 치고받다가 땅에 넘어졌는데, 모두 여우였네. 이 여우들이 펄쩍펄

246 형부시랑(刑部侍郎): 원문은 '소사구(少司寇)'이다.

247 두응대(杜凝臺): 두응대(1728~1787)는 이름이 옥림(玉林)이고, 자는 응대이며, 강소성 금궤(金匱) 사람이다. 건륭 19년(1754)의 진사이다.

248 남석조(南石槽): 남석조촌으로, 하북성(河北省) 창주시(滄州市) 하간의 북석조(北石槽) 관할 촌이다. 명나라 홍무 6년(1373) 왕씨(王氏)가 산서(山西)에서 이곳으로 와서 마을을 세웠다. 이곳에 오래된 사당이 있고, 사당 안에 석제말구유가 있었다. 석조 이남에 마을을 세운 데서 남석조촌이라 이름 지었다.

249 해정(海淀): 지명으로, 북경의 서북쪽 이화원(頤和園)이 있는 곳이다.

쩍 뛰고 서로 밀치다가 노인을 들이받는 바람에 노인도 땅에 자빠졌지. 노인이 벌떡 일어나 한 손으로 여우 하나씩을 누르며 소리쳤네.

'이 불효막심한 놈들. 주씨 집 다섯째 형수 나를 좀 도와주시오.'

형수는 감히 밖으로 나가지 못하고 엎드려 있었네. 노인은 발을 구르고 '당장 토지신에게 고소하겠다.'라며 분에 차 씩씩거리며 갔네. 다음날 밤, 뜰 안 가득 방울 소리가 났는데, 무엇인가를 수색해 잡아 가는 듯 했다네. 탁자 위에 있던 질항아리가 약간 흔들리는 것 같아, 형수는 이상한 일도 있다싶어 들여다보니 질항아리 안에서 작은 소리가 들렸다.

'말씀 말아주십시오. 반드시 은혜를 갚겠습니다.'

형수는 노하여 말했다.

'부모의 은혜도 갚지 않으려 하면서 내게 무엇을 해주겠다는 거냐!'

그리고는 항아리를 들어 문밖에 있는 묘비의 발[250]위로 내던졌는데, 병은 쾅[251] 하는 소리와 함께 산산이 부서졌다. 잠시 뒤에 꺽꺽 우는 소리가 들려왔는데, 아마도 토지신께 붙들려 간 것 같았다고 하네."

그러자 다른 가마꾼이 말했다.

"싸우다 그만 부모를 밀쳐 넘어뜨린 일이 무슨 큰일이라고 토지신까지 나서서 잡아간단 말인가! 정말 두려운 일일세!"

두응대는 나를 돌아보며 웃으며 말했다.

"이런 말을 할 사람은, 가마꾼들밖에 없지요."

---

250 발: 원문은 '부(趺)'이다.

251 쾅: 원문은 '굉연(訇然)'이다.

嘗與杜少司寇凝臺, 同宿南石槽. 聞兩家轎夫相語曰: “昨日怪事. 我表兄朱某在海淀爲人守墓, 因入城未返, 其妻獨宿. 聞園中樹下有鬪聲, 破窗紙竊窺, 見二人攘臂奮擊, 一老翁擧杖隔之不能止. 俄相搏仆地, 並現形爲狐. 跳踉擺撥, 觸老翁亦仆. 老翁蹶起, 一手按一狐, 呼曰: ‘逆子不孝. 朱五嫂可助我.’ 朱伏不敢出. 老翁頓足曰: ‘當訴諸土神.’ 恨恨而散. 次夜聞滿園鈴鐺聲, 似有所搜捕. 覺几上瓦瓶似微動, 怪而視之, 瓶中小語曰: ‘乞勿言. 當報恩.’ 朱怒曰: ‘父母恩且不肯報, 何有於我!’ 擧瓶擲門外碑趺上, 訇然而碎. 卽聞嗷嗷有聲, 意其就執矣.” 一轎夫曰: “鬪觸父母倒, 是何大事, 乃至爲土神捕捉! 殊可怖也!” 凝臺顧余笑曰: “非轎夫不能作此言.”

61.

주무상이 전한 참회의 가르침

마을에 장씨 할멈이 있었다. 할멈은 자칭 예전에 주무상(走無常)[252] 일을 한 적이 있지만 지금은 하지 않는다고 했다. 예전에 저승에 가서 그곳 관리에게 부처를 섬기면 유익한 점이 있는지 물었더니, 저승 관리가 말했다.

"부처는 단지 사람들에게 선을 권할 뿐이다. 선한 일을 하면 스스로 복을 받는 것이지, 부처가 복을 내려주는 것은 아니다. 만일 공양하고 기도하여 복을 얻고자 한다면, 청렴한 관리도 뇌물을 받지 않는데, 하물며 부처가 뇌물을 받겠는가?"

이에 참회가 보탬이 되냐고 묻자, 저승 관리가 대답했다.

"참회는 모름지기 힘써 정진해야만 그 힘으로 이전의 허물을 만회할 수 있다. 그런데 요즘 사람들의 참회란 그저 머리 조아려 죄를 면하려는 데에 그치니, 여기에 무슨 보탬이 있겠는가?"

---

252 주무상(走無常): 축윤명(祝允明)의 『어괴(語怪)』에 보면, 풍도(酆都)의 주무상에 대한 사건이 적혀 있다. 어떤 주무상은 길을 가다가 갑자기 혼절한 뒤 몇 시간 혹은 하루 심지어는 밤을 보내고 깨어난다고 한다. 깨어나서 하는 말을 들어보면 모두 저승에 관련된 것들이다. 저승에 귀신이 모자라 바쁠 때는 살아 있는 사람의 도움을 받아 일을 처리한다고 한다. 그래서 그 사람을 주무상이라 부르게 되었다고 한다.

이 말은 무당이 할 법한 소리는 아니다. 아마도 누군가의 가르침을 받은 것이리라.

里有張媼. 自云嘗爲走無常, 今告免矣. 昔到陰府, 曾問冥吏, "事佛有益否?" 吏曰: "佛只是勸人爲善. 爲善自受福, 非佛降福也. 若供養求佛降福, 則廉吏尙不受賂, 曾佛受賂乎?" 又問: "懺悔有益否?" 吏曰: "懺悔須勇猛精進, 力補前愆. 今人懺悔, 只是首求免罪, 又安有益耶?" 此語非巫者所肯言. 似有所受之耳.

저자 소개

기윤(紀昀, 1724~1805)

청대의 대표적인 학자이자 유머대사로, 호는 효람(曉嵐), 자는 춘범(春帆), 시호는 문달(文達)이다. 직례성 하간부 헌현 출신으로, 건륭 21년(1756)에 진사에 급제한 뒤 한림원 편수관으로 관계에 발을 들여놓았다. 귀주 도균부 지부를 거쳐, 한림원 시독학사, 예부상서, 협판대학사 등의 요직을 역임했으며, 유득공, 박제가, 홍량호 등 조선 사신들과의 시문 교류를 통해 동아시아 문인의 풍류를 나누기도 했다. 건륭 33년(1768), 사돈 노견증의 국고 유용 사건에 연루되어 우루무치로 유배되었으나, 3년 뒤 복귀하여 『사고전서』, 『역대직관지』, 『하원기략』 등 국책 편찬 사업을 주관하였다. 저서로는 『열미초당필기』와 『기문달공유집』 등이 있다.

역주자 소개

이민숙(李玟淑)

한국외국어대학교에서 중국고전소설로 박사학위를 받았다. 현재 한림대학교 인문학연구소 학술연구교수로 재직 중이며, 한국외국어대학교에도 출강하고 있다. 고서적 읽는 것을 좋아해, 틈틈이 중국 전통 시대의 글을 번역해 출간하고 있다. 특히 필기문헌에 실려 있는 중국 전통문화를 이해하고 재구성하는 것에 관심이 많다. 저서로는 『중화미각』(공저), 『중화명승』(공저), 『이야기로 보는 중국기예』(공저), 역서로는 『태평광기』(공역), 『우초신지』(공역), 『풍속통의』(공역), 『강남은 어디인가: 청나라 황제의 강남 지식인 길들이기』(공역), 『임진기록』(공역), 『녹색모자 좀 벗겨줘』(공역), 『열미초당필기』(선역), 『해국도지』(공역), 『영환지략』(공역) 등이 있다.